2013年全球就业趋势

就业行情二次探底回升

中国财政经济出版社组织翻译

中国财政经济出版社

本书英文原版由国际劳工局（日内瓦）出版，书名为：Global Employment Trends 2013：Recovering from a second jobs dip

中国财政经济出版社获得授权翻译出版《2013 年全球就业趋势——就业行情二次探底回升》中文版。

图书在版编目（CIP）数据

2013 年全球就业趋势：就业行情二次探底回升 / 国际劳工组织著；中国财政经济出版社组织翻译. —北京：中国财政经济出版社，2013. 12

书名原文：Global employment trends 2013

ISBN 978 - 7 - 5095 - 5036 - 6

Ⅰ. ①2… Ⅱ. ①国… ②中… Ⅲ. ① 劳动就业 - 研究报告 - 世界 - 2013 Ⅳ. ①F249. 1

中国版本图书馆 CIP 数据核字（2013）第 319494 号

责任编辑：吴 敏　　责任校对：王 英
封面设计：耕 者　　版式设计：录文通

中国财政经济出版社出版

URL：http：//www. cfeph. cn

E - mail：cfeph @ cfeph. cn

社址：北京市海淀区阜成路甲 28 号 邮政编码：100142

营销中心电话：88190406 北京财经书店电话：64033436 84041336

北京富生印刷厂印刷 各地新华书店经销

880 × 1230 毫米 16 开 10. 25 印张 260 000 字

2013 年 12 月第 1 版 2013 年 12 月北京第 1 次印刷

定价：30. 00 元

ISBN 978 - 7 - 5095 - 5036 - 6/F · 4085

图字：01 - 2013 - 6881

（图书出现印装问题，本社负责调换）

本社质量投诉电话：010 - 88190744

目录

图

致谢

国际劳工组织就业趋势研究团队编制了这份《2013 年全球就业趋势》报告。该团队由埃克哈德·恩斯特率领，埃克哈德与斯蒂芬·卡普索斯共同协调完成了报告的制作工作。本报告是在就业与劳工市场分析部主任穆阿扎姆·穆罕穆德与执行理事若泽·曼纽尔·萨拉查－希里纳奇斯的指导下完成的。

报告中各章节的作者如下：

执行概要：埃克哈德·恩斯特、斯蒂芬·卡普索斯

第一章：斯蒂芬·卡普索斯，同时埃克哈德·恩斯特、穆阿扎姆·穆罕穆德与李友利提供了意见和建议

第二章：斯蒂芬·卡普索斯，同时埃克哈德·恩斯特与西奥·斯帕布提供了意见和建议

第三章：发达经济体和欧盟：埃克哈德·恩斯特、马修·查普与克里斯蒂安·维格兰

中欧和东南欧（非欧盟）及独联体：奥尔加·库拉耶娃

拉丁美洲和加勒比地区：胡安·查卡尔塔纳与安德烈·马里纳吉

东亚：普·黄

东南亚和太平洋地区：金基范

东亚：谢尔·韦丽克

中东：埃克哈德·恩斯特与塔里克·哈克

北非：西奥·斯帕布与让·保罗·巴比耶

撒哈拉以南非洲：迈克尔·马斯卡卡他与西奥·斯帕布

第四章：克里斯蒂安·维格兰

第五章：埃克哈德·恩斯特、斯蒂芬·卡普索斯与克里斯蒂安·维格兰

“国家概况解析”部分由克里斯蒂娜·维塞尔撰写，她还为该报告提供了有益的研究协助。我们还特别感谢伊万吉丽娅·布尔姆普拉，她不仅根据全球就业趋势（GET）计量经济学模型对全球和地区性数据进行了估测，而且还提供了有益的研究协助。按人口群体划分的就业人口/总人口比率细分部分由皮纳·霍沙夫彻撰写。若没有国际劳工组织就业趋势团队其他成员——菲利普·贝勒特、安妮·德鲁加尔和阿兰·威特拉普——的无私奉献，就不会有本书的顺利出版。

国际劳工组织各个区域和国家办事处、国际劳工组织工作条件及就业部、数据统计部的莫妮卡·卡斯蒂罗、政策部副主任桑德拉·博拉斯基、来自署长办公室的詹姆斯·霍华德、就业政策规划部主任邓肯·坎贝尔以及计划与管理局局长菲利普·艾格对报告草稿提出了意见和建议，对此，国际劳工组织就业趋势研究团队表示衷心的感谢。

《全球就业趋势》系列材料中所提供的分析数据实际上仅是可获取的输入性数据。

借此机会，我们对所有参与劳务市场信息收集和传播的机构，包括各国统计局和国际劳工组织数据统计部，尤其是对玛莉嘉儿·瑟德格伦表示衷心感谢。我们鼓励对国家层面的数据进行力度更大的收集和传播，以在未来对本报告进行更新过程中，改善对就业趋势的分析。

我们想借此机会向国际劳工组织传播和公共信息部的同事们表示诚挚的谢意，在推广该《全球就业趋势》并使之吸引全世界媒体注意力的过程中，他们给予了不懈的协作和支持。

执行摘要

《2013 年全球就业趋势》介绍了 2012 年金融危机死灰复燃下的就业趋势。2011 年，全球经济复苏进程减缓，造成随后一年经济增长率和就业率双双下降。2012 年，全球失业人口新增 400 万。

本报告分析了发达经济体和发展中经济体劳动力市场面临的危机。发达经济体处于全球金融危机的“震中”位置。金融危机爆发后，发达经济体的新增失业人口占全球新增失业总人数（2800 万）的一半。但是，发达经济体出现的这一明显的二次探底也波及了发展中经济体的劳动力市场。在 2012 年全球新增失业人口（400 万）中，1/4 来自发达经济体，其余 3/4 来自其他地区，主要包括东亚、南亚以及撒哈拉以南非洲地区。

本报告评估了全球和区域劳动力市场的定量与定性指标，并探讨了影响劳动力市场的宏观经济因素，从而为相应政策的制定提供指导建议。在评估劳动力市场指标时，运用了以下四种主要分析方法：（1）国际劳工组织（ILO）提出的就业不确定性指数，用于反映劳动力市场的持续走弱态势；（2）利用 ILO 设定的在职贫困评估因素，分析就业群体的总收入组成情况，从而进行收入分级并研究其与就业投资、增长及创造高质量岗位的关系；（3）分析劳动力市场增长因素的构成，即同行业生产率增速、跨行业生产率增速与劳动成本增速，而这些因素对发达经济体和发展中经济体的经济增长模式存在重要影响；（4）运用贝弗里奇曲线，区分影响劳动力市场的周期性因素与结构性因素。

本书在研究宏观经济发展对劳动力市场的影响时，研究了家庭、企业、资本市场与公共预算形成的、使劳动力市场走弱的反向经济恶性循环。研究结果表明，宏观经济失衡严重波及劳动力市场。受总需求衰退影响，劳动力市场持续走低。不仅如此，各国出台的财政紧缩政策更使其雪上加霜，因为这通常伴随着就业和工资削减，进而直接影响劳动力市场。与 2009 年和 2010 年各项政策对金融危机初期的逆周期响应不同，在 2011 年和 2012 年，各国政策形成顺周期响应，造成本报告中所提到的经济二次探底。

本报告在最后一个章节呼吁政府对各项政策进行反思，以确保在 2013 年及未来更长时间内，国际经济持续复苏。

全球劳动力市场再度走弱

在全球金融危机爆发后的第五年，世界经济增长放缓，失业率再度回升。2012 年，全球累计约有 1.97 亿人口失业。此外，约有 3900 万人口因就业前景更趋黯淡而选择退出劳动力市场，造成 2007 年以来全球出现 6700 万个岗位缺口。尽管预期 2013—2014 年全球经济产出将适度增加，但失业率很可能会再度攀升。预计 2013 年全球失业人口将增加 510 万，达到 2.02 亿人，而 2014 年将在此基础上新增 300 万人。2012 年全球失业人口新增 400 万人，其中 1/4 来自发达经济体，其余 3/4 来自其他地区，主要包括东亚、南亚与撒哈拉以南非洲地区。部分地区尽管成功控制住了失业率的进一步上升，但往往面临就业岗位质量下降问题，因为弱势就业人口与处于贫困线以下或濒临贫困线的劳动人口数量持续上升。

欧洲新一波经济衰退潮波及全球

一些国家虽然在初期避开了第二波金融危机，但依旧受到发达经济体2012年经济走低态势（特别是欧洲经济衰退）的殃及，造成经济与就业增长放缓。迄今为止，国际贸易是全球经济溢出效应的主要传导媒介。但拉丁美洲和加勒比等地区还受到国际资本波动加剧的负面影响，迫使它们快速调整宏观经济政策，以控制其对汇率产生的影响，而这导致国内经济增长走弱。

东亚地区GDP增长率下降了1.4个百分点，主要原因在于中国GDP增速显著放缓，降至7.8%——这是自1999年以来中国经济增速的最低点。

南亚地区GDP增长率下降了1.6个百分点，其中印度GDP增速骤降至4.9%——这是十年来印度经济增速的最低点。拉丁美洲、加勒比与中亚地区的经济增速同样出现大幅下降。

政策不协调性加重了经济发展的不确定性，进而抑制了社会投资与就业创造

各国货币政策与财政政策的不协调性、金融行业采取的“零敲碎打”方法以及主权债务问题（特别是欧元区国家）加剧了全球经济发展的不确定性。许多国家的社会投资水平还未恢复至金融危机爆发前的水平。有些国家的决策者决断力欠缺，造成经济发展前景不确定，促使企业放弃扩大产能和员工队伍，转而选择增持现金或分派股利。

金融危机的持续性加剧了劳动力市场的错配，导致市场下行风险上升

劳动力市场危机影响的广度和深度加剧了劳动力市场的错配，造成了长时间失业。随着全球金融危机通过国际贸易在世界范围内持续蔓延，出口行业就业岗位极易受影响，一些国家的出口行业就业人数大幅缩减。新增岗位往往要求具备一定的技能，而失业人员恰恰不具备这些技能。除非强化求职者的再培训与激励机制等政策支持，否则这种岗位—技能错配现象将造成这一局面，即中期经济增速加快时，劳动力市场的响应更加缓慢。

新增岗位率非常低——金融危机后的惯有现象

金融危机的源头对创造就业有重大影响。银行业危机（如当前发生的危机）爆发后，越来越多岗位消失，而新增的岗位数量却有限，这是因为危机前社会资源分配不当和过度投资需要一定的调整时间。发达经济体岗位消失率在2010年出现短暂缓解，但随后又再度回升，这表明劳动力市场强势复苏可能需经历岗位构成方面的调整。其他地区岗位消失率也高于平均水平。

就业危机迫使越来越多的男性和女性退出劳动力市场

金融危机爆发后，全球（尤其是发达经济体）劳动参与率显著下滑，掩盖了就业危机的真实状况。此问题在发达经济体与欧盟地区特别严重，其劳动参与率下降了近1个百分点，并且预期由于长期失业与疲弱的经济前景，怯志劳工将持续退出劳动力市场。

因此，就业与人口之比急剧下降，在部分国家中甚至下降了至少4个百分点——尽管部分国家失业率开始下降，但就业与人口之比依旧未能恢复至先前水平。

青年受危机影响尤其严重

在危机中受创最深的依然是青年。目前全球约有7380万青年失业，而经济增长的放缓可能将导致到2014年新增50万青年失业人口。2012年青年失业率飙升至12.6%，而预期至2017年将进一步上升至12.9%。受金融危机影响，青年就业前景急剧恶化，因为许多青年在初入劳动力市场就经历了长期失业，这种情形在之前的周期性经济衰退中未曾出现过。

目前，发达经济体中失业超过六个月或以上的青年比率由2007年的28.5%攀升至35%，更多青年失去斗志，成为怯志劳工并退出劳动力市场。此问题在欧洲国家尤其严重，目前约有12.7%的青年既未就业也未处于求学或培训中，而这一比率也较危机前高出2个百分点。失业时间过长或过早丧志都会损害个人的长期就业前景，因为未能建立起职业技能、社交技能及宝贵的工作经验。

疲弱的劳动力市场抑制了个人消费和经济增长

目前许多发达经济体因失业率攀升导致收入增长受限，致使实际工资面临下行压力，而这也将抑制个人消费对经济增长的贡献度。在此情况下，各国必须积极推进其他增长来源，特别是鼓励民间投资。不仅如此，若国家财政空间允许，应促进政府消费。

尽管中期经济将持续回升，但失业率依旧偏高

从中期来看，全球经济有望持续复苏，但增长幅度不足以强劲到带动失业率迅速下降。即使在经济增长加速的形势下，预期全球失业率到2017年仍将维持在6%左右，与2009年最高点相比无显著改善。同时，全球失业人口在未来五年内可能将增加至2.106亿人。

劳动生产率增速急剧下降，阻碍了人民生活水平的进一步提升

本报告研究发现，2012年劳动生产率增速出现急剧下降。尽管全球经济在2009年衰退期后初步回暖，但投资疲弱和全球经济发展的不确定性削弱了劳动生产率的增长之势。令人尤为担忧的是，拉丁美洲和加勒比等地区劳动生产率下降的趋势表明，这些地区近年来就业质量的改善很可能只是昙花一现。

新兴经济体与发展中经济体结构性调整趋缓将破坏经济增长的动力

对新兴经济体与发展中经济体而言，进行结构性调整是改善其生活水平的必经之路，但目前发现这些国家在金融危机期间对结构性调整的步伐已逐渐趋缓。特别是全球投资的微弱复苏抑制了将资源快速分配给发展中经济体中更具经济效益的领域。在危机爆发前，许多发展中经济体经历了劳动力资源从低生产率行业向高生产率行业的迅速再分配。这种结构性调整将有助于驱动劳动力市场改善，同时在过去几年也确实帮助降低

了弱势就业人口与在职贫困人口。然而与早年相比，危机期间的结构性调整已失去动力，主要原因是许多农业就业岗位已不再像以前那样向其他部门迅速转移，而农业生产率增长却依然相当低。预期亚洲与撒哈拉沙漠以南非洲地区重新选择危机前结构性调整道路的可能性要大于拉丁美洲与加勒比地区以及中欧与东南欧等地区。而中东与北非预期仍是劳动力资源再分配最乏力的地区。

在职贫困与弱势就业人口的减少有赖于提高生产率和加快经济结构调整步伐

尽管结构性调整步伐趋缓，但在职贫困比例已持续下降，尽管下降速度低于危机前水平。目前全球约有 3.97 亿劳工处于极端贫困中，而另外约有 4.72 亿劳工无法负担其日常生活基本所需。由于在职贫困比例较高的国家的经济将以高于世界平均水平的速率持续发展，预计全球在职贫困比例将持续下降。但由于这些国家的人口增长速度也更快，部分地区在职贫困人口的绝对数量预计将有所上升，除非这些地区的经济重现快速增长。

弱势就业人口（包括自营工作者和家庭工作者）预计将缓慢下降；而非正规就业人口（弱势就业人口中的特殊群体）在东欧与中亚地区某些处于转型阶段的经济体中却开始出现增长。

虽然新兴消费阶层正逐渐形成，但其规模尚小，不足以构成独立的经济增长动力

有迹象显示，在发展中经济体，一个新兴消费劳工阶层正逐渐形成，可能将缓解部分发达经济体消费趋缓的情况。随着结构性调整及劳动力由农业部门向高生产率部门转移进程的加快，在职贫困比例呈现下滑趋势并且部分发展中经济体出现了中产劳工阶层。目前，中产劳工阶层人数占发展中经济体劳动人口总数的 40% 以上。然而危机爆发后，减贫进程趋缓，这也连带影响了中产阶层的扩大。这将阻碍发展中经济体在支持全球经济增长与激发其他经济增长动力中发挥应有的作用。

各国决策者应采取更多措施，走出第二波就业阴霾

各国宏观经济与劳动力市场环境恶化以及就业危机风险抬升促使各国决策者采取额外的政策行动。其中，较为有效的方面包括：

- **克服政策不确定性，加快投资与创造就业步伐。**尤其在发达经济体，政府决策者应设法克服政策不确定性问题。具体措施包括：制定更为连贯协调的高预见性政策规划；提高可支配收入，刺激消费；推进金融业改革，恢复银行业鼓励投资和提供信贷的职能，特别是对中小企业（这是创造就业的关键动力）的信贷支持。此外，在债务危机中遭受重创的国家还应施行可靠的退出战略，如主权债务重组和家庭财政减负。
- **协调全球劳动力需求与就业创造刺激计划。**一些欧洲国家采取了紧缩财政政策以及旨在提高竞争力但缺乏协调的举措，这加剧了收入走低、消费疲软和全球需求下降的通缩螺旋风险。在全球就业和消费疲弱形势下，各国政府应按照经济实力适当推行财政整顿，并认识到可能需要施行短期的刺激计划来摆脱债务负担。国际性决策机构和协调机构（如二十国集团和欧盟）应进一步避免损邻政策，即欧洲国家采取的工资调低和社会保障投入缩减政策及其他国家采取的以邻为壑的贸易政策和货币

政策。政策执行过程中应加强国际协调力度，以使经济增长恢复平衡并启动多极增长引擎。众多发展中经济体新兴中产阶级购买力的增长有助于实现多极增长。

- **解决劳动力市场错配现象，推进结构性调整。**失业危机具有周期性特征。尽管如此，各国决策者仍有必要解决随着危机不断恶化的结构性问题，如岗位与技能的错配。全球经济复苏的缓慢疲弱和不稳定性使得这些问题在一些国家中日趋恶化，这可能会造成劳动力市场回暖受阻。各国政府应加大对技能培训与再培训计划的支持力度，消除岗位资格技能的供需缺口，从而避免长期失业。此外，还应推行就业和再就业咨询计划。受全球金融危机影响，许多发展中经济体的结构性调整步伐趋缓。在此情形下，政府应出台各项应对措施，以提高各经济部门的生产率以及劳动者的流动性。农业部门就业岗位是社会就业岗位中的重要组成部分，因此政府必须设法加快农业部门的生产率增长，并促进农村地区工作和投资机会的多样化发展。
- **改善青年就业局势——着重降低青年长期失业率。**青年失业率的高位运行加重了“迷惘的一代”面临的压力，对青年群体自身及全球经济都将造成长期不利后果。为解决这一问题，各国决策者应努力改善青年就业状况。在2012年6月举行的国际劳工大会上，国际劳工组织提出了《解决青年就业危机行动呼吁》，并受到了各国政府、雇主与劳动者的支持，其中对如何解决青年失业问题提出了综合指导建议。除了采取有利于促进就业的宏观经济政策和积极的劳动力市场政策外，还应实施以下三种特殊干预措施：（1）通过改善教育培训与岗位匹配度，提高青年就业能力；为青年求职者提供更多就业机会资讯，支持青年求职过程，并实施青年就业保障计划；（2）支持启动青年学徒制；（3）确保获得平等待遇、工作权利（包括组织和集体议价的权利）以及充分的社会保障，从而促进劳动规范的实施和保障青年的权利。

第一章

宏观经济面临更为严峻的挑战

2012 年全球经济进一步放缓

2012 年，由于不确定性增强，全球经济普遍放缓

2011 年，全球陷入经济逆境，劳动力市场趋势令人悲观。2012 年，全球迎来了自经济与就业危机爆发以来的第五个年头。尽管第一季度颇令人振奋，但在其他三个季度，全球经济重遇寒冬，经济危机卷土重来，几乎每个地区的经济均出现放缓（见图 1）。据估算，2012 年全球经济年均增速为 3.3%，低于 2011 年的 3.8% 和 2010 年的 5.1%。除了上述不容乐观的宏观经济趋势之外，2012 年全球不确定性也进一步增强，这应归咎于多方面因素，其中最重要的因素是欧元区经济危机向纵深发展，美国未出台明确的经济紧缩政策，而债务上限又在其国内引发激烈谈判（见第 18 页专栏 1）。

中欧和东南欧（非欧盟）及独联体地区的经济下滑最快，年均产出增长率从上两年的年均 5.5% 跌至 3.5%（见图 1）。同年，发达经济体和欧盟的年均产出增长率仅为 1.2%，低于 2011 年的 1.5% 和 2010 年的 2.5%。东亚地区的增速下滑了 1.4 个百分点，这主要因 2012 年中国经济大幅放缓所致，这一年中国的经济增速为 7.8%，这是继 1999 年以来中国年均增速最低的一年。在南亚地区，印度的年均增速骤降至十年来的最低点—— 4.9%，同年，该地区的 GDP 增速下滑了 1.6 个百分点。拉丁美洲和加勒比地区以及中东地区的经济也同样遭遇滑铁卢。

图 1　2010—2014 年全球及地区 GDP 增速估算与预测（年度百分比变化）

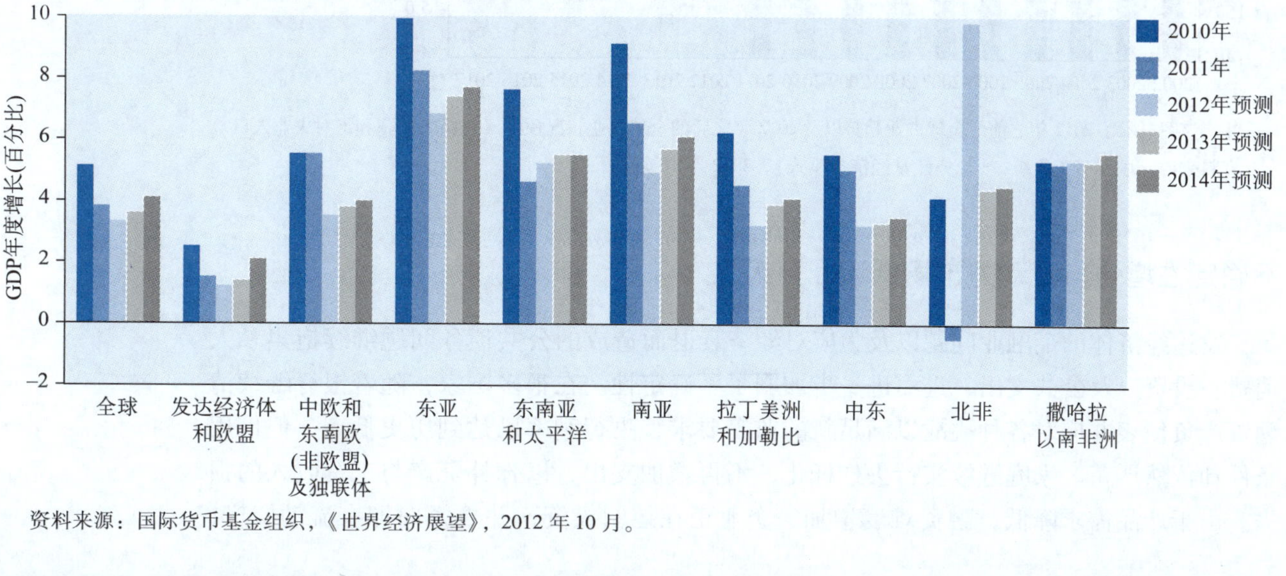

资料来源：国际货币基金组织，《世界经济展望》，2012 年 10 月。

但与此同时，也有一些地区成功抵御了全球经济普遍放缓的趋势。北非地区2012年的产出增长率同比增长超过10个百分点，但这很大程度上归因于上年利比亚战争之后的经济反弹。继2011年展示了出色的经济弹性之后，东南亚和太平洋地区再接再厉，在2011年4.6%的基础上实现了5.2%的经济增速。过去十年一直保持经济高增长的撒哈拉以南非洲地区在这一年同样表现不俗，经济增速达到5.3%，稍高于2011年。

全球失业率开始上升，而其他指标也同样显示劳动力市场就业紧张加剧

全球增速加快可能不足以抑制失业加剧（见图2），失业加剧是上两年全球增速大幅放缓之后产生的滞后效应。2012年，全球失业人口达到1.973亿，比上年增加420万，比2007年（即全球金融危机爆发的前一年）增加2840万。此外，由于业务增速放缓，国际劳工组织的基线预测显示，2013年失业状况将加剧，全球失业率将升至6%，而失业人口则将继续增加510万。从现有的宏观经济预测来看，至少在2017年之前，全球失业率预计都将保持在6%。

其他的劳动力市场主要指标显示，全球劳动力市场就业紧张将加剧（见第二章）。很多国家的劳动力参与率将继续下降，发达经济体的长期失业率将保持高企或进一步增长，这标志着沮丧情绪将普遍存在，逃避就业的情况将更为严重，而结构性失业问题也将加剧。失业加剧将导致技能减少、技能匹配度降低和就业能力减弱，从而对劳动者产生长期不良影响，并拖累经济体的产出增长率。

有证据显示，在发展中国家，劳动力从低生产率行业向高生产率行业转移的生产性结构变化已经放缓，从而削弱了与减贫息息相关的工作质量增长的一大主要推动因素，减少了发展中国家中产阶级的弱势就业比例，降低了这一阶级的扩大速度（参见第四章中对这些趋势的详细分析）。

图2　2002—2017年全球失业趋势与预测

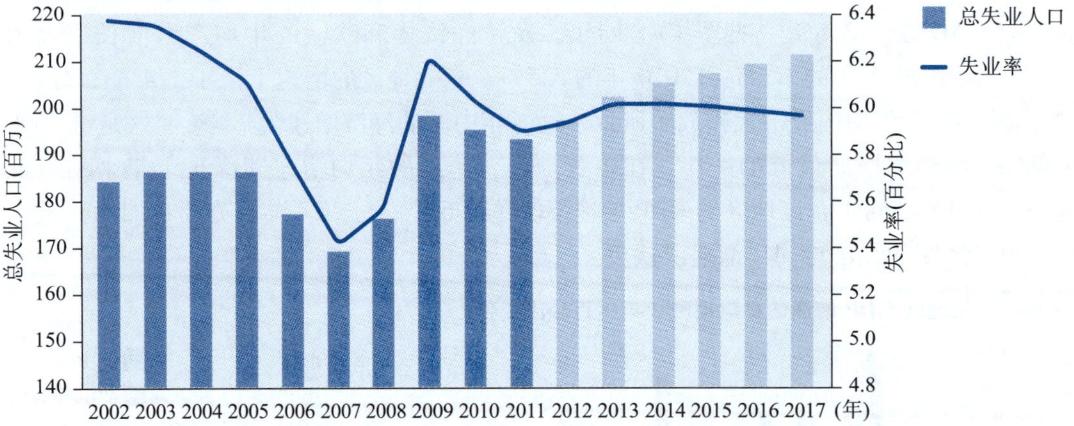

注：该图显示了2012年之前的全球失业趋势以及2012年之后的全球失业状况预测（包括失业率和绝对失业人口）。
资料来源：国际劳工组织，《趋势计量经济学模式》，2012年10月。

不确定性增强与劳动力市场低迷互为因果

发达经济体的金融业问题以及为应对经济衰退而造成的公共债务问题继续拖累私人消费、投资以及公共支出，进而进一步加剧了不确定性。在很多国家，随着银行继续清理资产负债表并应对各种挑战以满足新的监管要求，央行利率已达到历史低点，但信用条件却依然严苛。家庭继续实行去杠杆化，不再增加支出，以弥补资产与工资收入的损失。由于产品需求降低，融资难度增加，企业正在控制投资，并更倾向拥有流动资产，

减少固定资本支出。最后，对银行业的公共支持以及因经济衰退而造成的公共赤字的增加均导致公共债务快速增加，引发各界对财政可持续性的担忧，在某些国家——尤其是欧洲——这也造成了深受国债收益影响的借款成本出现飙升。总而言之，私人部门去杠杆化以及公共部门的财政问题已使全球经济前景严重恶化①。此外，不确定性增强使实体经济的每况愈下与劳动力市场及金融业困境之间形成了相互促进的恶性循环，进而阻止了经济的可持续复苏（见专栏 1）。

不确定性的加剧主要归咎于发达国家，目前已对各个国家、地区的消费与投资产生了不良影响，导致全球增长普遍放缓（见图 3）。持续高企的失业率造成雇员的可支配收入缩水。与此同时，随着发达经济体的去杠杆化，全球投资也普遍放缓。正因如此，2012 年全年，投资对全球产出增长（以市价计算）的贡献率仅为 0.7 个百分点，而私人消费也仅增加了 1.3 个百分点，均为 2009 年全球金融危机达到高潮以来的最低点。投资与消费的减速在欧元区最为明显，令该地区的经济增长分别下滑 1.0 个百分点和 0.6 个百分点，并使该地区陷入衰退。

2012 年，美国 GDP 增速相对 2011 年基本未变，而与就业增速相比，生产力增速相对较快，投资对 GDP 增长的贡献率增至 1.0 个百分点，上年为 0.8 个百分点。相反，私人消费增长对 GDP 的贡献率则从 2011 年的 1.8 个百分点降至 1.3 个百分点。值得一提的是，在过去两年间，由于财政刺激举措逐步撤出、政府工作岗位减少，美国政府支出增长放缓，经济增长受到拖累。同年，中国经济大幅放缓，投资增长对 GDP 整体增长的贡献率仅为 3.2 个百分点，上年为 3.8 个百分点，消费对 GDP 整体增长的贡献率也出现了一定程度的下降。在印度，2012 年投资增长对 GDP 整体增长的贡献率也从 2011 年的 1.8 个百分点降至 1.5 个百分点，而消费对 GDP 整体增长的贡献率也从 2011 年的 3.2% 降至 2.8%。在巴西，2012 年投资增长对 GDP 整体增长的贡献率从 2011 年的 1 个百分点变为负数，为 -0.8 个百分点，而消费对 GDP 整体增长的贡献率也出现了一定程度的下降。

① 去杠杆化指经济主体（私人家庭、企业、政府）为减轻债务负担并偿还未尝金融负债而故意采取的各种行为。

专栏1　不确定性会如何加剧失业状况？

不确定性与宏观经济表现之间的关系已在理论上得到了明确界定，即不确定性加剧会导致投资与消费紧缩，进而使经济减速。但是，由于业界存在诸多不确定性测量标准及分析方法，不确定性对经济增长以及劳动力市场的确切影响尚待进一步考量。

为评估近期不确定性的加剧对全球增长的冲击，国际货币基金组织在2012年10月发布的《世界经济展望》（国际货币基金组织，2012b）中对全球经济危机期间不确定性的影响进行了估算，重点放在了不确定性的测量上，运用的指标包括股票收益波动、政策不确定性（见《世界经济展望》的关键词）以及其他指标。该报告发现，不确定性每增加一个标准差，产出增长就会随之减少，减少幅度介于0.4—1.25个百分点之间。作者还发现，受不确定性加剧影响最大的是投资增长，其次是产出与消费增长。此次研究的另外一项成果是，2006—2011年间，政策不确定性大幅增强，达到5个标准差，这可能是使发达经济体经济放缓2.5个百分点的罪魁祸首。

不确定性如此之高，对劳动力市场又会造成什么样的影响？旧金山联邦储备银行的一项最新研究（由雷杜克和刘于2012年开展）发现，不确定性加剧与失业率有着直接且互为促进的联系。不确定性加剧不仅会降低私人部门的投资，进而导致新员工需求下降，而且还会通过职位空缺率与岗位匹配率这个主要机制影响失业率。雇佣员工意味着企业需要做出一份长期承诺，并会增加企业成本，而且不确定性加剧会降低未来企业产品与服务需求的可预见性，因此，不确定性加剧会减弱企业的招募新员工的意愿。有鉴于此，企业招贤纳士的广告愈见减少，导致就职率的减少与失业率的增加，进而使家庭收入缩水，并降低总需求。

报告的作者们利用有关消费者与雇主对不确定性感知的数据发现，自2008年年初以来，不确定性加剧至少使美国的失业率增加了1个百分点，但却降低了通货膨胀率。与前几次经济衰退相比，这样的结果令人非常震惊。报告的作者们认为，这可能与在当前名义利率几乎为零的情况下，货币政策选择减少有关，而这种做法的目的是为了填补因不确定性导致的总需求缺口。研究发现，英国的情况与美国类似。

图B1.1显示了七国集团使用的两项不同的不确定性与失业率测量指标。国际劳工组织雇佣不确定性指标基于由七国集团雇佣意向调研结果导致的隐含波动的估算上做出。该指标反映了雇主制定招聘决策时，在经济远景评估方面做出的变化（见第27页的附录1）。由贝克等人于2012年制定的政策不确定性指标反映了经济政策的不确定性，囊括了有关政策不确定性的新闻报道以及不同预测之间的差异等信息。这两项指标彼此高度关联，并与七国集团的失业率紧密相关。此外，不确定性趋势似乎总在失业率出现变化之前显现，至少危机初期是如此。这表明，不确定的环境需要持续一段时间，才会严重影响失业率。

理解政策内涵也至关重要：如果不确定性的加剧的确造成总需求降低、失业率升高，一些国家就需采取更为宽松的财政与货币政策，因为这或会有助于抵消产出与就业率的下滑。增强不同国家与地区之间的政策协调可能会进一步促进增长与就业，因为这会重塑信心，推动消费、投资与招募新员工。

图B1.1　七国集团的不确定性与失业率

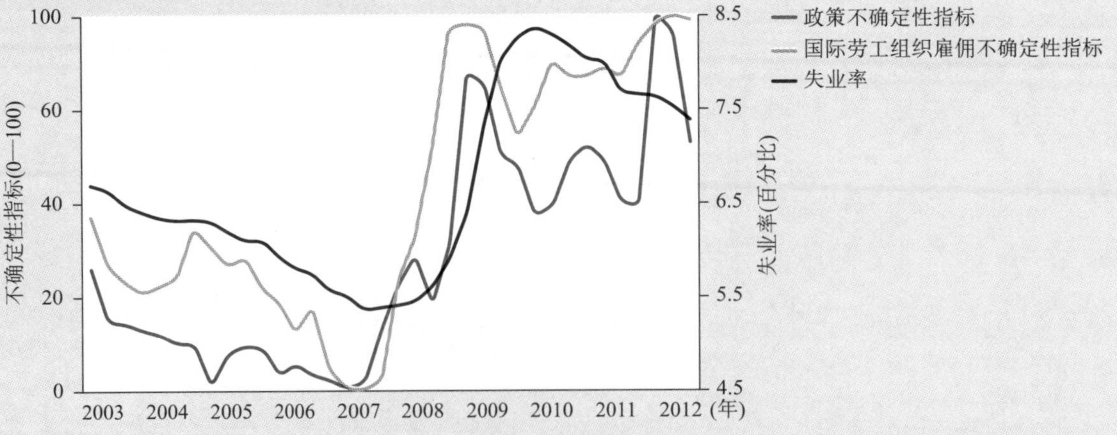

注：贝克等人于2012年制定的政策不确定性指标不包含日本。国际劳工组织雇佣不确定性指标基于根据《万宝盛华雇佣前景调查》计算的隐含波动得出。这两项不确定性指标均基于劳动力规模加权平均数，并经调整得出，因此，两项指标的最小数值是0，最大数值是100。

资料来源：国际劳工组织基于《万宝盛华雇佣前景调查》的计算；经合组织经济展望；贝克等，2012年。详情请见附录1。

图 3　总需求对实际 GDP 增长的贡献率

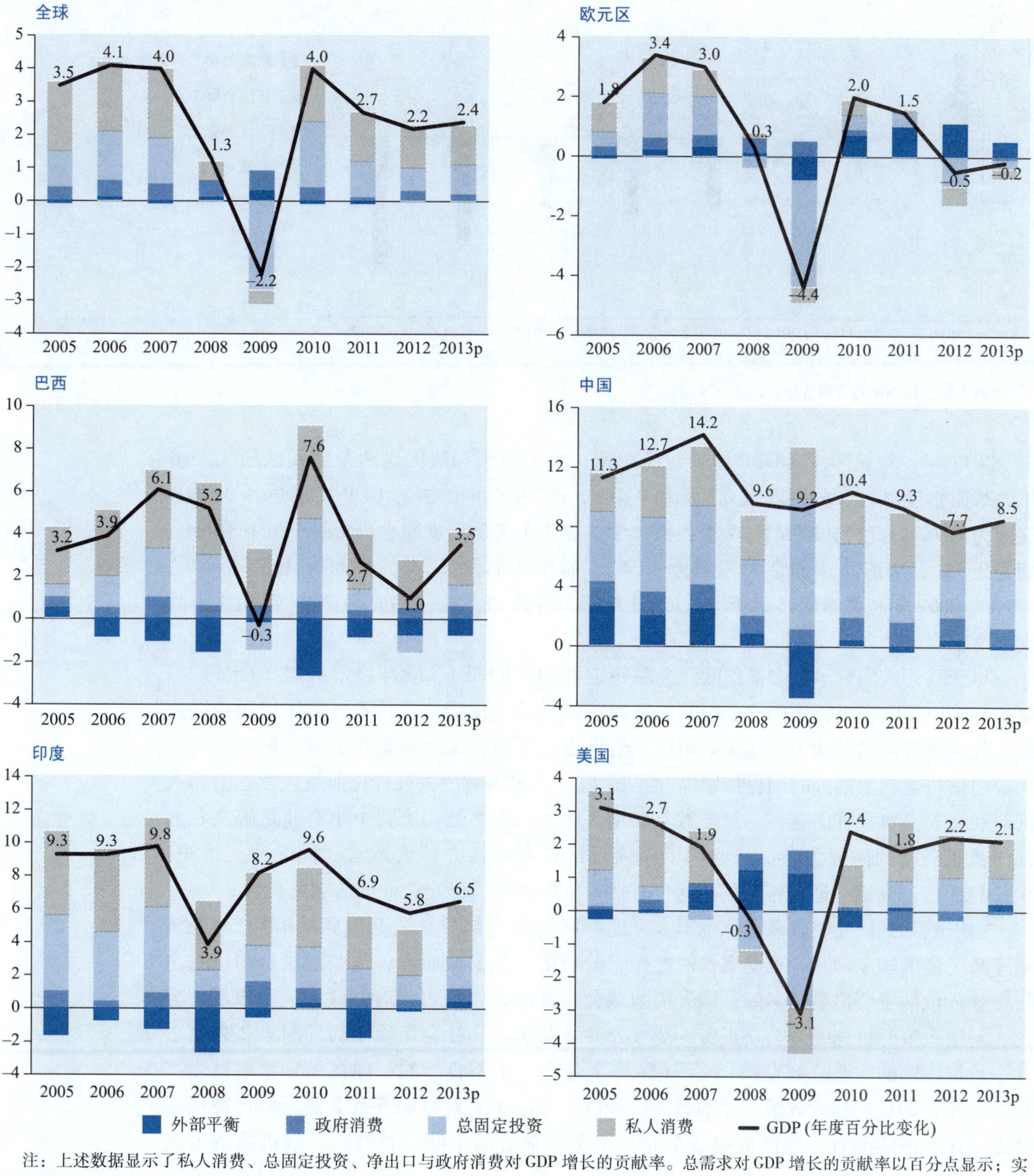

注：上述数据显示了私人消费、总固定投资、净出口与政府消费对 GDP 增长的贡献率。总需求对 GDP 增长的贡献率以百分点显示；实际 GDP 增长以百分比显示；p 代表预测。

资料来源：《经济学人》信息部各国宏观经济指标，2013 年 1 月 9 日摘录。

2012 年，由于欧洲深陷经济衰退泥潭，全球不确定性加剧，但其他不确定性均减弱

进入 2013 年以来，欧元区经济危机构成了今年全球就业趋势最大的一个风险（国际货币基金组织，2012b；经合组织，2012；联合国，2012a）。由于银行业低迷、金融业和家庭去杠杆化延长，再加上一些国家的主权债务高企，政府债券收益居高不下，欧元区一直备受金融危机的困扰，这不仅对欧元区，还对全球经济造成了伤害、破坏了平衡。

图 4　欧元区欧洲央行各类贷款（年度增长率）

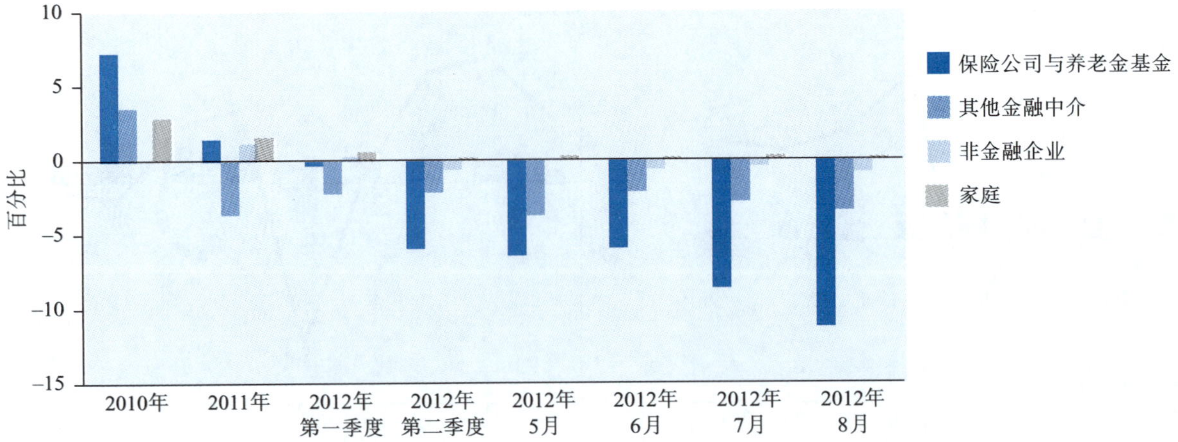

资料来源：欧洲央行货币统计，2012 年 9 月。

2012 年，欧元区各国 GDP 增长纷纷减速，其中德国和法国这两个欧元区最大经济体的减速幅度最大，分别降至 0.9% 和 0.1%，而 2011 年德国的 GDP 增速达到 3.1%，法国为 1.7%。此外，欧元区 17 个经济体中，有 7 个经济出现缩水：希腊产出下滑 6%，葡萄牙 3%，塞浦路斯和意大利均为 2.3%，斯洛文尼亚 2.2%，西班牙 1.5%，荷兰 0.5%。2012 年也是希腊自 2008 年以来连续第五年出现产出下滑，与 2007 年相比，此次下滑幅度高达 20%。

尽管欧元区出台了很多诸如欧洲金融稳定机构（EFSF）、欧洲稳定机制（ESM）等紧急措施以及欧洲央行实施或公布的一系列特殊货币干预措施，欧元区整体增速持续放缓，几大经济体的劳动力市场深陷困境。信贷依然紧缩，家庭信贷几乎未实现增长，私人部门信贷也在大部分时间保持紧缩（见图 4）。这对本就因去杠杆化而呈现疲态的私人部门和私人消费投资而言，无异于雪上加霜。此外，在多数国家，中小企业是解决私人部门就业问题的主要力量，普遍都依赖银行信贷来维持并扩大运营（国际劳工组织，2012d）。信贷紧缩会通过银行信贷这个直接且重要的渠道影响企业创造就业机会。

由于欧元区缺乏财政联盟，也不太可能共同负责（部分）公共债务承担①，对经济增速最缓慢的国家而言，推动增长的选择十分有限。就财政而言，这些国家目前应对主权债务危机的主要机制是紧缩，即大幅削减公共支出，以稳定政府财政和债券市场。为此，制定政策时首选缩减公众工资，裁减公共就业岗位和社会保障权利（附录 2 列出了几个特定国家的主要政策发展）。上述做法会带来一个不良影响，即在信贷紧缩最为严重的国家，增长会继续放缓、劳动力市场会进一步吃紧。对德国等有着健康资产负债表的欧元区经济体而言，这已造成了企业与消费者信心的下降，并进而导致负面的溢出效应。

因此，虽然自进入 2013 年以来各界对两大最为紧迫的问题——欧元区解体和主权违约的担忧已出现一定程度的缓解，但 2012 年欧洲宏观经济前景的不确定性依然大幅增强。在美国，近期为避免“财政悬崖”而出台的法律消除了一部分不确定性，而房地产市场等导致之前经济紧张的各项因素也出现了明显改善。众多亚洲经济体以及撒哈拉以南非洲地区的经济增速尽管比危机复苏初期有所放缓，但依然强劲，并会促进全球增长。

为重塑信心，欧洲及其他地区的当务之急是有效重启经济增长引擎，这对面临经济紧缩延长的国家而言尤为紧迫。此外，政策制定者还需继续实施特殊财政与货币举措，

---

① 参见国际劳工组织（2012d）有关共同负责欧元债券等债务承担的探讨。

以促进增长并加强国际政策协调。

贸易萎缩和投资流波动使风险蔓延至全球，尤其是发展中地区

全球不确定性增强、家庭与企业面临信贷紧缩、公共部门实施紧缩举措以及由此导致的总需求下降都对贸易和投资流产生不利影响。这对世界各国，尤其是强烈依赖外部需求来拉动经济增长的发展中国家，提出了一个十分严峻的挑战。因此，继2011年前三季度进出口经历大幅增长之后，全球商品贸易在第四季度初就出现大幅跳水，并在2012年第一季度继续下滑，还在该年第二季度出现负增长（见图5）。据世界贸易组织预测，2012年9月全球商品贸易增速将达到2.5%，低于4月预测的3.7%[①]。

全球商品贸易增长大幅放缓，其中欧洲的进出口降幅最大，2012年第二季度进出口同比下降10.2%和7.5%。南美洲和中美洲的商品出口也开始缩水，进口增长也大幅下滑。美国的情况相对乐观，虽然出口也出现减速，但第二季度的增速仍超过5%，在亚洲，2012年第一、二季度的商品出口增长缓慢，约为4%，而进口增长则大幅放缓。进出口增速放缓对以进出口为导向的行业从业人员会直接产生不利影响，也会对与出口行业密切相关的其他行业产生严重的溢出效应。

图5　全球各地区季度商品贸易同比百分比变化

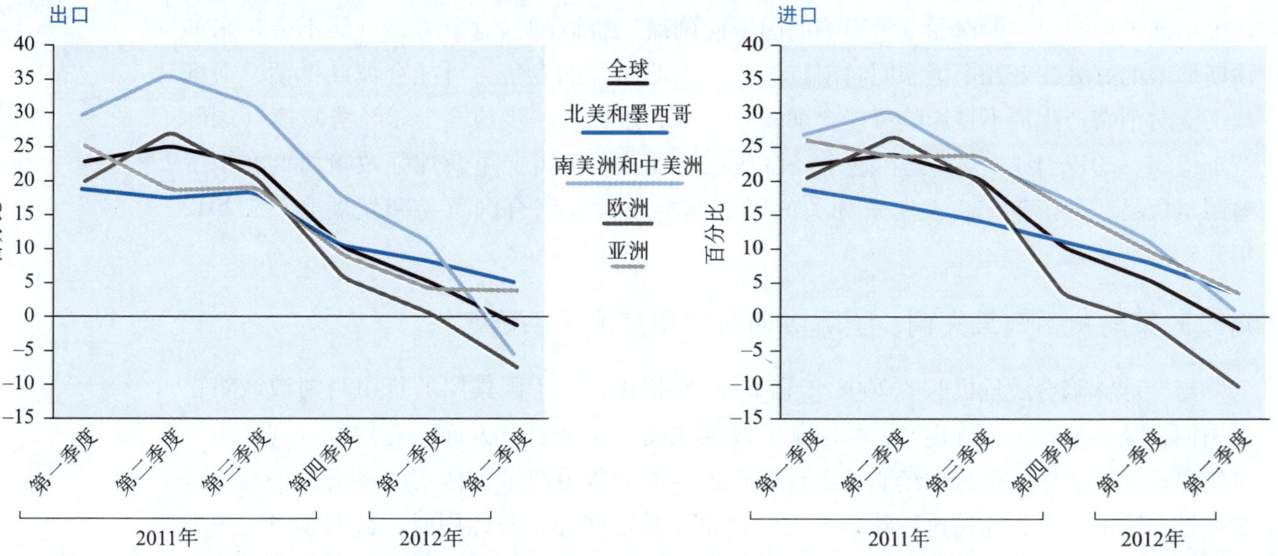

资料来源：世界贸易组织，《短期商品贸易统计》，2012年10月3日摘录。

经济活动的普遍放缓是导致贸易流减速的一大重要因素。然而，造成贸易点下滑的根本原因却是贸易融资下降。短期贸易融资贷款对推动全球贸易运营至关重要，因此对依赖短期信贷为贸易及其他业务运营提供资金的企业而言，信贷紧缩，特别是欧洲信贷紧缩，正使形势变得愈加严峻[②]。2011年年底，许多欧洲银行的新增贸易融资借款均出现大幅下滑。由于欧洲银行占据全球贸易融资市场1/3的份额，欧洲危机的加剧可能会对贸易产生严重影响，这不仅包括欧洲，也包括亚洲、拉丁美洲、西非和众多其他地区（费延等人，2012年）。

国际投资流波动增强使全球贸易放缓带来的挑战进一步复杂化。资本流波动加剧了全球，尤其是发展中经济体的经济与金融动荡风险，因为风险规避增强会导致国际资金

---

① “世界贸易组织表示，2012年和2013年全球增速放缓会波及全球贸易。”世界贸易组织贸易统计，2012年9月21日，http：//www.wto.org/english/news_e/pres12_e/pr676_e.pdf。

② 《经济学人》，“进退维谷”，2012年9月8日，http：//www.economist.com/node/21562221。

突然撤出。此外，在经济低迷时期为增强金融市场流动性而实行的低利率政策以及额外的非常规货币宽松措施会使投机资本流向发展中国家，进而可能导致通货膨胀率上升，并造成资产价格泡沫（阿克于兹，2011 年）。这也同样会使食品价格通货膨胀再次加速上升的风险加剧，从而给穷人带来灾难性的后果（联合国，2012a）。发达经济体经济状况恶化，可能会使发展融资减少，从而对依赖资助的发展中经济体造成损害。

保护主义与政策失调可能会给全球经济带来更多风险

得不偿失的保护主义

由于经济压力加剧，各方纷纷呼吁出台国家保护政策，并设置更多的贸易壁垒（世界贸易组织，2012 年）。这些举措虽然会暂时缓解部分动荡行业的压力，但可能会有损全球经济长期的整体表现，进而损害全球劳动力市场。尽管去年贸易保护主义并未明显加强，内容空泛的相关国际贸易政策却显示，政策制定者面临的压力与日俱增，必须实行保护措施，而这些保护措施却最终会损害经济增长和经济复苏前景。

为推动出口竞争力而采取的各项措施也可能会产生令人意外的不良后果。比如，最新提出的一项提议，即深受危机影响的国家应削减工资以增强竞争力，可能不会带来如预期那般的好处。若几个国家同时削减工资，因此增强的竞争力可能会彼此抵消，而削减工资对消费产生的不良影响可能会削弱总需求，进而进一步加剧全球经济减速（国际劳工组织，2012 年）。尤其是在这个经济放缓时期，各国需要重新加强政策协调，携手遏制与贸易、外汇汇率以及工资相关的以邻为壑政策（联合国贸易和发展会议，2012 年）。

财政政策与货币政策失调、国际协调有限均加剧了不确定性

与全球深陷金融危机时的 2008 年和 2009 年相比，二十国集团的货币与财政政策已经失调，从而加剧了不确定性，并限制了政策在支持经济复苏方面的有效性（见图 6）。事实上，主要的中央银行继续通过出台具有包容性的货币政策支持实体经济，将利率降至接近下限的水平，并通过特殊干预扩大货币基数。然而，与此同时，公共债务——尤其是发达经济体的公共债务——的大幅增加却造成了互不协调的政策行动，各国纷纷以紧缩措施重塑财政可持续性。类似的政策失调遏制了更为强劲的复苏。从长期来看，这一做法是不可持续的，因为这些紧缩举措无法阻止公共债务水平继续攀升。由于实体经济并未做出更为强烈的反应，宽松的货币政策引发了外界对各国——特别是新兴经济体——金融稳定性的担忧（见第三章），从而进一步增加了经济前景的不确定性。

导致政策失调的一大原因是目前正在实施的财政紧缩举措本身并不协调。2009 年各国深陷金融危机之时，政府纷纷划拨额外资金支持实体经济与金融行业。在这之后，二十国集团中的发达国家政府支出在 GDP 中的占比已下滑 2.5 个百分点，而新兴国家仅下滑 0.5 个百分点（国际货币基金组织，2012a）。因经济衰退而下滑的税收收入以及支持举措所需的额外支出使负债比率高企并不断攀升，所以各界纷纷对政府施压，要求政府必须至少在中期内使财政状况回归到更可持续的状态。而那些在危机爆发之前财政状况就已糟糕的国家则必须实施一揽子紧缩举措，缩减支出，并找到增加政府收入的新方法。然而，如果不从更广的角度考虑全球经济前景就实施这类紧缩举措，当几个主要经济体同时实施类似的紧缩通货政策时，这个策略就会得不偿失，反而会导致国内外总需求降低（国际货币基金组织，2012b）。货币政策支持经济增长的能力有限（“零利率下

限"，伍德福德，2012 年)，这一事实进一步加剧了类似不协调的财政紧缩举措对实体经济的不利影响。

图 6　财政政策与货币政策之间的失调

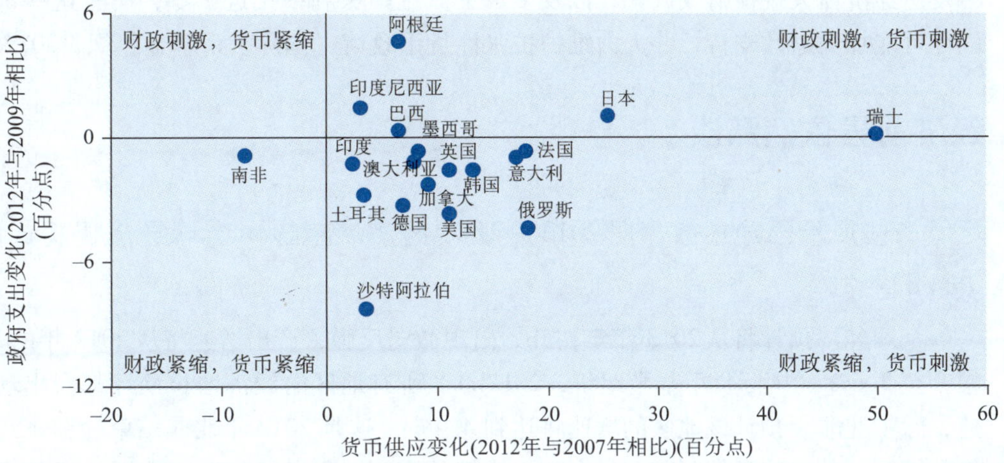

注：图 6 展示了 2009—2012 年间政府支出的变化（在 GDP 中的占比，以百分点表示），以及 2007—2012 年间货币供应的变化（以货币总量 M2 在 GDP 中的占比衡量）

资料来源：国际货币基金组织，《财政监测》，2012 年 10 月；《经济学人》信息部，2012 年 11 月；本报告的计算。

政策协调性无法靠单边的财政行动来重塑。主要经济体和经济集团需要从货币和财政两方面来为实体经济提供更多支持。在货币方面，权力机关必须做出可信承诺，承诺在经济和劳动力市场尚未开始可持续的恢复时，权力机关的支持举措会一直有效。这就要求，以特殊流动性举措获得的资金通过改善的信贷获得方式和稳定的银行业流入实体经济，然而在一些被危机困扰的国家，这一目标尚未实现。在财政方面，政策协调性要求有可能支持经济发展的国家继续为经济发展提供支持。目前，这种情况尚未在全球实现，但是那些公共债务已达到不可持续水平的国家将需要依赖外部需求和全球经济的支持。更为重要的是，所有国家都需要将财政政策的重点放在支持就业机会的创造和就业率的提高上，并仔细审查调整措施，发现对劳动力市场可能存在的负面效应。

多数国家的通胀压力趋于缓和，宽松的货币政策成为可能

从全球来看，去年通胀压力有所缓解，2012 年发达经济体消费价格增速跌至 1.9%，而 2011 年为 2.7%，新兴和发展中经济体同期消费价格增速从 7.2% 跌至 6.1%。尽管油价在 2011 年急剧上升，但 2012 年全年都未超过 2011 年的高峰值，据预计，2013 年油价也不会大幅变化[①]。食品价格在 2012 年大幅飙升，但未达到 2007 年的高峰值。尽管如此，油价和大宗商品价格依然远远高于全球经济危机期间的低点。这对于经济复苏期间的商品出口商而言是一个好消息——对撒哈拉以南非洲及拉丁美洲的众多国家更是如此，因为商品出口占据了这些国家出口总额的一半以上。商品出口增速依然强劲[②]。然而，如果价格继续下滑，商品出口商也会面临危险。除了经济增速放缓之外，出口放缓会对国家的外部平衡和财政平衡产生不利影响，而这些国家都依赖商品出口获得收入。

---

① 国际货币基金组织，《世界经济展望》，2012 年 10 月，美国能源信息管理局，http://www.eia.gov/dnav/pet/hist/LeafHandler.ashx?n = PET&s = RBRTE&f = D。

② 国际货币基金组织，《世界经济展望》，2012 年 4 月，第四章：商品价格波动与商品出口商，http://www.imf.org/external/pubs/ft/weo/2012/01/pdf/c4.pdf。

2012 年，在全球大的经济体中，只有印度的通货膨胀出现上升，其消费价格上涨超过 10%，而 2011 年的上涨幅度低于 9%。总体看来，2012 年通货膨胀减速的国家数目与通货膨胀上升的国家数目比率接近 2∶1。通货膨胀率降低、经济与劳动力市场低迷、众多发达经济体大规模财政调整，以及多数工业化国家利率接近于零，所有这些都呼吁各国尽可能加大财政支持，并大力维护扩张性货币政策（国际货币基金组织，2012b）。

经济前景依然黯淡

尽管一些风险已经式微，但 2013 年宏观经济展望显示全球经济仍将面临大幅下行的风险

全球经济预计将从 2013 年年初开始出现微弱反弹，产出增速将从 2012 年的 3.3% 小幅升至 3.6%（国际货币基金组织，2012b）。所有地区的经济增长预计都会出现小幅增速，除了北非。预计该地区的增速将达到 4.4%，这是 2012 年北非结束冲突、经济出现飙升之后，其增速开始回归至一个更为典型的速度；而撒哈拉以南非洲地区的产出预计将保持在一个较为健康的速度——5.3%。但是，全球经济能否如预计那样出现温和复苏则主要取决于政府能否制定必要的政策组合来逆转去年就已日渐普遍的负面趋势。尤其值得一提的是，这要求结束宏观经济与劳动力市场之间的反向经济恶性循环，并认真应对尾部风险，以重塑信心。

即使预计的复苏必将增强，全球失业率也可能保持高企，甚至在短期内进一步上升。造成这一结果的部分原因是劳动力市场的发展总是滞后于产出增长的增加。此外，造成金融危机的各项因素已经进一步削弱了增长对创造就业机会所产生的效应（参见第三章对这一问题的具体探讨）。最后，整体经济增长依然太弱，无法实现更为强劲的就业复苏。

就这一方面而言，2013 年的前景面临的主要宏观经济风险包括欧元区形势的进一步恶化。欧元区经济温和复苏取决于政策制定者能否继续制定可信政策，以促进欧元区经济体的财政融合。美国国内有关债务上限以及“财政悬崖”支出问题的谈判则是另一个风险，基线假设是，政策制定者成功达成协议，避免政府自动削减支出或增加税收，特别是增加中产阶级的税负。

如上所述，全球贸易的进一步恶化是威胁全球经济复苏的另一大风险。各国需要通过政策领导与国际协调来避免保护主义，并再次加快全球贸易的增长。特别要出台通过消费与投资渠道以及减少过多不确定性和支持岗位创造的方式推动总需求的政策，这些政策可以消除阻碍经济实现更强劲复苏的一些主要潜在因素，并减少因社会动荡加剧引起的各种风险。

长期前景同样面临风险

危机带来的创伤正在威胁长期的增长与发展前景。全球——尤其是发达经济体——的经济持续疲软，抑制了私人部门的雇佣情况，导致失业率和长期失业人数双双增加。随着相关技能的错配情况加剧，潜在增速可能会进一步下降。此外，由于经济衰退，许多欧洲国家的政府收入都在下滑，造成预算赤字和债务增加，从而加重了未来支付利息的负担，并限制了对公共投资、社会保障以及自动稳定因素的可用支出。

全球经济危机暴露了全球金融体系的漏洞，即过于脱离实体经济的需求。然而就目前而言，仍需制定大量举措解决这些问题。一些国家和地区已经开始制定相关法律，但是这些法律仍不够全面，有待完善。

最后，若要实现可持续的长期复苏，需要进一步采取行动，使全球需求达到再次平衡，并实现可持续的平衡。尤其是在发达经济体内，要实现这一目标必须加大产能投资，以再次加快生产力发展，加速创造就业机会。就长期发展前景而言，发展中经济体需要继续进行生产结构变革，这将促进新兴中产阶级的进一步扩大、消费的增加、弱势就业人口和在职贫困者的减少。然而，正如本报告所示，就发达和发展中经济体而言，预计中期内均不会出现大幅改善，实现全球经济与劳动力市场更可持续的复苏将面临风险。

若要解决这些长期问题，只能采取和谐的方式并对旨在促进劳动力市场复苏的政策进行变革。本报告第五章列出了上述政策变革的几大选择，其中包括解决青年失业的措施，解决长期失业的积极的劳动力市场政策，以及旨在提高政策协调性并降低不确定性的公共投资措施。

附录 1　国际劳工组织雇佣不确定性指标

国际劳工组织制定了一个新指标，即雇佣不确定性指标，该指标基于布莱克和斯科尔（1973 年）有关期权及其他金融衍生品的研究制定，囊括了雇主在进行雇佣决策时对劳动力市场前景不确定性的评估。该指标适用于七国集团的所有国家，并利用了万宝盛华集团有关雇佣意向的一个整体经济指标，该指标是在一项雇主调研的基础上估算得出的。该指标测量了雇佣意向，预估了机构下季度雇佣人数增加的雇主比例与预计下跌的雇主比例之间的差异[①]。

包括万宝盛华集团公布的一项指标在内，雇佣意向指标涵盖了市场趋势与波动预期的相关信息。为了获取有关私人部门对不确定性评估的元素，并构建国际劳工组织雇佣不确定性指标，雇佣意向被解读为期权价格。以这种方式解读，雇佣意向反应了雇主对招聘价值的评估，招聘新员工的目的是为了实现下季度预期生产力水平，该意向也将短期利率纳入了考量之中。然而，与金融衍生品不同，目前并没有职位空缺市场（也没有雇佣意向市场）。这就要求在解读布莱克—舒尔斯公式在劳动力市场的初次应用结果时要进行适当调整。

估算国际劳工组织雇佣不确定性的第一步也适用于基于布莱克—舒尔斯公式估算隐含波动性的过程。为此，当前的生产力水平被解读为标的资产的“股价”，并与每位员工创造的附加值相呼应。预期生产力是期权“行使价”，通过将潜在产出/潜在就业率的增速与现有生产力水平挂钩而得出。为确保作为期权价格的雇佣指标的数值与作为标的资产价格的劳动生产力数值之间保持一致，首先要调整雇佣指标的比例，让时间序列中的最小值变为零，最大值变为 10, 000[②]。为去除与商业周期相关的效应并提取隐含波动性系列中的一部分，而隐含波动性系列则与劳动力市场的不确定性直接相关。在第二步中，隐含波动性回归到雇佣指标上。然后，对回归中的余数再次调整比例，让时间序列中的最小值变为零，最大值变为 100。调整后的余数就是国际劳工组织雇佣不确定性指标。

该指标反映了雇主对未来劳动力市场发展波动性的评估。如果雇主认为市场不确定性高，新雇佣员工的生产力很有可能远远低于预期，在这种情况下，雇佣不确定性指标的数值会增加。如果经济前景较为确定，员工的生产力有可能接近预期，指标的数值就会降低。

---

① 见 http：//www. manpowergroup. com/press/meos_landing. cfm。

② 稳健性测试显示，隐含波动性时间序列的短期趋势对为得出雇佣指标而使用的比例调节因素不太敏感。但是，长期趋势的波动性似乎更明显。

附录2　特定国家公共部门、社会保障与劳动力市场衡量指标

国家	公共支出衡量指标			公共收入衡量指标		劳动力市场衡量指标
	公共工资	公共就业	养老金、补助金	社会保障税	所得税	最低工资
奥地利	2013年工资不变	2014年前不招募新员工	领取养老金及提前退休的资格条件更为严苛			
比利时		2008—2012年间，下降5.5%	提前退休的年龄从60岁延长至62岁，从而使工作时间延长至40年，但有些行业例外			
保加利亚			退休年龄延长一年			从BGN 270提升至BGN 290（月最低工资占平均工资的比例从2008年的39.5%下滑至2011年的33.7%）
塞浦路斯	新入职员工工资下降10%；工资两年不变	未来五年，下降5,000人			应计养老金总收入税率增加3%；对公共/私人部门员工总收入征税，为期两年	
捷克共和国	工资下降10%（教师除外）			高收入者税负增加		
爱沙尼亚	2009—2010年公共管理岗位工资下降10%，教育岗位工资下降3%；2011—2012年，工资不变			失业保险税上涨至4.2%		
法国	2000—2010年，起薪下降10%	人员置换冻结方案使30,400位公务员受到影响	特定群体的退休年龄从60岁延长至62岁	资本所得社会保险税税率从2%增至2.2%	高收入家庭所得税税率短期上涨3%；公司所得税上涨5%	
希腊	当地政府人员工资下降10%，公共部门员工工资下降15%；不再发放第13、14个月工资	雇佣流失比例1:10；到2011年，就业比例下降15%；2015年目标为从下降20%调整为下降26%	企业年金下降10%，达到20%的水平		2010年，实施新的九级征税计划（之前为四级），最高税率从40%增至45%	削减22%（年龄不足25岁的削减32%）
匈牙利	总工资不变，并取消奖金		不再发放第13个月养老金；限制伤残抚恤金；住房补助、学生补助与医药补助下降	上涨1%	从2010年开始，公司所得税税率增至19%	

续表

国家	公共支出衡量指标			公共收入衡量指标		劳动力市场衡量指标
	公共工资	公共就业	养老金、补助金	社会保障税	所得税	最低工资
爱尔兰	新入职员工及最高工资均下降10%；2010年，平均下降4.7%	员工人数比2008年减少24,750人	累进税收减免征收范围为可领取养老金的公职人员			削减1欧元，降至7.65欧元，在2011年7月回归至8.65欧元
意大利	2014年前工资不变；2012—2014年间，中央政府部委员工工资逐步减少		女性退休年龄延长至65岁；退休前总工作年限要求达到41年	扩大税基	如果个人收入超过300,000欧元，则需征收3%的附加税	
拉脱维亚				2011年起，上涨2%	2010年，所得税从23%增至26%；2010年，对附加福利征税	
卢森堡			公司补助下降10%			
墨西哥					从28%暂时增至30%	
波兰				雇主支付的伤残抚恤金税率上涨2个百分点		
葡萄牙	2010年，公共管理行业实际工资损失2.5%；2011年，进一步下降3.5%—10%；2012年，取消奖金	停止招聘新员工			对应付税利润达12,500欧元的公司取消低税率的政策	
罗马尼亚	2010年，工资下降25%；2011年，取消奖金	员工置换率为1:7	到2030年，男性退休年龄延长至65岁，女性延长至63岁	开始对收入超过173欧元的人士征收5.5%的健康税		
斯洛伐克共和国	国家工资下降10%			对非货币性福利征收社会安障税和健康税		
斯洛文尼亚	工资下降15%					
西班牙	2010年，工资下降5%；2011年和2012年，工资不变	2012年，不招聘新员工			个人所得税税率短期增加	不变（2012年）
英国	2012—2014年间，工资不变	从2009年年底开始，公职人员下降7.4%——目标是到2014年工作岗位减少330,000个	不再对高收入家庭发放儿童福利		增加富人的负税比率	

资料来源：欧洲共同体稳定与趋同项目，2012年经合组织恢复公共财政，2011年欧盟成员国欧洲共同体税收改革。

第二章

全球劳动力市场发展趋势及前景

全球大部分地区就业岗位创造步伐缓慢，失业率再度攀升

2012 年，预计全球失业人口增加 420 万人，创自 21 世纪初以来（除了眼下的经济危机时期）最大增幅（见图 7）。2012 年，求职者高达 1.973 亿人，根据国际劳工组织的基线预测，2013 年失业人口预计增加 510 万人，2014 年增加 290 万人。国际劳工组织基线预测的假设条件是，美国为防止财政支出急剧减少而采取有效政策及行动、债务限额问题得以成功解决、欧元区的主权债务危机及银行业危机不再加剧①。与此同时，预计全球失业率将小幅走高，至少到 2017 年都将维持在 6% 左右。与 2012 年相比，预计 2013 年全球失业人口将大幅增加，这是因为发达经济体、欧盟、东南亚和太平洋、南亚、拉丁美洲和加勒比地区的失业人口预计将增长，同时还因为劳动力市场改革滞后于经济方面的变化。

然而，本书也考虑到经济下滑的情景。该情景中，假定欧元区危机加剧，全球失业状况将严重恶化。2013 年和 2014 年全球产出增长将分别下降至 2.2% 和 3.2%（而基线情景中，分别为 3.3% 和 3.6%）②。因此，2013 年全球失业人口将额外增加 350 万人（与 2012 年相比，失业人口总共增加了 870 万人），达到 2.06 亿人，失业率为 6.1%，2014 年全球失业人口将增至 2.122 亿人，失业率达 6.2%。发达经济体和欧盟地区的失业率将攀升，2013 年失业率将达到 9.2%，2014 年将继续攀升至 9.5%，而基线情景中，2013 年和 2014 年的失业率将分别为 8.7% 和 8.6%。根据经济下滑的情景，若不采取有效政策，以防止欧元区危机继续加深，全球失业率将上升至自 2009 年经济危机最严重时期以来前所未有的水平。发达经济体和欧盟地区的失业率将远远超过 2010 年的峰值。需要说明的是，本基线情景仅考虑了欧洲政策响应不足的影响，尚未考虑欧洲和美国政策响应不足可能带来的双重影响。毫无疑问，上述双重影响将造成失业率更大幅度地攀升。

---

① 国际劳工组织的基线情景与国际货币基金组织《世界经济展望》（2012 年 10 月）的核心预测相吻合（国际货币基金组织，2012b）。

② 有关下滑情景中所假定的区域 GDP 增长率，请参见附件 1。

图 7　1999—2017 年，全球失业人口及 GDP 增长的年度变化

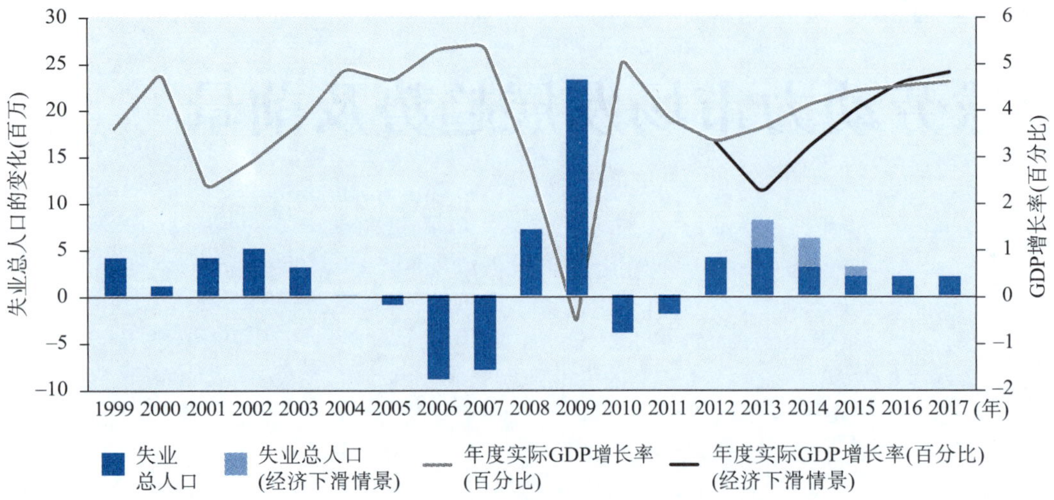

注：该图既显示了全球失业人口状况年度变化的历史趋势和未来预测，又包括了在假定 2013 年和 2014 年全球经济进一步恶化的情况下，全球失业人口的年度变化预测（更多详情，参见正文及附录 2）。

资料来源：国际劳工组织，《趋势计量经济学模型》，2012 年 10 月。

青年失业率上升至 12.6%

对于全球年轻人而言，劳动力市场前景尤其暗淡。国际劳工组织预计，2012 年全球失业青年数量达 7,380 万人，失业率为 12.6%，高于上一年的 12.4%（参见附录 1、表 A3 和表 A4）。自 2007 年以来，全球失业青年数量已增加了 340 万人。尽管全球青年人口数量增长超过 1,200 万人，但 2012 年青年劳动力比 2007 年减少了 2,290 万人，大量年轻人退出劳动力市场，这是造成青年人失业率上升的一个原因，也导致 2007—2012 年期间全球青年劳动力参与率降低了约 2 个百分点。青年劳动力参与率下降的部分原因是越来越多的年轻人选择提高自己的受教育程度——对于历史上中等教育和高等教育水平较低的发展中国家而言，这是一个有利的趋势——而在发达经济体和欧盟地区，工作者受挫心理的增加和不接受教育、不参加工作或不接受培训的年轻人（英文缩写为“NEET”）数量上升，这是导致其青年劳动参与率下降的更可信的原因①。实际上，许多国家的年轻人正面临着失业或退出劳动力市场，并最终变为无法被雇佣的风险。

发达国家和发展中国家不同的失业状况

全球不同地区的失业率走势有着天壤之别，发达地区和发展中地区之间整体上也有差别。发达经济体和欧盟地区的失业率远远超过了历史水平（2012 年为 8.6%，而 1998—2007 年期间的平均水平为 6.9%），而几乎在所有的发展中地区，2012 年失业率实际上低于经济危机前十年的平均水平。2012 年，中欧和东南欧（非欧盟）及独联体、东南亚和太平洋地区、拉丁美洲和加勒比地区、北非地区的失业率低于其 1998—2007 年的平均水平，低幅超过一个百分点。

总体而言，造成上述差别的原因之一是发展中经济体在经济复苏期间的经济增长幅度明显超过了发达经济体。而且有证据表明，发展中国家实施的旨在应对经济危机影响的刺激计划更多地针对缓解劳动力市场的疲软（见国际劳工组织，2012b）。与之相反，在发达经济体和欧盟地区，欧洲经济衰退，为缓解经济危机对劳动力市场冲击而采取的财政政策和货币政策效果有限，这导致自 2007 年以来，该地区的失业人口增长了 1,480

① 如要进一步探讨本地区 NEET 率趋势，参见第三章发达经济体和欧盟地区部分。

万。尽管该地区的劳动力在全球劳动力中的比重低于16%，但其增加的失业人口数量却超过全球总失业人口数量增长的一半以上。

图8　2011—2012年，所选经济体的GDP增长及失业率变化

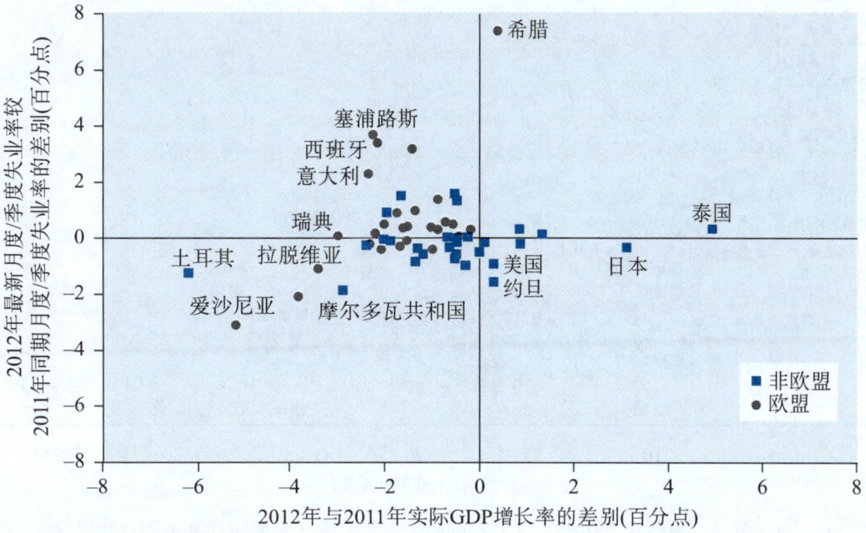

注：圆点代表欧元区经济体。

资料来源：欧洲统计局、经济合作与发展组织、国际劳工组织劳工统计数据库、国际货币基金组织《世界经济展望》。

在发展中国家，有许多劳动力从事非正式工作，不领取固定工资，因此，通常情况下，失业率与宏观经济改革间的关系不像发达经济体那么密切，这是造成发达经济体和发展中经济体在失业率趋势方面产生差别的另一个原因。图8显示了2011年和2012年57个国家的经济增长及失业率情况，可以看到月度或季度数据。一般而言，在发达经济体中，经济增长与失业率之间的关系更为密切，而在发展中国家，例如，泰国（2011年，洪水造成东南亚经济衰退，而泰国经济却实现了大幅增长），两者之间的关系十分薄弱。

求职者中，长期失业者的比例日渐增长

单就失业率而言，并不能反映出劳动力市场的整体状况。当然，失业时间也很重要，尤其在社会保障体制健全并能够为失业者提供其他收入来源的国家。从这个角度来看，长期失业人口比重的增加很可能会反映出劳动力市场的结构性问题，可能会减少劳动力对劳动力市场的依赖，并使劳动力因技能退化和就业能力降低而陷入困境。反过来，这也不利于宏观经济的增长，因为它在短期内通过降低劳动力消耗而减少了劳动力总需求，且在长期内会造成未来增长减缓。

在许多发达经济体，失业时间延长，长期失业人口数量上升，导致失业率急剧上升（见图9）。在一些国家，尤其是欧盟，工作岗位破坏率的增长（由失业人口数量的增长来衡量）和失业时间的延长几乎同时出现，使其失业率超过地区平均水平。例如，2007—2011年期间，爱尔兰和拉脱维亚的全国失业率上升了近10个百分点，长期失业人口占总失业人口的比重提高了至少25个百分点，而且工作岗位破坏率翻了一番以上。西班牙的失业率攀升了13个百分点以上，长期失业人口比重上升幅度超过21个百分点，工作岗位破坏率增长了50%。与此同时，美国同时期的失业率上升了4.3个百分点，主要是因为失业时间延长和长期失业人口比重增长超过了1/5。上述长期失业人口数量的急剧增长预示着劳动力市场严重不景气，主要表现为工作创造极其疲软；领取失业救济金的人数日益增加；在失业救济金耗尽之后，失业人口将无法获得社会保障体系保护的风险不断增加以及技能不匹配的问题日益突出，这可能会对劳动力市场造成结构性的破坏（见专栏2）。

图 9　工作岗位破坏率与失业时间（2007 年与 2011 年）

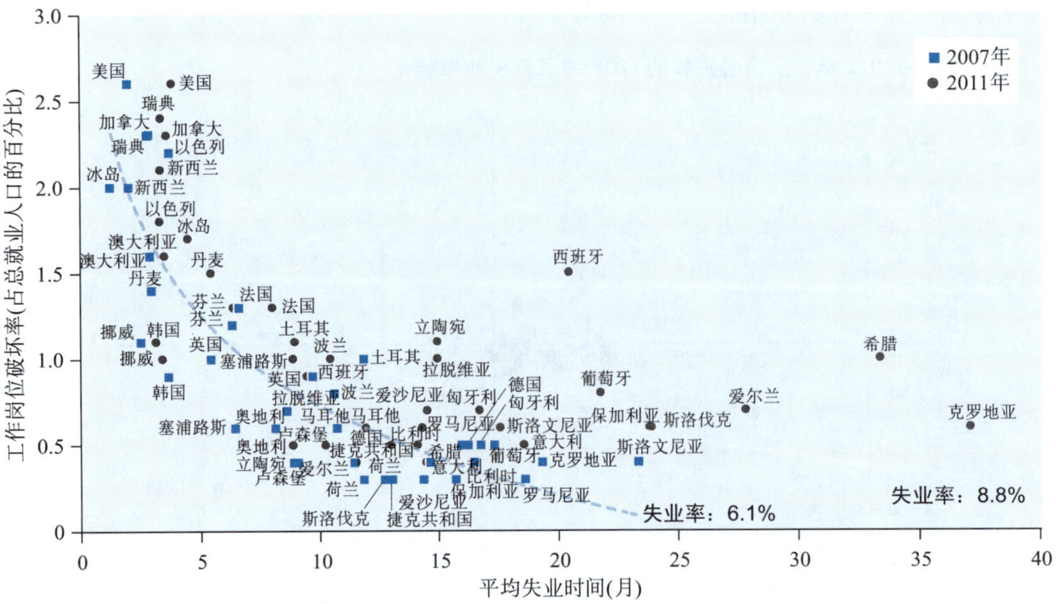

注：该图显示了部分发达经济体在 2007—2011 年期间的失业率曲线（见佩雷斯和亚奥，2012 年）。曲线描绘出在某一给定年份，各个国家的工作岗位破坏率与平均失业时间之间的关系。曲线向外移动表明失业率上升。虚线和实线分别代表了 2007 年和 2011 年的等失业率曲线的理论预测值。本图中，2007 年所有国家的平均失业率为 6.1%，2011 年为 8.8%。

资料来源：国际劳工组织，《劳动力市场关键指标》（第 7 版）。

专栏 2　技能不匹配的问题日益严重，令人担忧

经济危机引起工作破坏和失业人口的增长，因此，许多劳动者需要转换行业和职业领域。2008 年年底和 2009 年爆发的经济危机首先冲击了金融业和建筑业，这两个行业的失业者被迫从事受经济影响不太严重的其他行业。但随着经济危机的蔓延，没有哪个行业能够幸免于难，越来越多的劳动者认为找到类似于以前的工作的希望比较渺茫。随着经济的转型，经济危机造成的大量失业人员所拥有的技能与需求不匹配，发达经济体尤为如此。这种不匹配阻碍了劳动力再分配，将给失业率施加上行压力。

劳动者可能会以各种方式来应对瞬息万变的就业环境。一些劳动者会选择迁至其他地区，以获得工作机会。而对于另外一些劳动者而言，“职业降级”可能是唯一的选择。所谓“职业降级”是指从事低于其之前技能水平的工作。这将使越来越多的劳动者被大材小用，进而恶化已就业群体中的技能不匹配问题。即使在经济危机爆发前，这种不匹配（资格不足和资格过高）也影响了相当一部分劳动者，并且在有些情况下受影响的人数比例不断增加，这对工作满意度、劳动者工资以及公司效益均造成了负面影响（例如：昆蒂尼，2011 年）。

由于经济危机，发达经济体开始重新关注技能不匹配的问题，但是技能不匹配已经并将持续影响全球劳动力市场。这一点可以通过在职者和失业者的受教育程度的差异指数来说明（见附录 1，以及艾斯特瓦奥和特索文塔，2011 年）。值得强调的是，该指数仅表明了不匹配的一个方面，即在职者和失业者在受教育程度方面的不匹配，并没有显示其他方面的不匹配，例如：具体的技能不匹配，或劳动者的技能水平与工作需求之间的不匹配。该指数也可以作为衡量受教育程度不同的劳动力市场群体获得相关职位的可能性的总括性标准。如果具有初等、中等和高等教育水平的劳动者的失业率相同，那么该指数将显示 0（各群体之间无差异），如果（例如）所有具有初等和高等教育水平的劳动者成功就业，而所有具有中等教育水平的劳动者失业，那么该指数将显示 1（完全不同）。

差异指数所显示的技能不匹配表明，发达经济体和发展中经济体的技能不匹配程度均较高（图 B2.1 和 B2.2）。在所选的 26 个发达经济体样本中，2011 年，塞浦路斯、希腊、葡萄牙和罗马尼亚的技能不匹配度小于 10%，而其他国家则超过 20%（比利时、保加利亚、芬兰、爱尔兰、立陶宛、挪威和瑞典）。在 14 个发展中经济体样本中，一半国家的技能不匹配度小于 10%，超过 20% 的国家仅有两个（印度尼西亚和俄罗斯联邦）。基于这些样本国家，发展中世界的技能不匹配度似乎更低，除了 2002 年格鲁吉亚的技能不匹配度极高（53%）之外。鉴于发展中经济体的受教育程度较低，虽然上述结

续

果看似违背常理，但是不要忘记，受教育程度既影响就业人口也影响失业人口。

除了技能不匹配程度上的差异之外，发达经济体和发展中经济体的技能不匹配趋势也完全不同。2000—2011 年间，16 个发达经济体的技能不匹配度日益增加，26 个发达经济体样本的平均技能不匹配度增长了 1.3 个百分点。一些国家的技能不匹配度迅猛增长，超过 5 个百分点（保加利亚、德国、拉脱维亚、挪威、西班牙和瑞典），而塞浦路斯、希腊、爱尔兰、荷兰和罗马尼亚的技能不匹配度却大幅降低。在发展中经济体样本中，只有四个国家的技能不匹配度有所增长（阿根廷、哥斯达黎加、菲律宾和乌拉圭），而样本的整体技能不匹配度降低了 4.3 个百分点。这些趋势表明，技能不匹配与失业率之间的关系错综复杂。失业率增加并不总是代表技能不匹配也随之增长，这是因为失业率也受宏观经济环境的影响。尽管如此，技能不匹配趋势也凸显了经济体采取政策来确保劳动力市场实现最佳技能匹配的必要性，这一点在当前高失业率的环境下更为重要。

图 B2.1　所选发达经济体的技能不匹配状况（2000 年与 2011 年）

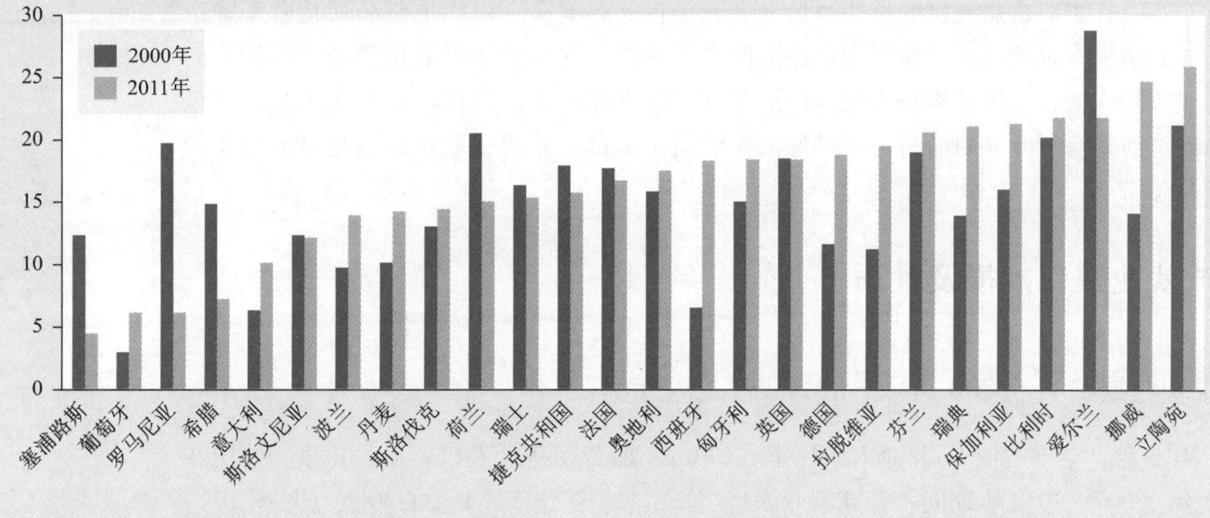

图 B2.2　所选发展中经济体的技能不匹配状况（最早的可获得数据为 2000—2004 年的数据，最近的数据为 2006—2011 年的数据）

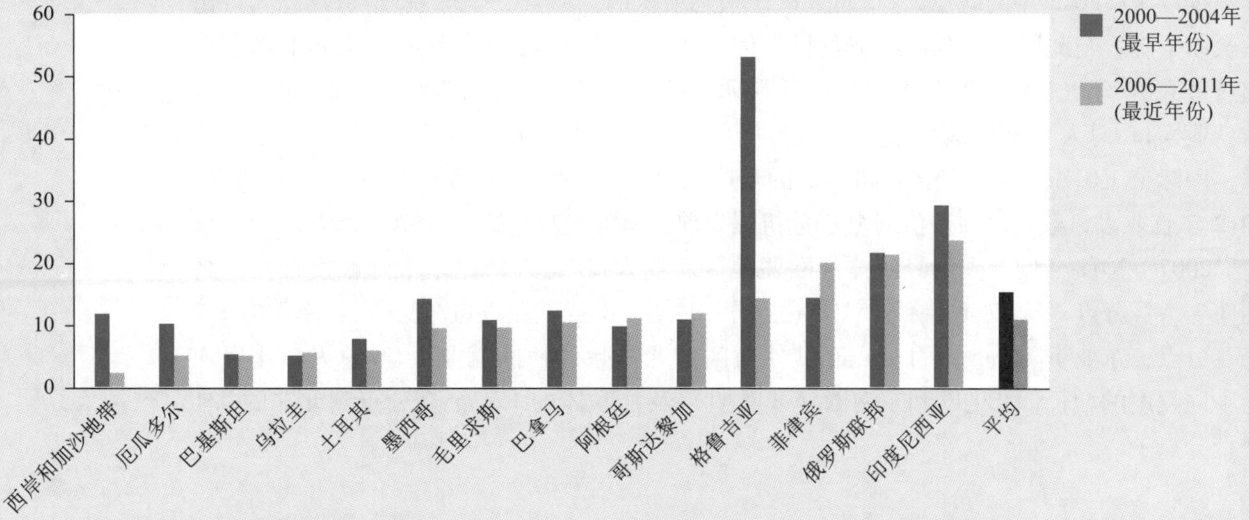

注：该图显示了如下指标的数值：

$ID^{(不匹配度)} = (1/2)\ \Sigma\ ABS\ (E_i/E - U_i/U)$，其中：

ABS = 绝对差值

E_i/E = 受教育程度为 i 的就业者的比重

U_i/U = 受教育程度为 i 的失业者的比重

Σ = 三个教育等级的总和（初等或以下、中等以及高等教育）

资料来源：国际劳工组织基于《劳动力市场关键指标》（第 7 版）的计算。

兼职工作，挑战与机会并存

在一些发达经济体中，随着兼职工作者，尤其是非自愿兼职工作者的比重增加，许多全职工作者发现自己的工作时间减少了。例如，在欧盟 27 个国家中，2007 年第二季度至 2012 年第二季度间，兼职工作者在总劳动者中的比重上升了 1.7 个百分点，单去年一年，该比重就上升了 0.4 个百分点。在爱尔兰，自 2007 年第二季度以来，兼职工作者的比重攀升了 5.7 个百分点，而奥地利、塞浦路斯、意大利和土耳其的兼职工作者的比重上升了 3— 4 个百分点。2012 年 3—9 月，美国兼职工作者的数量增长了 941,000 人，相当于这一时期新净增工作岗位的 87%（美国劳工统计局，2012 年）。

如果这种情况是暂时性的，那么兼职就业人口的增长可能是长期性全职工作机会增长的第一步，因为许多公司开始雇佣一些兼职人员，并逐渐将部分兼职人员转化为全职人员。然而，兼职就业人口的长期增长（尤其是在欧洲国家）可能也是公司运营不确定性增加的结果。也就是说，鉴于宏观经济前景不明朗，许多公司可能更倾向于雇佣新的临时或兼职人员，以便在不断恶化的经济基础下，更加灵活地降低实际员工人数，而且如果经济前景有所改善的话，可以增加工作时间。不过，兼职就业难以满足日益增长的消费及总需求。

全球就业缺口规模及性质

全球就业缺口达 6,700 万人，青年陷入就业危机

2012 年，全球就业人口/总人口比率（EPR），即劳动适龄人口就业的比重，停留在 60.3%。2007—2012 年期间，全球就业人口/总人口比率下降了 1 个百分点（见图 10），这表明经济体创造就业机会的能力极度缺乏。自 1991 年开始有就业人口/总人口比率估算数据以来，2012 年的就业人口/总人口比率是最低的。而且，全球就业人口/总人口比率长期下降，与此同时，全球经济危机期间，年度平均就业人口/总人口比率下降水平超过过去 16 年（1991—2007 年）平均下降水平的三倍以上，并与 2003—2007 年期间全球就业人口/总人口比率适度增长形成鲜明的反差。根据上述就业人口/总人口比率数据，国际劳工组织估算出经济危机造成的全球就业缺口规模达 6,700 万人①。换句话说，2012 年就业人口数量比预期值（基于危机爆发前的就业趋势）减少 6,700 万人。

2007—2012 年间，发达经济体和欧盟地区就业人口/总人口比率下降幅度最大，高达 2.3 个百分点，从 57.1% 降至 54.8%。同一时期，南亚就业人口/总人口比率下降 2.2 个百分点，东亚下降 1.5 个百分点。其他地区（北非除外）的就业人口/总人口比率均有不同程度的增长，从中欧和东南欧（非欧盟）及独联体的 1.3 个百分点到北非的 0.1 个百分点。

---

① 通过对比历史上国家层面的四种人口群体（年轻男性、年轻女性、成年男性和成年女性）的就业人口/总人口比率的年度平均变化与 2007—2012 年期间就业人口/总人口比率的实际变化，估算出全球就业缺口。选取 1999—2007 年作为对比期间。如果选用其他时期作为对比期间，就会产生全球就业缺口的最小绝对估算值（5,200 万人）和最大绝对估算值（8,800 万人）。

图 10　按性别、全球和区域划分的就业人口/总人口比率，2007 年和 2012 年

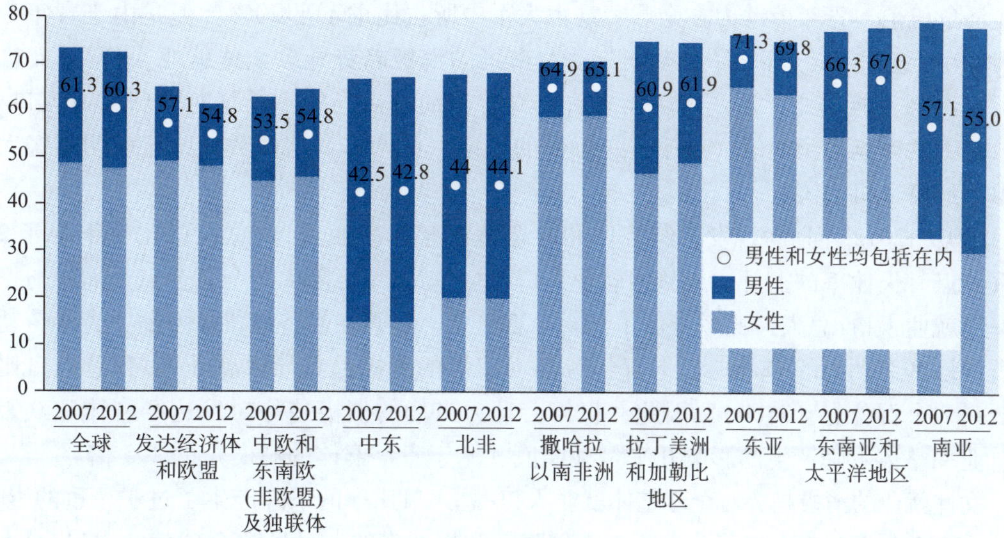

资料来源：国际劳工组织，《趋势计量经济学模型》，2012 年 10 月。

图 11　2007—2012 年就业人口/总人口比率变化细分

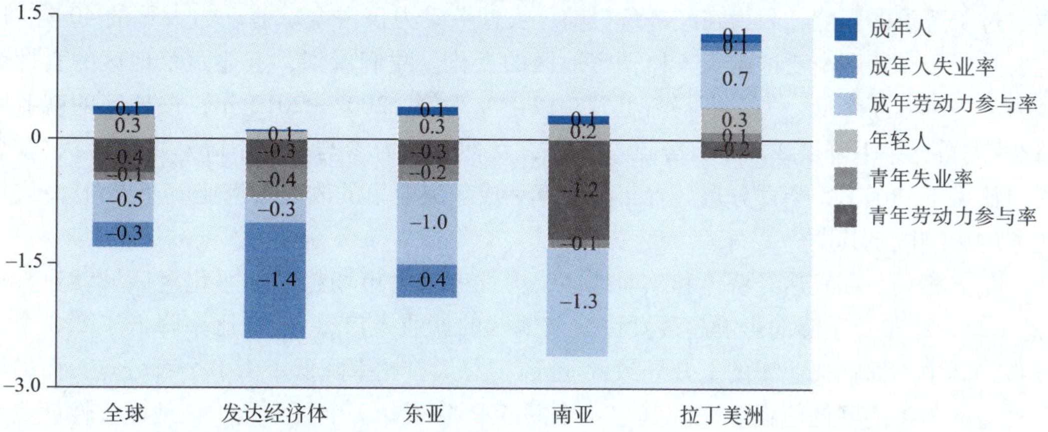

资料来源：作者基于国际劳工组织《趋势计量经济学模型》（2012 年 10 月）的计算。

据观察，2007—2012 年期间，按性别划分的就业人口/总人口比率变化趋势存在一些差异。在大多数地区，男性和女性就业人口/总人口比率变化趋势相似。而拉丁美洲地区是个明显的例外：由于女性就业人口/总人口比率上升 2.2 个百分点，男性就业人口/总人口比率下降 0.3 个百分点，该地区的整体就业人口/总人口比率增长 1 个百分点。

在南亚，男性和女性就业人口/总人口比率均呈下降趋势。其中，女性就业人口/总人口比率下降幅度远远超过男性（分别为 3.1 个百分点与 1.2 个百分点）。在南亚，不同性别在就业率方面的差异显著，而中东和北非的女性就业机会远远低于男性。

2007—2012 年期间，劳动力参与率下降，使得全球就业人口/总人口比率下降 0.9 个百分点（见图 11）[①]，因此整体而言，劳动力参与率下降是全球就业人口/总人口比率下降的罪魁祸首。较高的失业率使就业人口/总人口比率进一步下降 0.4 个百分点。潜在的人口结构的有利转变（劳动适龄人口在总人口中的比重上升），在某种程度上抵消了上述两种负面趋势的影响，从而使全球就业人口/总人口比率增长了 0.3 个百分点。

青年劳动力市场不景气，或多或少地造成就业人口/总人口比率整体下降，青年劳动力参与率的降低和失业率的上升导致就业人口/总人口比率下降 0.5 个百分点，而成年

① 附件 2 对此分解所采用的方法给予了说明。

劳动力参与率的降低和失业率的上升造成就业人口/总人口比率下降0.8个百分点。虽然在经济危机前，青年劳动力在全球劳动力大军中所占比重不足20%，但是由于青年劳动力失业率上升和参与率下降，青年劳动力市场的消极趋势导致全球就业人口/总人口比率下降41%。换言之，从全球层面来看，青年劳动力市场的不景气对全球就业人口/总人口比率的影响是预期值（基于青年群体的规模）的两倍。这些数据明显表明年轻人深受本次经济危机之害。

2007—2012年期间，发达经济体和欧盟地区整体就业人口/总人口比率下降了2.3个百分点。失业率的上升造成整体就业人口/总人口比率下降1.7个百分点，而参与率的下降使就业人口/总人口比率降低了0.6个百分点。尽管在经济危机爆发前，青年劳动力仅占该地区劳动力的12.8%，但青年劳动力市场的消极趋势导致就业人口/总人口比率降低0.7个百分点（31%）。因此，青年劳动力市场的消极趋势对发达经济体和欧盟地区就业率整体下降产生的影响几乎是预期值（基于青年群体的规模）的2.5倍。

女性就业的消极趋势对全球整体就业人口/总人口比率的下降产生了过于严重的影响。2007—2012年期间，女性劳动力参与率的降低和失业率的上升导致全球就业人口/总人口比率下降0.5个百分点（55%），而男性劳动力参与率的降低和失业率的上升对全球就业人口/总人口比率下降的影响占比为46%。这表明就业人口/总人口比率的下降对女性造成了过于严重的影响，因为在经济危机前，女性劳动力仅占全球劳动力大军的40%。这主要是由于东亚和南亚这两大人口稠密地区的变化。我们看到，上述两个地区的女性劳动力参与率不断降低、失业率不断上升。以南亚为例，2007—2012年，该地区的就业人口/总人口比率下降了2.2个百分点，其中，女性劳动力参与率的下降造成就业人口/总人口比率下降了1.5个百分点。青年失业率和成年失业率的改变对南亚就业人口/总人口比率的影响微乎其微。

与之相反，在发达经济体和欧盟地区，男性劳动力市场趋势的恶化对区域就业人口/总人口比率整体下降的影响超过女性。该地区的就业人口/总人口比率降低了2.3个百分点，其中，男性失业率的上升导致就业人口/总人口比率降低了1.1个百分点，而男性劳动力参与率的降低使就业人口/总人口比率又下降了0.7个百分点。该地区女性就业率的上升在某种程度上抵消了女性失业率上升的消极影响。整体而言，发达经济体和欧盟地区的女性劳动力市场的不景气对就业人口/总人口比率下降的影响占比仅为24%，而该地区女性劳动力在总劳动力中的比重约为45%。由于此次经济危机对男性占主导地位的行业（如建筑业和制造业）产生了较大冲击，因此对男性劳动力市场影响巨大。

就业质量的发展趋势

劳动生产率增长缓慢，限制了投资潜力，抑制了实际工资的增长，造成总需求疲软

2012年，劳动生产率增长骤然放缓。从全球层面来看，2012年，每位劳动者的产出增长率仅为1.9%，而前两年的平均增长率为2.9%，经济危机前的平均增长率为2.3%（见图12）。除北非和撒哈拉以南非洲，其他地区的劳动生产率增长均有不同程度的下降，而发达经济体和欧盟地区、中欧和东南欧（非欧盟）及独联体、东亚和南亚地区的劳动生产率增长远远低于危机前的发展趋势。2012年，北非地区劳动生产率迅速增长，这表明随着前一年武装冲突引起的经济紧缩的结束，其经济增长开始大幅反弹。

图 12 在所选时期，全球及各地区劳动者的人均产出增长情况

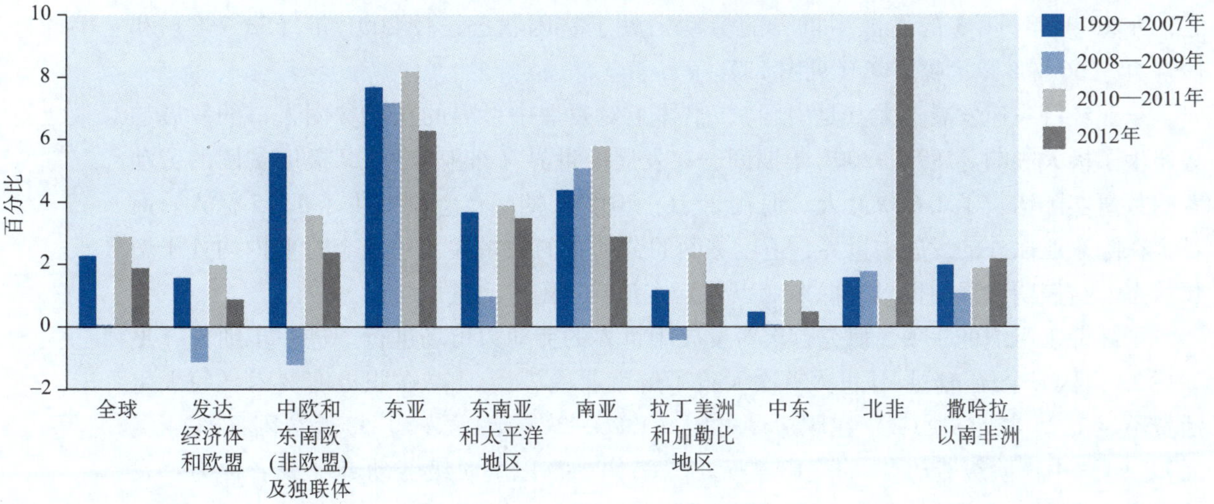

资料来源：国际劳工组织，《趋势计量经济学模型》，2012 年 10 月；世界银行，《世界发展指标》；国际货币基金组织，《世界经济展望》，2012 年 10 月。

投资疲软是造成劳动生产率增长下降的主要因素。去年，投资增长继续下降，投资疲软波及其他地区，如此前投资不断增长的东亚。尽管在修复资产负债表方面取得了进展，但投资增长持续疲软。这表明宏观经济的不确定性大幅增加，对投资增长构成新的阻力。

而且，经济不确定性造成投资疲软，投资疲软导致生产率增长下降，这一恶性循环导致工资增长缓慢，进而抑制消费，使总需求进一步减少。2011 年，全球工资增长率停留在 1.2%，而上一年，这一数字为 2.1%，2007 年为 3%（国际劳工组织，2012i）。如果不把中国计算在内，这一数字则更令人忧心，因为全球工资增长率仅为 0.2%，而经济危机前的增长率超过 2%。虽然 2012 年的估算值尚不得而知，但考虑到不确定性的加大和投资及劳动率增长放缓，2012 年的工资增长率的快速增长不太可能实现。

生产结构转变的步伐放缓，这意味着在降低弱势就业方面进展不大

在发展中地区，投资和消费的下降很可能会减缓缩小弱势就业人口比重的步伐。所谓弱势就业人口是指不能像上班族一样享受现有的社会保障体系的工作者，包括自营工作者和家庭工作者（更多详细分析，参见第四章）。2012 年，发展中国家弱势就业人口数量达到 14.9 亿人，占发展中世界劳动力总人数的 56%，较上一年增加了 900 多万人（见附录 1 和表 A13）。大多数发展中地区的弱势就业人口数量不断增长，包括东南亚和太平洋地区、南亚、拉丁美洲和加勒比地区、中东、北非以及撒哈拉以南非洲。由于弱势就业可能会抑制消费和总需求的增长，因此，若发展中世界的弱势就业人口持续占据较大比重，将对经济增长前景构成威胁。

虽然在消除贫困方面已持续取得进展，但“接近贫困”的劳动者的数量持续增长

在过去的十年和全球经济危机中，生活极度贫困的劳动者的数量已经大幅下降：在 2001—2011 年期间，每天生活费用不足 1.25 美元、与家人共同生活的劳动者的数量已减少了 2.81 亿人，还有 3.97 亿在职贫困人口生活在贫困线以下。这个数字相当于发展中世界就业总人口的 15.2% 多一点，而在 1991 年和 2001 年，这一比例分别为 45.2% 和 30.7%。在此期间，处于适度贫困的劳动人口也有所减少，但仅减少了 3,500 万人，而

每天生活费用为1.25—2美元之间、与家人共同生活的劳动者的数量达4.72亿。总而言之，在2011年，1/3的发展中世界的劳动力处于贫困状态，较2001年（53.7%）和1991年（66.7%）大幅下降（见图13）。

东亚经济飞速发展（尤其是中国），整体上对发展中世界的在职贫困人口的发展趋势产生了极大影响。1991—2001年期间，在发展中世界（东亚除外），极度贫困的劳动者的数量实际增长了2,600万人，但在2001—2011年期间，急剧减少了1.15亿人。而且，在除东亚以外的发展中世界，适度贫困的劳动者的数量在上述两个时期内均处于增长状态，这表明发展中世界（除东亚以外）在消除贫困方面进展缓慢。

国际劳工组织的一项新研究首次对发展中世界的劳动力市场进行了进一步细分（见专栏3），从五个经济阶层让世人首次大致了解就业趋势：（1）在职极度贫困（每天生活费不足1.25美元），（2）在职适度贫困（1.25—2美元）；（3）接近贫困（2—4美元）；（4）中产阶级劳动者（4—13美元）；（5）中产以上阶级劳动者（或者称为"发达世界中产阶级及以上"，指家庭人均每天消费水平大于13美元）。

国际劳工组织按照经济阶层对就业情况进行的估计显示，除8.68亿劳动者及其家庭生活在每天2美元贫困线以下之外，还有6.61亿"接近贫困"的劳动者生活在每天2—4美元之间，占发展中世界劳动力人口的25.2%（见图13）。过去十年中，接近贫困的劳动者数量已增长了近1.42亿人，其中，超过1.41亿的劳动者来自东亚以外的地区。总体而言，2011年58.4%的发展中世界劳动力依然处于贫困或接近贫困的状态。在这方面，结构型转型在经济危机期间放缓，而且预计直到2017年才能适当加快这一富有成效的转型，这可能导致全球减少在职贫困的步伐进一步减缓。再加上关于弱势就业的数据，这些迹象清晰地表明，需要提高生产率，进行可持续的结构性转型，并扩大社会保障体系的覆盖面，以确保贫困人口和弱势就业人口享受最低社会保障。

专栏3　国际劳工组织根据经济阶层对发展中世界的就业情况的估计

国际劳工组织在为从全球和区域层面对在职贫困人口就业进行估计而进行的前期工作的基础上，研究出了一种新的方法，从国家层面对五种经济阶层的就业情况进行估计和预测（卡普索斯和布尔姆普拉，即将出版）。这有利于首次从全球和区域层面对五种经济阶层的劳动者进行估计，从而对发展中世界的就业发展情况提供了新的见解。此项工作旨在提高用于证明发展中世界就业质量和收入分配趋势的证据的可靠性——考虑到与就业数量的指标（例如，劳动力参与率和失业率）相比，有关这些问题的信息相对缺乏，因此，这是众人都企盼的结果。

本书作者将家庭人均生活水平在每天4—13美元的劳动者定义为发展中世界的中产阶级，而根据发达世界的定义，生活水平在每天13美元以上的劳动者为中产阶级及以上。发展中世界中产阶级就业人口的增长能够为劳动者及其家庭带来巨额收益。有相关证据证明，发展中世界的中产阶级能够增加对健康和教育的投资，因此，比贫困和接近贫困的人口过着更加健康和高效的生活。反过来，这也能从整体上使社会受益，主要是因为高效率就业和迅速发展之间的良性循环。稳定的中产阶级的崛起会不断提高对问责制和有效治理的需求，这也有助于促进政治稳定（参见拉瓦雷，2009年）。

本书使用的经济计量模型参考了按照经济阶层划分的、与就业分布有关的全国家庭调查估算值，以及按阶层划分的、对总人口分布的估算值和主要劳动力市场、宏观经济和人口指标。通过该模型，按经济阶层对142个发展中国家的就业情况进行了一整套全国估算和预测，从而为获得区域性汇总数据奠定了基础。

图 13　1991—2011 年发展中国家的按经济阶层划分的就业情况

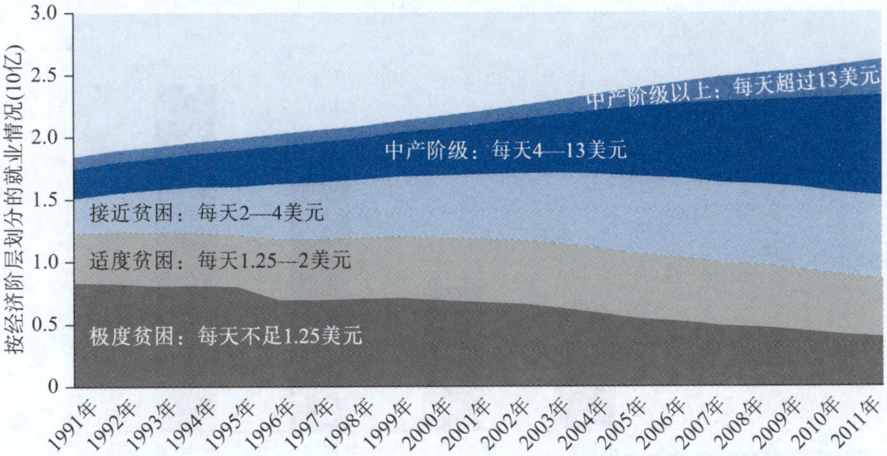

资料来源：卡普索斯和布尔姆普拉（即将出版）。

发达国家新兴中产阶级劳动力提高了成功实现全球再平衡的可能性

随着贫困和接近贫困劳动者所占的整体份额的逐步下降，2011 年估计将有 41.6% 发展中世界的劳动者跻身中产阶级和中产阶级以上阶层。鉴于 2001 年发展中世界的中产阶级在总劳动力中的比重不足 23%，而且 53.7% 的劳动者处于贫困状态，因此，这是一个相当大的进步。2001—2011 年间，中产阶级就业迅速增长，中产阶级劳动者（生活水平每天在 4—13 美元之间）增长了近 4.01 亿人，而且生活水平超过每天 13 美元的劳动者增长了 1.86 亿人。目前，国际劳工组织的预测表明，到 2017 年，发展中世界中产阶级以上的劳动者的数量可能再增加 3.9 亿人，所占比重将提升至 51.9%。

发展中世界新兴中产阶级可能是促进全球经济增长的新的驱动因素，这是因为他们将拉动投资和消费，在发展中世界中较贫困地区尤为如此（见图 14）。这种关联性表明，近年来（自 2011 年起），国家层面的总投资水平与达到中等收入或以上的受雇劳动力的比重有关，因此增强了国内投资吸收能力。这将推动这些国家进行结构型转型，增加全球总需求，并可能有助于实现全球经济的可持续平衡发展，从而将份额不断增加的国内储蓄用于投资，以促进投资的增长。

尽管取得了上述进展，但大部分发展中世界依然有许多贫困和接近贫困的工作者。2011 年，92% 的南亚劳动力处于贫困或接近贫困的状态，而在撒哈拉以南非洲地区，这一比例也高达 86%（见附录 1，表 A15）。在提高生产力水平和增加高质量工作的数量方面，还需要做很多工作，以促进发展中世界的中产阶级劳动者的数量进一步增加。在此方面，当前的全球劳动力市场危机带来了负面影响，使规模依然庞大的在职贫困人口无法在很短时间内从事体面工作和享受更好的生活。

图 14　投资与中产阶级的规模息息相关（2011 年）

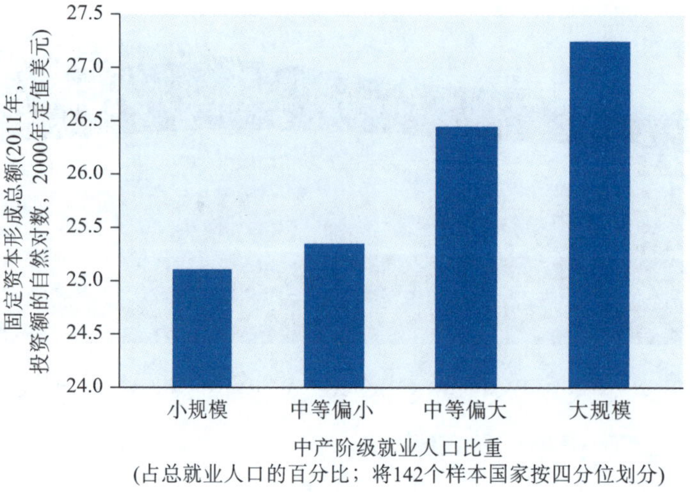

注：图 14 显示了 2011 年中产阶级就业人口在总就业人口中的比重及以定值美元（以 2000 年为基准年）计算的固定资本形成总额（取自然对数）。将 142 个样本国家按四分位划分，同时考虑国家固定效应。中产阶级就业与投资之间的实证关系可以用一条回归线来表示，见以下估算：

In（投资额$_{2011}$）$= 0.03 + 24.6^{***} \times$ 中产阶级比重$_{2011}$, $R^2 = 0.21$

（0.258）（0.004）

资料来源：国际劳工组织，《趋势计量经济学模型》；世界银行，《世界发展指标》。

全球劳动力市场前景

现有的劳动力市场数据证明，2012 年全球经济增长普遍放缓，对全球劳动力市场产生了消极影响，这是毋庸置疑的。全球失业率再度攀升对全球青年就业产生了不利影响。长期失业人口的数量不断增长，劳动力市场日益不景气，这些加剧了劳动力市场结构性问题的出现且不易解决，降低了经济的潜在增长速度和保持可持续的经济复苏的可能性。

宏观经济不确定性增加，这表明总需求急剧下降，但宏观经济中的不确定性因素和人们对决策者解决当前经济困难的信心的不断减弱也是造成经济增长日益放缓和劳动力市场日益不景气的原因。若要缩小全球就业缺口（目前为 6, 700 万人），各国决策者需要采取果断的行动来恢复人们的信心，促进投资和创造新的就业岗位。

当前，发达经济体面临的问题成为人们关注的焦点——如果尾部风险发生，欧洲的失业率将创历史新纪录，经济将日益衰退，同时经济增长将进一步恶化并开始蔓延。然而，由于经济增长和贸易增长缓慢，而且作为推动发展中世界减少贫困人口和扩大中产阶级主要力量的劳动生产率结构性转型也放缓，所以发展中地区的决策者也必须采取行动。与此同时，随着发展中国家中产阶级劳动者的兴起，有望通过高消费和高投资而出现新的全球经济引擎，从而在未来几年形成更加平衡、可持续的增长模式。

最重要的是，在全球经济处于关键时刻之际，各国需要将重点放在劳动力市场上，出台专门针对创造就业岗位、促进投资和实现劳动生产力增长的政策措施。如果全球劳动力市场不能得到重大改善，那么打破致使全球经济裹足不前的反向经济恶性循环的希望将微乎其微。

附录 1　衡量技能不匹配度

通过相异指数（显示在职者和失业者的受教育程度的差别），可以量化技能不匹配度。需要强调的是，这项指数仅表明一个维度的不匹配度（在职者和失业者在受教育程度方面的不匹配度），并不表明其他维度的不匹配度，例如更详细的技能水平的不匹配度或在职者的技能与工作岗位要求的不匹配度。指数定义如下：

$$ID^{不匹配度} = \frac{1}{2}\sum_{i=1}^{3} ABS\left(\frac{E_i}{E} - \frac{U_i}{U}\right)$$

在上述公式中，i ＝受教育程度的指标（初等或初等以下、中等教育及高等教育），ABS ＝绝对差值的运算，E_i/E ＝受教育程度为 i 的在职者的比重，U_i/U ＝受教育程度为 i 的失业者的比重。

这项指数不同于艾斯特瓦奥和特索文塔（2011 年）里所使用的指数，因为它是在计算两个相互排斥的群体（在职者和失业者）的基础上得出的，因此不直接受失业率的影响。[①,②]

这项指数也可以被看做是概括性衡量不同受教育水平的劳动力群体的相对位置。如果具有初等、中等和高等教育水平的毕业生的失业率相等，那么这项指数将为 0（不同群体间就业无差异），而如果（例如）具有初等和高等教育水平的被雇佣，而具有中等教育水平的没有被雇佣，那么这项指数将为 1。

附录 2　就业人口/总人口比率变化

本方法旨在了解就业人口/总人口比率（EPR）与限于特定年龄的劳动力参与率（LFPR）之间的关系，失业率（UR）的变化及人口结构的潜在变化。

本书介绍了一些技巧，以分解就业人口/总人口比率变化及每部分或每个人口群体对观察到的总变化的影响大小。本书使用的方法以霍奇基斯（1999 年）中采用的劳动力参与率分解方法为基础，适用于就业人口/总人口比率。本方法揭示了就业人口/总人口比率与劳动力参与率之间的关系，以及失业率和不同的人口群体中附加的人口份额之间的关系。

因而，就业人口/总人口比率变化受以下因素的影响：（1）每个人口群体劳动力参与率的变化（按人口群体在当前总人口中的份额、当前的就业人口/总人口比率以及当前劳动力参与率的倒数加权）；（2）每个人口群体的失业率的变化（按之前人口群体的劳动力参与率和当前人口份额加权）；（3）每个人口群体的人口份额的变化（按之前人口群体的就业人口/总人口比率和全部人口的就业人口/总人口比率的差值加权）。

正式解释如下：

---

① 在艾斯特瓦奥和特索文塔（2011）中，不匹配度指数定义如下：

Σ（S_{ijt} − M_{ijt}）2，其中：

S_{ijt} = 具有 j 技能的适龄工作者在时间 t 内和 i 状态下所占的比重

M_{ijt} = 具有 j 技能的在职者在时间 t 内和 i 状态下所占的比重

技能水平取决于受教育程度（低技能指高中以下学历；半熟练指具备高中学历，但没有取得学士学位；高技能指学士学位以上）。

② 例如，如果所有在职者的受教育水平为 A，所有失业者的受教育水平为 B，那么在职者与劳动力的 $ID^{(不匹配度)}$ 将等于失业率。因此，在其他条件相等的条件下，高失业率将意味着高 $ID^{(不匹配度)}$。与之类似，艾斯特瓦奥和特索文塔（2011 年）中所使用的指数受被雇佣的适龄工作者所占比重影响。

$$EPR_t - EPR_{t-1} = \sum_t \left\{ [LFRP_t^i - LFPR_{t-1}^i] \frac{EPR_t^i p_t^i}{LFPR_t^i} - [UR_t^i - UR_{t-1}^i] LFPR_{t-1}^i p_t^i + [p_t^i - p_{t-1}^i][EPR_{t-1}^i - EPR_{t-1}] \right\},$$

在上面的公式中，EPR_t^i 代表人口群体 i 在时间 t 的就业人口/总人口比率，$LFPR_t^i$ 代表同一时间内人口群体 i 的劳动力参与率，p_t^i 表示人口群体 i 在时间 t 所占的人口份额。

为了进行分解，我们从联合国公布的《世界人口展望》（2010 年修订版）数据库及国际劳工组织 EAPEP 数据库第 6 版中获得了关于适龄工作人口和劳动力的数据。关于失业率和就业率的数据来自于国际劳工组织《趋势计量经济学模型》（2012 年 10 月）。

就业人口/总人口分解推导

我们以此公式开始：

$$EPR_t - EPR_{t-1} = \sum_i \{ [EPR_t^i - EPR_{t-1}^i] p_t^i + [p_t^i - p_{t-1}^i EPR_{t-1}^i] \}$$

可以将上述公式进一步扩展为：

$$EPR_t - EPR_{t-1} = \sum_i [EPR_t^i - EPR_{t-1}^i] p_t^i + \sum_i [p_t^i - p_{t-1}^i] EPR_{t-1}^t$$

回顾这一恒等式：EPR = (1 - UR) LFPR

上述公式中的第一部分可以扩展为：

$$\sum_i [EPR_t^i - EPR_{t-1}^i] p_t^i = \{ [1 - UR_t^i] LFPR_t^i - [1 - UR_{t-1}^i] LFPR_{t-1}^i \} p_t^i$$
$$= \{ [LFPR_t^i - LFPR_{t-1}^i] p_t^i - [LFPR_t^i - LFPR_{t-1}^i] UR_t^i p_t^i - [UR_t^i - UR_{t-1}^i] LFPR_{t-1}^i p_t^i \}$$

因此，如果我们将上述扩展式代入主公式中，则：

$$EPR_t - EPR_{t-1} = \sum_i [LFPR_t^i - LFPR_{t-1}^i] p_t^i - \sum_i [LFPR_t^i - LFPR_{t-1}^i] UR_t^i p_t^i - \sum_i [UR_t^i - UR_{t-1}^i] LFPR_{t-1}^i p_t^i + \sum_i [p_t^i - p_{t-1}^i] EPR_{t-1}^i$$

我们也可以将上述公式写为：

$$EPR_t - EPR_{t-1} = \sum_i [LFPR_t^i - LFPR_{t-1}^i] p_t^i (1 - UR_t^i) - \sum_i [UR_t^i - UR_{t-1}^i] LFPR_{t-1}^i p_t^i + \sum_i [p_t^i - p_{t-1}^i] EPR_{t-1}^i$$

最终，得出就业人口/总人口比率的分解：

$$EPR_t - EPR_{t-1} = \sum_i [LFPR_t^i - LFPR_{t-1}^i] \frac{EPR_t^i p_t^i}{LFPR_t^i} - \sum_i [UR_t^i - UR_{t-1}^i] LFPR_{t-1}^i p_t^i + \sum_i [p_t^i - p_{t-1}^i] EPR_{t-1}^i$$

第三章
区域经济和劳动力市场发展

发达经济体和欧盟

失业率变得日益顽固，就业岗位进一步破坏

2012年，大部分发达经济体地区的宏观经济形势出现恶化，经济前景变得更加不确定。欧元区的经济困境已波及其他发达经济体地区乃至全球，这一点日益明显。欧洲投资者的风险偏好减弱，波及范围日益广泛，也影响到该地区其他国家的经济。随着整个欧洲地区的经济陷入衰退，预计失业率自2010年达到顶峰并有所下降后将再度攀升（见表1）。实际上，该地区失业率预计在整个2013年将高居不下，从2014年开始将缓慢下降，这主要是因为欧元区以外其他地区的劳动力市场形势将好转。整体而言，从整个预测期间来看，失业率预计将保持高出经济危机前水平2个百分点。

经济衰退大大减缓了工作岗位创造速度，从而减少了求职者迅速再就业的机会（见图15），导致失业的平均时间延长，发达经济体和欧盟地区33.6%的求职者将在一年甚至更长时间内没有工作，而经济危机前，该比例为28.5%。美国长期失业率为31.3%，日本为39.4%。随着经济危机的爆发，失业人口整体流出率降低了33%，且大部分地区明显低于此水平。与此同时，自经济危机爆发以来，失业人口流入呈不断上升趋势。失业人口流出率的降低和工作岗位破坏率的攀升同时发生，这表明发达经济体面临着失业问题。同时，过去三年中，劳动力市场总体流动率——某个特定时期，工作岗位创造和破坏的总和——呈下降趋势，现在，比（21世纪初经济大萧条后）该地区流动率低7个百分点。这预示将不可能快速调整劳动力市场，进而阻碍了就业复苏进程。与此同时，由于失业时间延长，求职者的技能和能力将不断下降，使得获得其他就业机会更加困难。越来越多的劳动者已退出劳动力市场，或从事非市场活动。以经合组织成员国为例，2007—2011年期间，整体而言，总劳动人口中的怯志劳动者的比重增长了50%，而怯志青年的数量几乎翻番。

表 1　劳动力市场形势及前景

		2009 年	2010 年	2011 年	2012 年（预计）	2013 年（预计）	2014 年（预计）	2015 年（预计）	2016 年（预计）	2017 年（预计）
劳动力参与率（百分比）		60.5	60.3	60.0	60.0	59.9	59.9	59.8	59.7	59.7
失业率（百分比）	总计	8.4	8.8	8.4	8.6	8.7	8.6	8.4	8.2	8.0
	男性	8.8	9.1	8.7	8.8	8.9	8.7	8.5	8.2	8.0
	女性	7.9	8.4	8.2	8.3	8.5	8.4	8.3	8.2	8.0
	青年	17.4	18.1	17.6	17.9	17.7	17.3	16.8	16.3	15.9
	成年	7.1	7.5	7.2	7.3	7.5	7.5	7.3	7.2	7.0
就业增长（年度百分比）	总计	−2.2	−0.2	0.4	0.3	0.2	0.4	0.5	0.5	0.5
	男性	−3.1	−0.3	0.5	0.2	0.2	0.5	0.6	0.5	0.5
	女性	−1.1	0.0	0.3	0.3	0.2	0.4	0.5	0.5	0.4
	青年	−7.6	−4.1	−1.1	−0.9	−0.3	−0.1	0.0	−0.1	−0.3
	成年	−1.5	0.3	0.6	0.4	0.3	0.5	0.6	0.6	0.6
备忘录事项：										
GDP 年增长率（百分比）		−3.7	2.5	1.5	1.2	1.4	2.1	2.5	2.5	2.5

*2012 年数据为初步估算值；2013—2017 年数据为初步预测值。

资料来源：国际劳工组织，《趋势计量经济学模型》，2012 年 10 月（见附录 4 和附录 5）；国际货币基金组织，《世界经济展望》，2012 年 10 月。

图 15　失业人口流动：发达经济体和欧盟国家

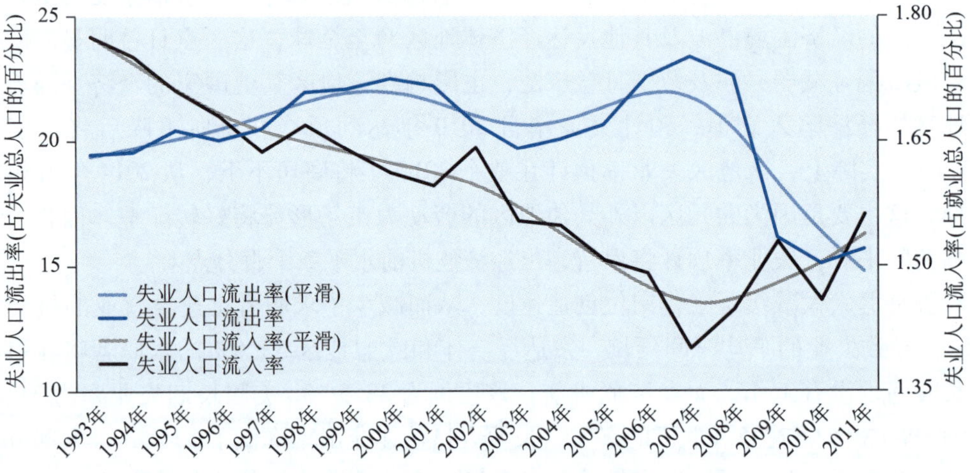

注：失业人口流出率用来衡量给定年份内失业人口摆脱失业状态的概率。失业人口流入率用来衡量给定年份内在职人员失业的概率。

资料来源：国际劳工组织，《趋势计量经济学模型》，2012 年 10 月。

图 16　所选欧洲国家和欧元区 NEET 率的变化

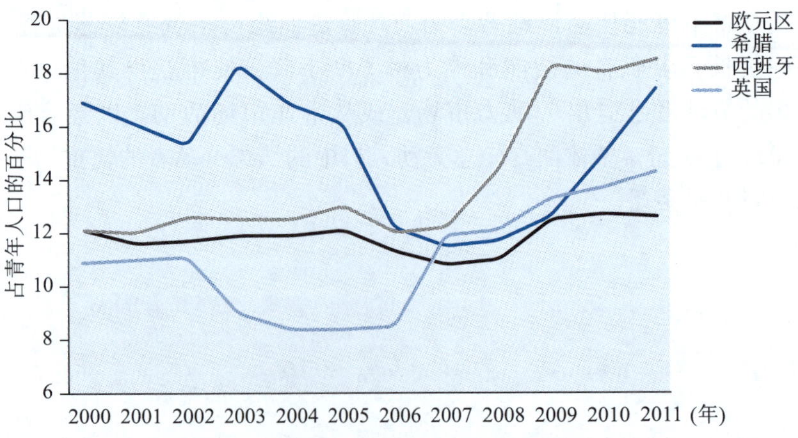

注：图中数据反映了不参加工作、不接受教育或不接受培训（NEET）的青年占总青年人口（15—24 岁）的比重。

资料来源：欧洲统计局，2012 年。

图 17　劳动力市场参与率差异

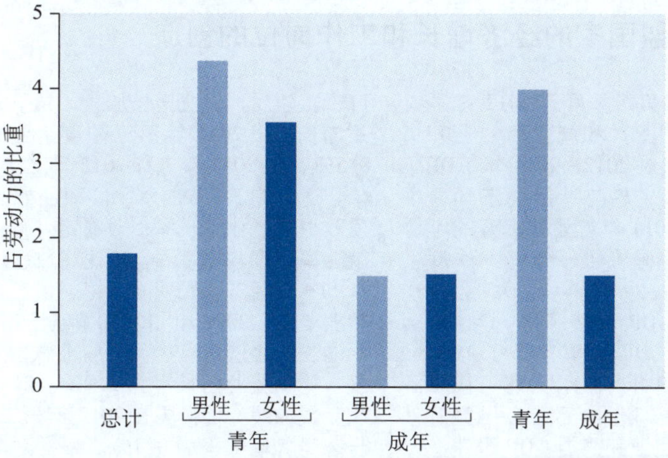

注：基于 1999—2007 年期间参与率的平均变化值，图中数据显示了预期劳动力参与率与实际劳动力参与率之间的差异。从国家层面计算出参与率差额，并从地区层面对四个不同劳动力群体的参与率差额进行汇总。

资料来源：国际劳工组织，《趋势计量经济学模型》，2012 年 10 月。

年轻人受经济危机的冲击尤为严重，越来越多的青年劳动力退出劳动力市场，这一问题极其严重。随着经济危机的爆发，发达经济体地区的青年失业率大幅上升，而且自经济危机以来，还没有出现下降的迹象。随着经济衰退再次席卷欧洲大部分国家，青年失业率将进一步上升，其中，希腊和西班牙的青年失业率占参加经济活动的年轻人的比重超过 50%，而在欧元区，这一整体比重超过 22%。截至目前，只有奥地利、德国和瑞士的青年失业率保持较低水平，在某些情况下甚至低于经济危机爆发前的水平，但即使在这些国家，经济活动的疲软也已开始导致青年失业率上升（奥地利和瑞士），或者阻止其进一步下降（德国）。一些年轻人开始重返校园或继续深造，学习新技能，以增加未来的就业机会（巴罗和戴维斯，2012 年）。没有进一步学习的年轻人要么已完全退出劳动力市场，要么在求职过程中不断受挫。自经济危机以来，不参加工作、不接受教育或不接受培训（NEET）的年轻人的数量日益增长，受经济危机影响的欧洲国家尤为如此。随着欧元区经济深度衰退，NEET 年轻人的数量预计还将继续攀升（见图 16）。

除成年人外，居高不下的青年失业率导致非经济活动人口比率进一步攀升。一些发达经济体的青年失业率的迅速、大幅增长已大大延长了年轻人的平均失业时间，这是前所未有的。因此，发达经济体的青年参与率不断下降，降幅超过经济危机前的预测水平（见图 17）。由于就业前景暗淡，而且不是所有国家都为年轻的求职者提供二次学习机会或参加经济活动的途径，因此，积极求职的年轻人越来越少，大多数年轻人在等经济形势有所好转后重返劳动力市场。这样会导致求职或就业所需的技能丧失或不足，进而使年轻人未来的就业机会面临重重考验。实际上，现有研究表明，失业和不参加经济活动对一个人的早期职业发展将产生极其不利的影响。即便年轻失业者最后终于求职成功，那么他/她也不会获得很重要的工作经验，甚至可能很难获得工作经验。因此，随着经济危机的加深，失业的年轻人一旦最终获得就业机会，其工作效率将降低，薪水将减少，就业机会的稳定性也较差。现有调查已经表明，由于欧盟地区较高的青年失业率，欧洲国家的 GDP 至少下降了 1%（欧洲改善生活与工作条件基金会（Eurofound，2012 年）。

国家概况解析 1　所选欧盟国家的经济增长和工作岗位的创造

下图中的数据表明了 2008 年第四季度至 2012 年第三季度期间的 GDP 季度增长（上图）和就业率的上升（下图），以及国际货币基金组织对 2012—2014 年 GDP 增长的年度预测及国际劳工组织《趋势计量经济学模型》（2012 年 10 月）对 2012—2014 年就业率上升的年度预测（阴影部分）。季度增长率是在上一年同一季度的基础上计算得出的。

全球经济危机期间，欧盟 GDP 骤然下降，其中，2009 年第三季度，爱沙尼亚的 GDP 几乎下降了 19%（与 2008 年第三季度相比），2009 年年初，希腊、德国和意大利的 GDP 下降了 5%—7%。随后，欧盟各国经济复苏不平衡。2011 年年初，爱沙尼亚和德国 GDP 迅速恢复增长，其次是意大利。与之相反，在所研究的整个时期内（2010 年第一季度除外），希腊 GDP 呈负增长，2010 年年末，其 GDP 几乎缩水 9%，缩水幅度创纪录。随着主权债务问题不断升级，2011 年第二季度和 2012 年第一季度，经济复苏如昙花一现，GDP 增长率再度大幅放缓。爱沙尼亚和德国 GDP 继续保持正增长，而意大利则再次萎缩，2012 年第三季度，其 GDP 下降 2.5%。2012 年全年，希腊 GDP 继续萎缩，下降 6.5%。根据国际货币基金组织预测，未来几年欧盟 GDP 将呈增长态势，但增长幅度较小，其中，爱沙尼亚和德国的增长率将分别达到 3.5% 和 1%。希腊和意大利 GDP 预计将探底，其中，希腊的 GDP 预计将恢复到零增长，而意大利到 2014 年才能实现小幅正增长。

经济危机对上述四国就业的影响将持续较长时间：

- 经济危机爆发之初，爱沙尼亚遭受严重的就业损失。2009 年第四季度，经济触底回升，萎缩幅度超过 11%，随后，就业增长加速，并于 2010 年第三季度实现正增长，于 2011 年第三季度达到顶峰，增长率高达近 8.5%，但 2011 年末和 2012 年上半年，增长率又略有下降，达到约 3.7% 的水平。即便如此，过去几个季度内，爱沙尼亚就业增长率相对稳定。预计 2013 年和 2014 年，就业率适度紧缩之后，增速将放缓。
- 经济危机期间，德国仅在 2009 年第三季度发生就业萎缩，2009 年和 2010 年全年，就业率一直保持低水平增长。经济危机过后，就业恢复增长，2011 年第四季度，德国就业增长率为 2.9%。2012 年上半年，就业增长步伐放缓，但德国在 2012 年第二季度仍然保持正向增长态势，增长率为 0.7%。根据对 2012—2014 年年度就业增长的预测，就业增长将持续缓慢，其中，2013 年和 2014 年，就业将出现 -0.5% 的适度紧缩。
- 整个经济危机期间，意大利在就业水平方面持续出现萎缩，其中，2009 年第三季度为 -2.2%，达到最低值。直到 2010 年年末，意大利就业率才呈现正向增长态势，2011 年全年，就业率保持 0—0.5% 的低水平。2012 年，经济萎缩持续两个季度，预计 2012 年就业将出现 1.8% 的负增长，2013 和 2014 年，就业增长率将回升。
- 希腊经济大幅衰退导致劳动力市场不景气，自 2008 年以来，希腊持续遭受就业损失，并于 2012 年第二季度接近 9%，达到顶峰。由于未来两年内，GDP 紧缩预计将有所缓解，因此，希腊就业岗位预计将继续减少，但减少幅度小于 2012 年全年水平。然而，如果 GDP 不能迅速恢复增长，即使到 2014 年，预计就业率也将继续下降，下降幅度为 0.5%。

图 CS1.1　GDP 与就业（与上一年同期相比的百分比变化）

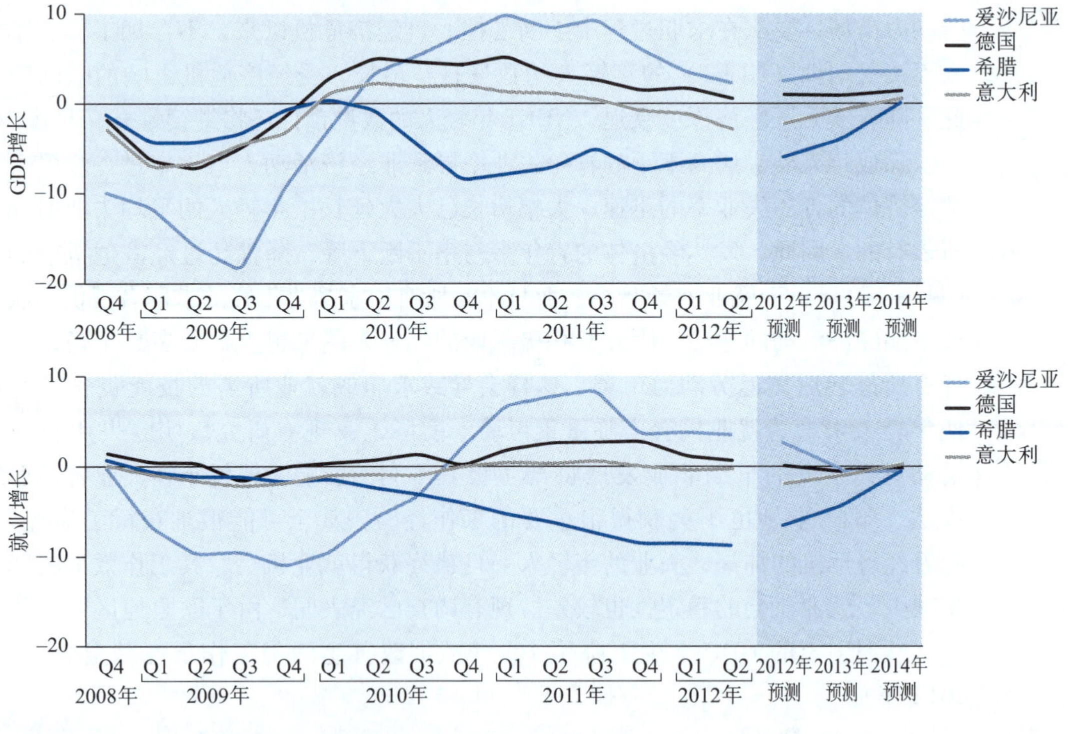

注：Q 代表季度。

资料来源：欧洲统计局；经合组织；国际劳工组织，劳工统计数据库。

预测数据来源：国际货币基金组织；国际劳工组织；《趋势计量经济学模型》，2012 年 10 月。

金融危机如何影响劳动力市场创造就业机会的能力?

2009年，发达经济体的经济深度衰退之后，经济增长缓慢恢复，这引起了世界各国的广泛关注，对此进行的各类分析的数量也迅速增加（见国际劳工组织，2012d）。但是很少有人关注经济危机动态对就业创造过程有何影响这一重要问题。大多数人认为，就业岗位的创造直接受经济形势变化的影响。尽管大量的证据表明这一观点是错误的，但人们仍然采用经济增长的就业弹性来评估经济周期对就业的影响。[①]这表明，发达经济体的就业增长缓慢仅受经济增长疲软的影响，与劳动力市场创造就业岗位的能力（利用贝弗里奇曲线进行衡量）无关（见专栏4）。

实际上，对于整个发达经济体而言，职位空缺与失业率之间的关系，即贝弗里奇曲线，并不能表明自2009年以来，劳动力市场将较高的劳动力需求有效地转化为更多的就业岗位的能力大幅下降，因为自经济危机以来，对劳动力市场的观察接近于估算曲线——代表区域劳动力市场长期将求职者与空缺职位相匹配的能力（见图18）。而对于个别国家而言，贝弗里奇曲线似乎稍微向上移动了，当与上一个经济周期的就业形势相比时，尤为如此。如图19所示，对美国、西班牙和希腊（最近一段时间）的经济危机的观察远远偏离了2008年之前占主导地位的贝弗里奇曲线，这表明曲线有可能发生移动。对与英国而言，这种移动似乎比较适度，但也向劳动力市场匹配不太奏效的方向移动。综合考虑上述因素，这些国家的公司或者对较强的经济增长毫无反应，或者找不到足够多的与技能组合和岗位能力相匹配的求职者（见图19）。[②]

尽管一些发达经济体的失业率较高，但越来越多的空缺职位使劳动力市场中介面临的困难日益增加。危机爆发前的经济繁荣时期，行业及区域发展不平衡是造成这种劳动力市场分裂的部分原因。大多数这样的国家都经历了很高的房产泡沫，过度发展建筑行业，造成房地产和金融服务行业过热。由于这些行业需要进行调整，以适应工作岗位减少这一事实，这些行业的下岗员工需要寻求其他行业的就业机会，通常情况下，他们需要参加长期专业培训或再培训，或者到另外一个地区工作。在欧元区，这些变化大大加剧了技能不匹配度（欧洲中央银行，2012年）。对美国而言，据估算，这一现象造成长期失业率增长1.5个百分点（参见艾斯特瓦奥和特索文塔，2011年），这一增长幅度虽然巨大，但远远不及美国失业率的实际增长幅度。因此，劳动力市场的日益不匹配问题不能用来解释发达经济体贝弗里奇曲线的小幅移动。

---

① 例如，参见国际货币基金组织（2012 b），第四章。相反，参见卡哲仕等人（2011年）及国际货币基金组织（2010年）——证明随着时间的推移，经济增长—就业弹性并非一成不变。

② 个别国家通过采用其他方法已表明，贝弗里奇曲线有类似但适度的移动，参见霍比金和沙欣（2012年）以及沙欣等人（2012年）。

专栏 4　贝弗里奇曲线主要衡量什么？

贝弗里奇曲线旨在描述职位空缺与失业人数之间的经验关系，并且在理解劳动力市场如何将总需求变化转为更多的就业岗位方面发挥着关键作用。因此，它奠定了奥肯定律中经济增长率和失业率之间关系的基础。实际上，劳动力总需求的变化影响了公司提供的职位数量，这取决于产能限制、相关工资及预期利润。在招聘流程中，空缺职位逐一被填满，这取决于劳动力供应情况和劳动力市场中介的数量（即，匹配过程）。劳动力市场匹配越困难，成本越高——例如：由于劳动力供需之间的区域、行业和技能不匹配——贝弗里奇曲线就越向外移动。相反，如果空缺职位和求职者之间的匹配度有所提高——例如：由于国家出台了积极的劳动力市场政策——贝弗里奇曲线就会向里移动。在完全无摩擦的劳动力市场中，空缺职位将迅速被填满，失业率将成为衡量劳动力市场疲软的唯一指标。然而在现实的劳动力市场中，即使在经济衰退时期，就业岗位创造和破坏也同时发生。因此，有必要分别明确劳动力市场调整的两个边际，以了解在经济周期期间劳动力总需求如何影响失业率。

将求职者与空缺职位相匹配是一个耗时的过程，而且各公司倾向于招聘新员工，受这两个因素的影响，观测到的空缺职位和求职者数量是从理论上权衡两者关系的结果。第一种关系是衡量劳动力市场中介的效率的指标，劳动力市场中介的效率可以通过（例如）出台积极的劳动力市场政策得到改善。第二种关系，即劳动力需求，则取决于公司期望通过成功地将求职者与空缺职位相匹配和雇佣新员工所获得的未来利润。这可能受诸多因素的影响，包括对潜在增长的较高预期（空缺职位较多，失业人数较少）和财务紧缩（空缺职位较少，失业人数较多）。

图 18　发达经济体的贝弗里奇曲线

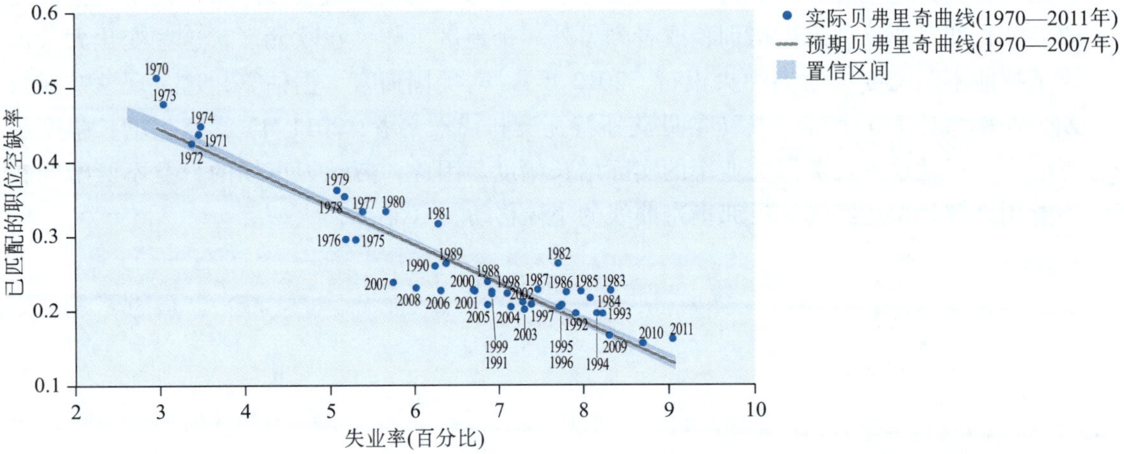

注：该图反映了 1970—2011 年期间已匹配的职位空缺率和失业率之间的关系（贝弗里奇曲线），并将其与危机爆发前（1970—2007 年）上述两个变量之间的线性关系进行对比。预期线性关系周围的置信区间以外的观测表明贝弗里奇曲线的潜在移动方向：向左和向下的数值表明劳动力市场匹配度得到提高，而向右和向上的数值表明劳动力市场的匹配问题恶化。

资料来源：国际货币组织，《劳动力市场关键指标》（第 7 版）。

图 19　在一些发达经济体中，贝弗里奇曲线向外移动

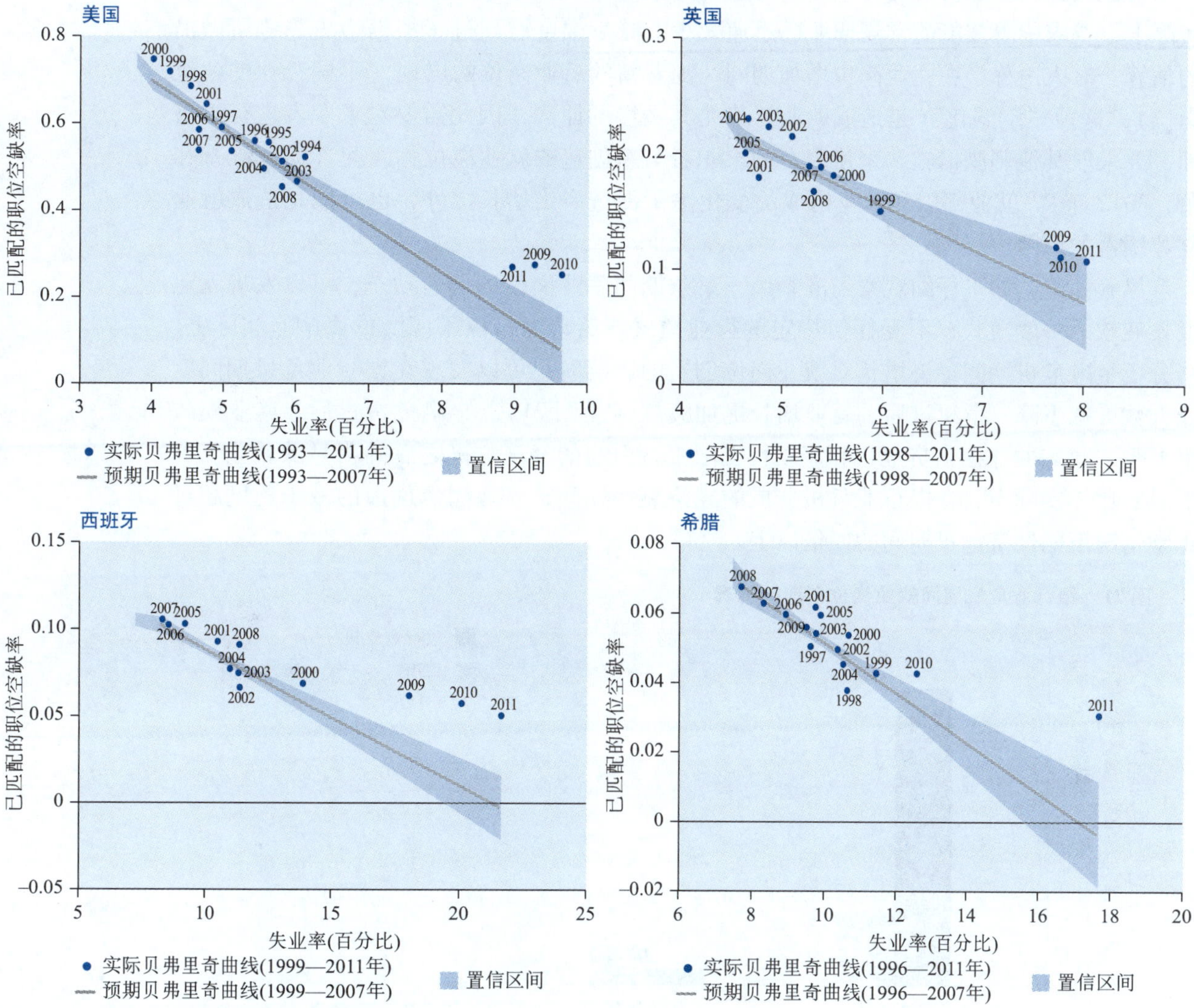

注：该图反映了 1970—2011 年期间，一些发达经济体已匹配的职位空缺率和失业率之间的关系（贝弗里奇曲线），并将其与危机爆发前（视国家情况而定）上述两个变量之间的预计线性关系进行对比。预期线性关系周围的置信区间以外的观测表明贝弗里奇曲线的潜在移动方向：向左和向下的数值表明劳动力市场匹配度得到提高，而向右和向上的数值表明劳动力市场的匹配问题恶化。

资料来源：国际劳工组织，《劳动力市场关键指标》（第 7 版）。

图 20　职业转变

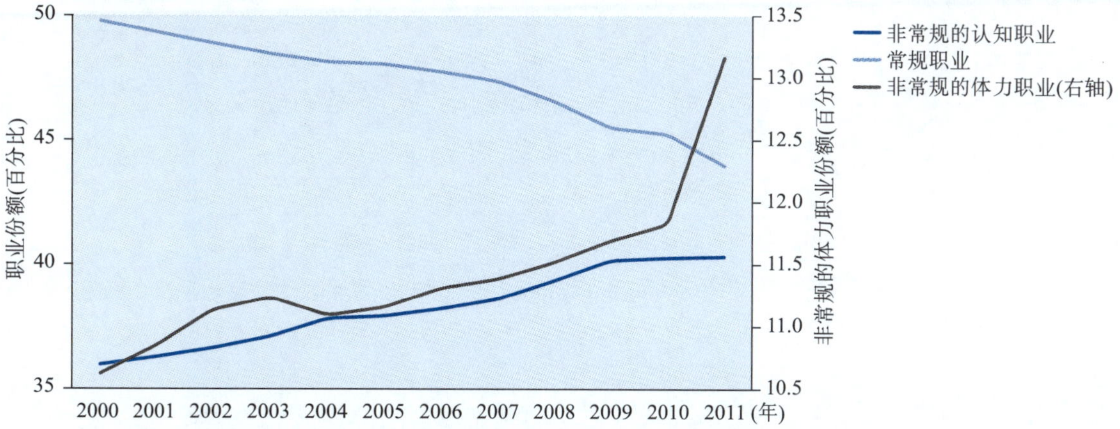

注：该图反映了 2000—2011 年期间职业份额的变化。职业群体取自海莫维奇和萧的定义（2012 年）：非常规认知职业包括：①立法人员、高级官员及经理；②教授；③技术人员及副教授。常规职业包括：①职员；②工艺及相关行业人员；③工厂及其操作员和装配工；④初级职业。非常规体力职业包括服务人员、店面及市场销售人员。

资料来源：国际劳工组织《劳动力市场关键指标》（第 7 版）。

其他人指出，经济衰退将加速中等收入的职业在较长时间内减少的趋势（见图 20）。实际上，要求中等技能的常规职业已迅速减少，减少幅度已超过了根据历史趋势所做出的估算。有人声称，在就业岗位增加期间，随着新的就业岗位的出现（不同行业的就业岗位），这种“空洞化”①是造成就业复苏尤其缓慢的原因，因此需要对求职者进行再培训，并采取其他刺激措施，来使现有的求职者与新创造的就业岗位相匹配（海莫维奇和萧，2012 年）。就业部门和职业构成的变化除了促进产出增长之外，也可能是造成就业复苏缓慢的原因。

尽管如此，如果仔细观察经济繁荣—萧条期间就业岗位的创造动态，可以发现就业增长疲软的一般模式，不受任何特定的行业模式或劳动力市场不匹配的影响。实际上，当分析金融危机期间经济增长对就业岗位创造的影响时，可以发现在银行业危机期间就业人数大幅下降，危机过后，就业增长更加疲软（见图 21）。金融危机过后，就业模式呈 L 形，这与并非由信贷危机和流动性受限银行引起的经济危机之后的明显的就业复苏形成对比。实际上，在银行业危机造成的经济衰退期间，就业岗位创造的减少速度超过正常情况下的经济危机期间的四倍以上。

图 21　银行业危机期间就业岗位创造的情况

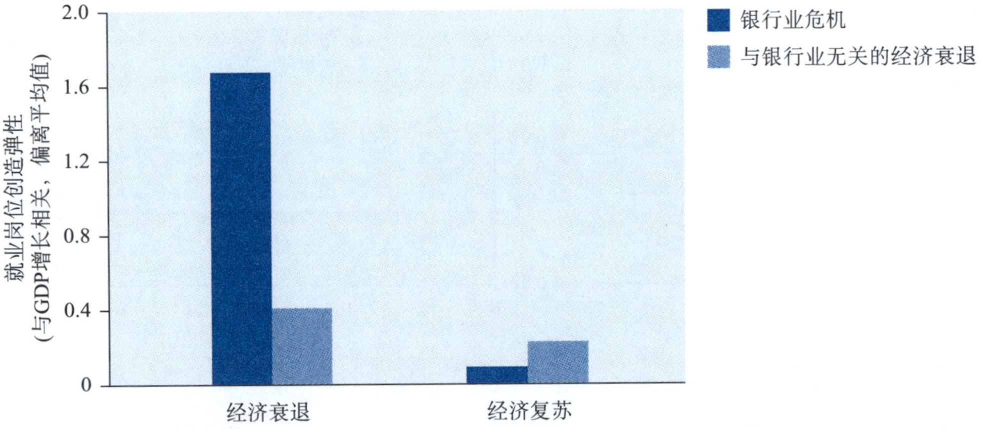

注：该图反映了经济衰退和复苏对于就业岗位创造对 GDP 变化的反应的影响。该图区分了非金融行业危机引起的和银行业危机引起的经济衰退和复苏的两种情况。

资料来源：国际劳工组织，《趋势计量经济学模型》2012 年 10 月；关于详细的方法，参见附录 2。

① “空洞化”是指就业岗位出现两极化，即高技能岗位和低技能岗位，而中等技能岗位逐渐消失，关于在美国的相关讨论，参见奥托（2010 年）和斯宾塞和赫施瓦约（2011 年）。

专栏5　为什么一些资产价格泡沫对产出和就业的影响更糟糕呢？

金融全球化造成金融资产价格泡沫频繁出现。不过，战后时期，发达经济体地区没有受到资产价格泡沫的影响，20 世纪 80 年代，美国放松了对银行业的管制，导致 1989 年存贷款危机爆发。与之类似，20 世纪 90 年代初，斯堪的纳维亚国家开立了资本账户，使这些国家渡过了房地产泡沫和资产价格暴涨时期。资产价格迅速上涨和下跌日益频繁，20 世纪 80 年代末，日本出现了房地产泡沫；20 世纪 90 年代，法国和瑞士住房价格大幅波动；世纪之交时；一些发达经济体和欧盟地区的国家经历了 IT 泡沫。最近几年，2007—2008 年，美国住房泡沫破灭，而欧盟经济体正陷入主权债务危机（布伦纳迈尔和厄姆克，2012 年）。

然而，不是所有的资产价格泡沫都会对实体经济产生同样的影响。例如，1987 年的股市崩盘和 2001 年的 IT 泡沫破灭对 GDP 产生的负面影响微乎其微。与之相反，20 世纪 90 年代，股市和住房市场泡沫破灭，导致日本、美国和其他一些发达经济体自 2008 年以来，经济长期处于衰退和停滞时期。现有迹象表明，除了较高的资产价格对消费和投资决策产生的财富效应之外，信贷紧缩的严重程度是造成对经济危机产生不同影响的主要原因。确实是这样，由于银行需要审查借款人的信用，他们往往向客户收取一部分收入或财富作为抵押品。资产价格泡沫会影响抵押品的价值，进而影响信贷紧缩程度。清泷和莫尔（1997 年）为各公司解释了信贷配给和资产价格泡沫之间的相互作用。如果将房产作为抵押品，也可以进行类似的分析（亚科维耶洛，2005 年）。

为了阐明信贷渠道对资产价格泡沫有不同影响的重要性，国际劳工组织采用了中等规模的半结构化宏观经济模型，得出本专栏提到的估算结果。金融行业由商业银行和中间商组成。银行根据借款人的抵押品，针对贷款申请，做出放款决策。借款公司通常以股票作为抵押品。中间商的期待取决于民意动态，当相当数量的中间商持有相同的信念时，可能会引发泡沫。而真正的金融行业由劳动者和公司组成。劳动者根据工资和就业水平领取劳动收入，而公司根据利润率做出投资决策。最近，财政机构开始干预公共开支，以限制贷款或维持经济活动，而金融机构致力于稳定通胀缺口和产出缺口。该模型不断被调整，以效仿美国经济的特点。在美国，经济稳定的条件下，消费占 GDP 的 70%，而投资占 12%。就收入而言，劳动者的收入占 GDP 的 77%。人口年均增长率为 1%。实际年利率为 2%。公共开支占 GDP 的 18%，而公共债务的占比接近 50%。

本专栏分析了两种情况下，将资产价格泡沫对产出和就业的影响进行对比（假设股票价值上涨 1%）。不断调整模拟产出路径，使之与美国两次经济衰退时期的产出变化幅度相符（见图 B5.1）。在第一种情况下（A 组），信贷配给不太严格，银行对贷款比较宽容。在第二种情况下（B 组），银行信贷配给十分严格，而且由于银行通常以股票作为抵押品，所以信贷决策高度取决于股票的市场价值。

在图 B5.1 中，如果信贷决策高度取决于股票的市场价值，那么股票价格的上涨与就业日益不稳定相关（A 组与 B 组）。经济不稳定表现为产出大幅波动。第一种情况（A 组）中的就业标准偏差比第二种情况（B 组）低 20%。在第一种情况中，三年后，就业人数达到高峰。经济形势好转时，七年后，就业形势走出低谷。在 A 组中，资产价格泡沫对信贷的影响比较薄弱，降低了就业的不稳定性。这表明，这两种情况中的就业弹性与吉尔克里斯特等人（2005 年）利用风险价值模型对美国进行估算的结果是一致的。

图 B5.1　信贷紧缩的严重程度及资产价格泡沫对就业的影响

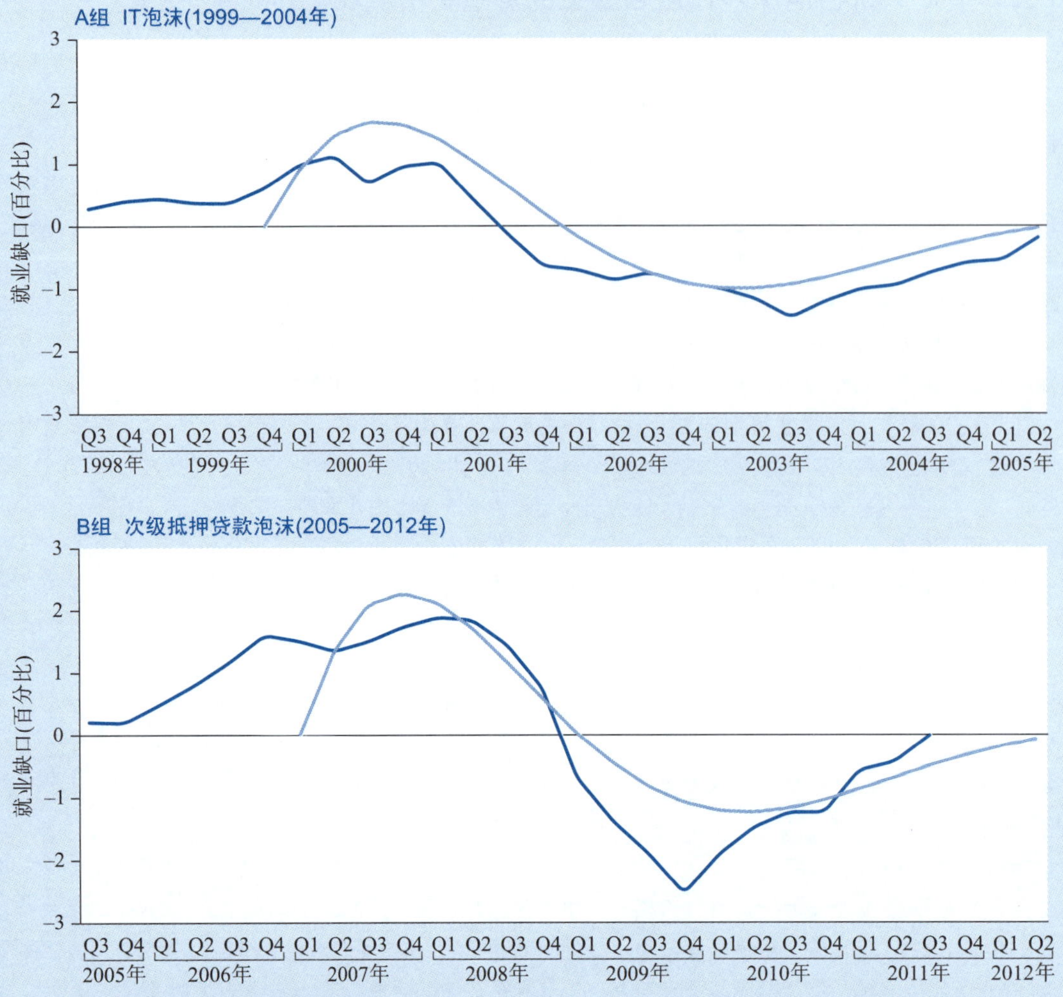

注：该图诠释了两种类型的资产价格泡沫对产出的影响。A 组反映的是互联网泡沫，与信贷扩张无关。B 组反映的是信贷迅速扩张引起的住房泡沫。虚线代表美国的产出缺口。实线代表国际劳工组织利用宏观经济模型得出的产出缺口。在国际劳工组织使用的宏观经济模型中，A 组反映了这样一种情况：银行不实施信贷配给；B 组反映了另外一种情况：信贷配给与借款人的抵押品（金融财产）价值成反比。Q 代表季度。

资料来源：国际劳工组织宏观经济模型。

不能单用就业行业或职业的改变来解释就业岗位创造对这种规模的增长的反应差异。相反，银行业危机引爆的经济衰退产生了“净化效应”，即经济危机前过渡放贷引发的投资过热和错误投资摧毁了经济组成的大部分。其结果是，金融危机期间，信贷紧缩极其严重，并在一段时间内抑制了经济复苏（见专栏 5）。此外，经济危机期间金融行业持续面临的使财务恢复可持续发展的问题也影响了货币政策的传导机制。这将影响企业的融资情况，尤其是中小企业，而中小企业往往能够创造更多的就业机会。尽管银行再融资率创历史最低，但企业长短期利率相当大，主权债务波及私有信贷市场的国家尤为如此。即使自身拥有足够资金的企业也不愿意进行长期投资。银行业危机迫使企业更换抵押品为企业活动进行融资。通过实际投资，而非招聘员工，企业可以很轻松地实现融资，这使得就业岗位创造雪上加霜（卡尔沃等人，2012 年）。资产流动性减弱是造成发达经济体投资率和就业率较低的主要原因，也导致就业岗位创造缓慢，尽管许多发达经济体的劳动力市场大幅疲软，招聘成本迅速下降。

新的就业增长点？

欧元区金融危机和二次探底造成许多发达经济体经济复苏缓慢，导致该地区失业率有大幅上升的趋势（见图22）。这表明失业率持续居高不下，至少在该地区的一些国家是这样。特别是波罗的海和地中海附近的欧洲国家，这些国家的潜在失业率将可能大幅、持续上升，阻止就业强劲复苏。失业时间延长的同时，失业率的上升趋势将使决策者在制定合适的刺激措施方面面临严峻的挑战。另一方面，失业率的走高趋势降低了生产潜力，这将使已低于中期可持续增长率的经济活动水平进一步下降（赫尔和耶特曼，2012年）。这将使经济扩张进入自我维持、缓慢增长的路径，据此，较低的经济活动和就业疲软相互牵制。此外，降低劳动力市场匹配效率（即，上文讨论的贝弗里奇曲线向外移动）以应对金融危机造成的结构性，将使阻止就业迅速增长的问题更加恶化，并进一步降低旨在刺激就业复苏的政策干预的有效性。

整体而言，新增就业机会的来源依旧稀少且多样化，从而使得发达经济体的劳动力市场更加复杂。目前的高度不确定性（参见第一章）使得各公司即使有空缺职位，也不愿意招聘新员工。之前未受就业危机影响的行业将带来新的就业机会。在这方面，全球贸易继续放缓导致许多发达经济体在第一轮危机期间大量裁员之后，制造行业的就业人数停滞不前。建筑行业的工作者可能会看到一些就业希望，至少在家庭去杠杆化有所进展和新建工程小幅复苏的国家是这种情况（见专栏6）。在欧盟地区，绿色经济、医疗服务以及信息和通信技术行业预计将成为新的就业增长点（欧共体，2012年）。

图22 失业率趋势上升（2011年与危机前相比）

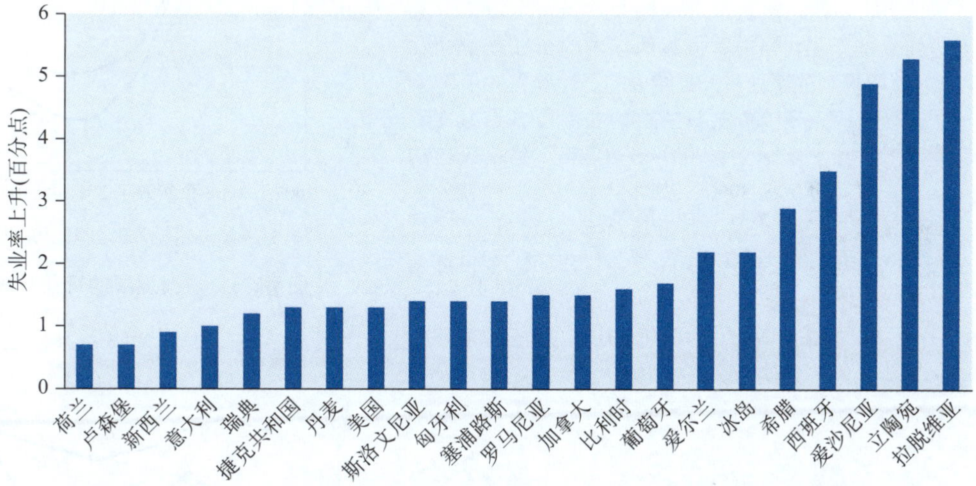

注：在经济危机引起的贝弗里奇曲线（即，空缺职位和失业人数关系）移动的基础上，该图反映了2011年和危机前失业率上升的趋势。根据假设的经济活动的平均水平来测量贝弗里奇曲线的移动，从而反映自然经济周期。该图只显示了经济危机对就业统计数据产生重大影响的国家。

资料来源：国际劳工组织的计算，详细的计算方法，参见附录1。

专栏 6　美国各行业就业的短期预测

经济危机和复苏期间，美国各行业的就业不平衡。在就业岗位破坏方面，建筑业和制造业首当其冲，而在过去五年中，医疗和教育服务等其他行业的就业有所进展。这就引起了人们对潜在的技能和职业需求不匹配的担忧，因为拥有一个行业或职业的技能可能不足以使求职者在其他行业找到工作。这引发了关于美国失业率可能存在上升趋势的讨论，因为并非所有受经济危机重创的行业中流失的岗位都可能在短时间内被新兴或不断发展的行业提供的新的就业岗位所取代。本专栏探讨了最近几年美国各行业的就业变化，并提供了截至 2014 年年末，关于各行业就业增长情况的新的季度预测。为了便于比较，所预测的 15 个行业被分为三组：第一组，危机行业；第二组，复苏行业；第三组，迅速发展的行业。*

本专栏中行业预测采用的方法与其他 GET 预测采用的方法类似，即充分利用行业附加值、投资和就业增长的就业弹性。然而，由于尚未得到关于各行业的附加值预测详情，本专栏采用了另外一种方法来预测各行业的就业：根据市场关于招聘意向的建议与意见，增强经验模型。这一方法源自万宝盛华雇佣前景调查。** 这项调查可供不同时间序列的、行业情况不同的 42 个国家使用，用来对下一季度私营企业和公共部门的招聘意向进行评估。经验分析表明，招聘意向的持久性强，可以充分利用这一特点来预测自当前季度起两年内的行业就业情况（关于对经验模型的建立和分析结果的讨论参见附录 3）。

未来两年内，预计危机行业在就业岗位创造方面不会取得太多进展。实际上，2007—2012 年，建筑行业的就业人口已经减少了近 30%，而耐用品制造业的就业人口比危机前减少了 15% 以上。未来两年内，预计上述行业的就业人口将继续远远低于危机前的水平。危机爆发后，政府岗位一直没有增加——因人口普查的原因，2010 年政府岗位一度增加——并于 2010 年第三季度逐步减少，因为此时开始实施紧缩措施，主要影响到省及市的失业情况。预计，公共事业单位的就业情况有类似的发展趋势。

经济危机期间，复苏行业也经历过巨大的就业岗位破坏，但在某种程度上开始复苏，并预计在未来两年内将取得进展。与危机行业相比，未来几个季度内，复苏行业将出现强劲的就业增长，部分原因是国内消费水平的提高。即使受经济危机重创、正处于转型期的金融服务行业也出现了就业健康稳定增长的迹象。包括运输业或零售业在内的其他行业也已经从危机低谷中复苏，并预计未来两年内，就业将持续增长，不过不可能超过危机前的就业水平。

最后，在快速发展的行业，就业增长迅速，甚至超过了危机前的水平（见图 B6.3）。最令人振奋的是，教育和医疗服务业的就业水平预计将超过危机前水平的 20% 以上。与之类似，在危机期间，遭受重创的专业服务业发展强劲，招聘意向表明就业水平预计将达到危机前的 10% 左右。此外，采矿业也成功渡过最初的困难时期，并将受益于新发现的页岩气资源，尤其是在中国西北部。

图 B6.1　危机行业（2012 年第三季度 = 100）

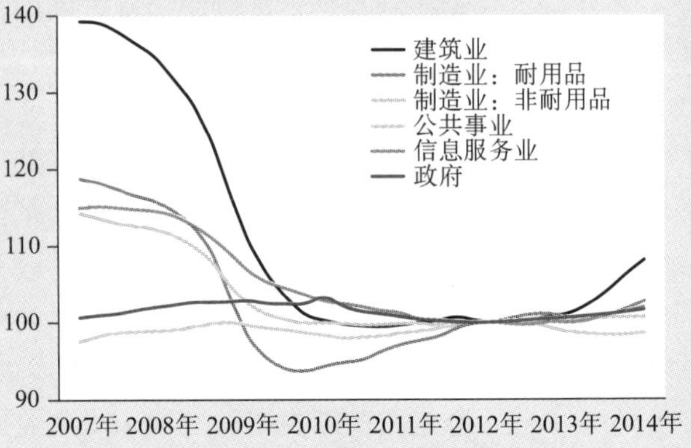

资料来源：国际劳工组织，短期预测模型，2012 年 11 月。

图 B6.2　复苏行业（2012 年第三季度 = 100）

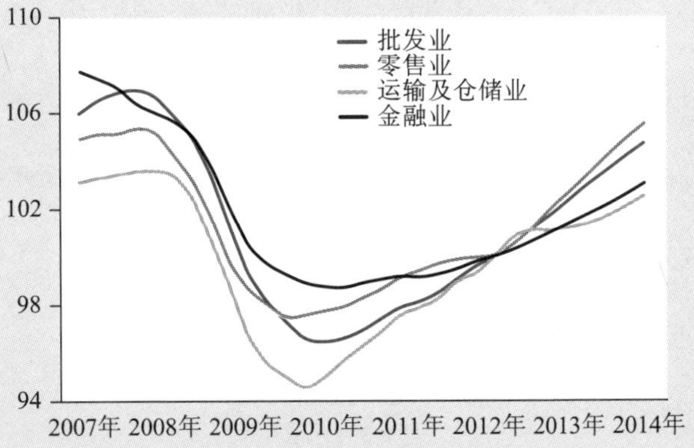

资料来源：国际劳工组织，短期预测模型，2012 年 11 月。

图 B6.3　快速发展的行业（2012 年第三季度 = 100）

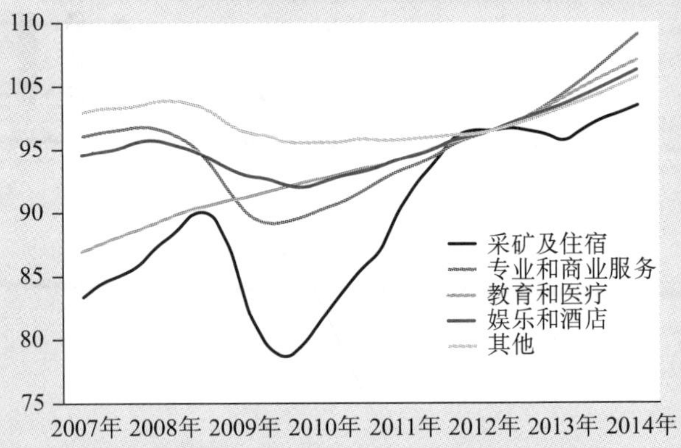

资料来源：国际劳工组织，短期预测模型，2012 年 11 月。

* 可获取对以下行业的就业情况的预测：采矿及住宿行业、建筑业、耐用品和非耐用品制造业、公用事业、批发业、零售业、运输及仓储业、信息服务业、金融服务业、专业及商业服务业、教育及医疗行业、娱乐和酒店行业、其他服务行业及政府部门。 ** 可登陆 http://manpowergroup.com/press/meos_landing.cfm 获取。

为了使各行业从当前经济危机中复苏和打破脆弱的劳动力市场及压力巨大的银行业再次持续相互传染危机的恶性循环，政策决定者需要采取大刀阔斧的措施。正如最新的《全球就业趋势》（国际劳工组织，2012d）中所述，单靠个别国家采取财政刺激措施还远远不够。的确，目前需要的是整个发达经济体地区采取全方位的协调一致的行动。

中欧和东南欧（非欧盟）及独联体

2012 年失业率下降，但预计到 2017 年将保持上升态势

中欧和东南欧（非欧盟）及独联体国家的 GDP 增长率持续两年超过全球 GDP 增长率之后，预计将下降，下降幅度将低于剩余预测时期内的全球 GDP 增长率（见表 2）。2012 年 GDP 增长探底，增长率为 3.5%，到 2014 年，GDP 将适度加速增长，增长率达 4.0%，并到 2017 年，保持 4.1%（国际货币基金组织，2012b）。然而，除了总的数字之外，该地区各国家的经济增长情况也存在着巨大差异：与 2010 年相比，2011 年，阿塞拜疆的 GDP 这一总量指标增长了 100.1%，而土库曼斯坦 GDP 增长了 114.7%。[①]这一差异表明，各国在全球贸易中的转型程度不同，同时也说明那些是主要的大型商品出口商的国家继续从价格高居不下的石油和其他商品中获利。

尽管 2012 年劳动力市场增长指标下降，但一直持续增长，虽然增长幅度不大（见表 2）。失业率在 2009 年达到峰值（10.1%）之后继续下降，预计 2012 年失业率为 8.2%，并将进一步下降，预计到 2017 年，将降至 7.9%。与此同时，尽管自 2008 年以来，该地区内人口日益老龄化，并且青年人口减少了 10% 以上，但劳动力参与率得到进一步提升。实际上，2012 年，该地区 59.8% 的劳动适龄人口参与劳动力市场，比上个十年增长了 2 个百分点。总体而言，这表明虽然受到经济危机的影响，但就业岗位持续增加，目前的增长幅度比 2008 年高出 3.1 个百分点。同时，就业人口/总人口比率也由 2008 年的 53.9% 增长至 2012 年的 54.8%，并预计到 2017 年将继续增长至 55.1%。

该地区资源丰富的国家的劳动力市场的改善情况超过平均水平。俄罗斯是该地区最大的经济体，2011 年 7 月至 2012 年 7 月，其就业总人数增长了 648,000 人，2011 年，失业人数减少了 889,000 人。与之相对应的失业率为 5.4%，其中男性失业率为 5.8%，女性失业率为 5.0%。哈萨克斯坦也是一个资源丰富的国家，由于每年 GDP 增长率保持在 5% 以上，随着经济逐步复苏，其就业人数稳步增长。这促使该国自 2010 年第一季度以来，就业人口/总人口比率每年上升 68 个百分点以上，就业人数几乎每年增长 3%。

---

① 可登录 http：//www.cisstat.com/

表 2　中欧和东南欧及独联体国家的劳动力市场趋势

		2009 年	2010 年	2011 年	2012 年（预计）	2013 年（预计）	2014 年（预计）	2015 年（预计）	2016 年（预计）	2017 年（预计）
劳动力参与率（百分比）		59.0	59.2	59.6	59.8	59.9	60.0	60.1	60.0	60.0
失业率（百分比）	总计	10.1	9.4	8.7	8.2	8.2	8.1	8.0	8.0	7.9
	男性	10.5	9.7	8.8	8.4	8.3	8.2	8.2	8.1	8.1
	女性	9.6	9.1	8.5	8.1	8.0	7.9	7.8	7.8	7.7
	青年	20.4	19.2	17.7	17.1	17.3	17.3	17.3	17.4	17.4
	成年	8.3	7.8	7.2	6.9	6.8	6.8	6.8	6.7	6.8
就业增长（年度百分比）	总计	-1.1	1.5	1.7	1.0	0.5	0.5	0.4	0.3	0.1
	男性	-1.5	1.8	1.9	1.1	0.6	0.5	0.4	0.3	0.1
	女性	-0.7	1.2	1.6	1.0	0.5	0.4	0.3	0.2	0.1
	青年	-5.6	-1.3	-1.4	-2.4	-3.7	-3.7	-3.5	-3.3	-3.0
	成年	-0.4	2.0	2.2	1.5	1.1	1.0	0.8	0.7	0.5
备忘录事项：										
GDP 年增长率（百分比）		-6.0	5.5	5.5	3.5	3.8	4.0	4.1	4.1	4.1

*2012 年数据为初步估算值，2013—2017 年数据为初步预算值。

资料来源：国际劳工组织，《趋势计量经济学模型》，2012 年 10 月（见附录 4 和附录 5）；国际货币基金组织，《世界经济展望》，2012 年 10 月。

抛开劳动力市场整体积极的发展态势和危机后 GDP 的大幅增长，该地区的劳动力市场已失去了发展动力（见图 23）。具体而言，失业人口流入率大幅增长——主要受就业岗位破坏速度加快的影响——但还未完全恢复到危机前的水平。而且，由于就业岗位创造动力缺失（自 21 世纪初以来，就业岗位创造动力已固定），失业人口流出率似乎持续降低。更为重要的是，整体失业率下滑掩盖了这样一个事实：危机之初，因降低长期失业率而获得的收入已经流失，以及该地区超过 32% 的求职者继续处于失业状态且失业时间长达半年，甚至更长。如果就业岗位创造率呈继续走低的趋势，那么预计长期失业率将进一步上升。

经济复苏使劳动力市场的不同群体受益不均衡。具体而言，独联体国家和格鲁吉亚的青年劳动力和女性劳动力继续面临巨大的就业障碍。到 2017 年，预计中欧和东南欧（非欧盟）及独联体的青年男性失业率将达到 17.3%，青年女性失业率将达到 17.7%。青年人口在劳动力大军中比重较大的国家，这一情况尤为可怕：尽管经济出现复苏迹象，但 2010 年亚美尼亚[①]的青年失业率平均高达 39.1%，且居高不下，其中，青年女性遭受的打击比青年男性更大（16—24 岁的女性失业率为 48.2%，而同龄男性失业率为 32.2%）。[②]阿塞拜疆的青年失业率从 1999 年的 18.4% 降至 2010 年的 11.0%，该国从中获益。[③]2012 年 7 月，俄罗斯联邦的青年失业率停留在 15.8%，比 30—49 岁人口的失业率高出四倍以上。[④]根据劳动力市场指标显示，性别差异明显：男性劳动力和女性劳动力参与率差异依旧巨大（见图 24），而男性劳动力和女性劳动力就业人口/总人口比率差异也同样显著（见图 25）。

---

① 在亚美尼亚，青年群体是指 16—24 岁的人口。

② 体面工作国家简介——亚美尼亚（国际劳工组织，2012 e，第 6 页）。

③ 体面工作国家简介——阿塞拜疆（国际劳工组织，2012f，第 8 页）。

④ 可登陆 http://www.gks.ru/bgd/free/b04_ 03/IssWWW.exe/Stg/d04/180.htm。

图 23　失业人口流动：中欧和东南欧及独联体国家

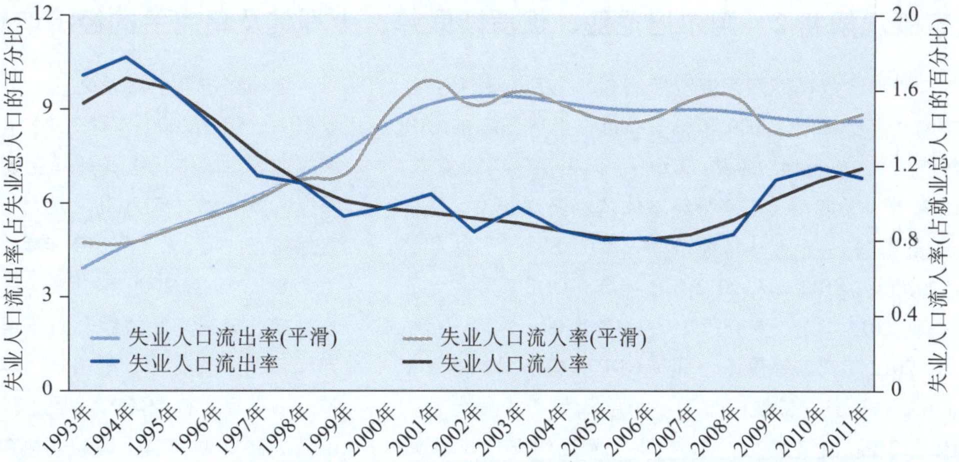

注：失业人口流出率用来衡量给定年份内失业人口摆脱失业状态的概率。失业人口流入率用来衡量给定年份内在职人员失业的概率。

资料来源：国际劳工组织，《趋势计量经济学模型》，2012 年 10 月。

图 24　2010 年独联体国家和格鲁吉亚男性劳动力和女性劳动力参与率

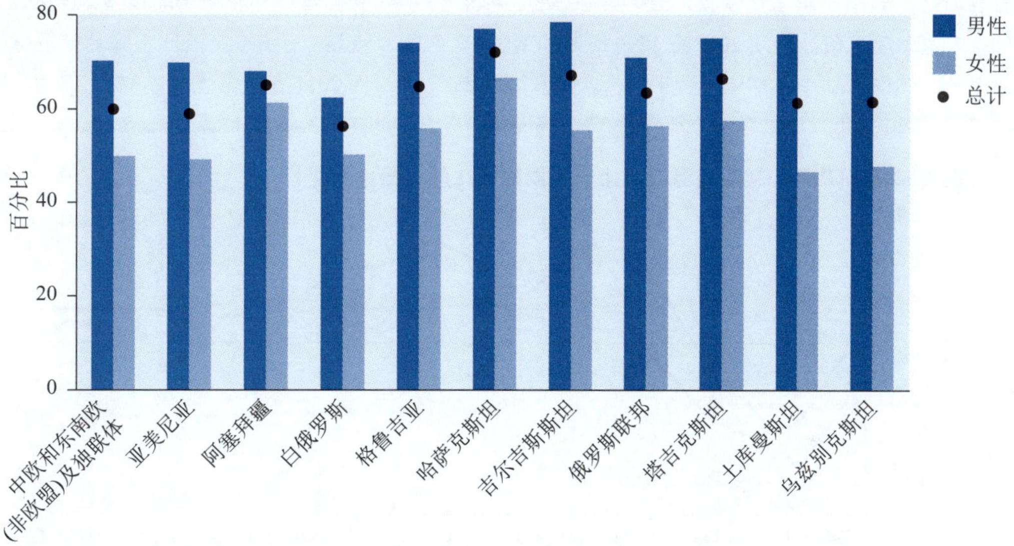

资料来源：国际劳工组织，《经济活动人口估算和预测》（EAPEP），第六版（2012 年 7 月更新）。

图 25　2010 年独联体国家和格鲁吉亚男性劳动力和女性劳动力就业人口/总人口比率

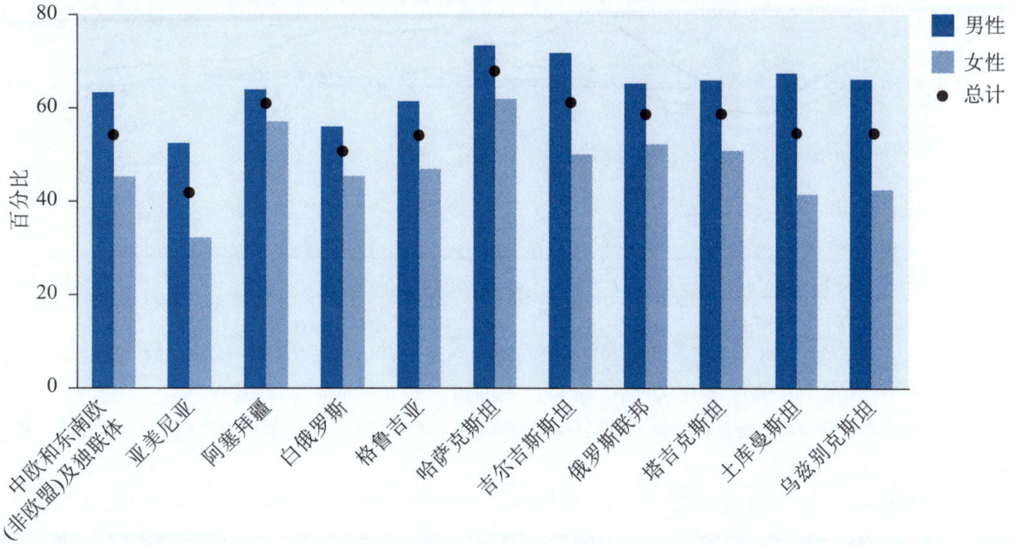

资料来源：国际劳工组织，《经济活动人口估算和预测》（EAPEP），第六版（2012 年 7 月更新）。

国家概况解析 2　阿尔巴尼亚、俄罗斯联邦、土耳其及乌克兰的经济增长和就业岗位创造

全球经济危机期间，俄罗斯联邦、土耳其和乌克兰经济增长遭受重创。2009 年第一季度，上述国家的 GDP 分别缩水 9.2%、14.7% 和 19.6%，但很快便实现复苏。2010 年第一季度，上述三个经济体的经济增长率呈正向增长态势，其中，土耳其经济增长率为 12.6%，达到峰值。2010 年、2011 年和 2012 年上半年，GDP 实现稳定正向增长，2012 年增长率介于 2%—4% 之间。然而，危机过后，2012 年第三季度，土耳其 GDP 大幅下降，增长率为 1.6%，创历史最低，而第一季度和第二季度分别为 3.4% 和 3%。经济危机之初，阿尔巴尼亚 GDP 增长强劲，一直持续到 2009 年第三季度，之后开始小幅下降。阿尔巴尼亚仅在 2009 年第四季度和 2012 年第一季度出现 GDP 紧缩，但 2010 年和 2011 年，GDP 呈不稳定、低速增长态势，增长率约为 3%。预计整个 2014 年，俄罗斯联邦、土耳其和乌克兰 GDP 将持续增长，增长率介于 3%—4% 之间。阿尔巴尼亚预计将从 2012 年第一季度的 GDP 萎缩中复苏，2012 年，其 GDP 小幅增长，增长率为 0.5%，2013 年和 2014 年，增长率将分别约为 2% 和 2.5%。

全球经济危机爆发之初，上述四个经济体均遭受就业损失，但在 2009 年和 2010 年年末，其就业增长趋势大幅逆转。其中，土耳其就业复苏最迅速，2010 年第二季度，就业增长率为 8%，达到顶峰；整个 2011 年，一直保持正向增长。但 2012 年第二季度，其就业增长率仅为 2.8%，创自 2009 年以来的最低点；2012 年年初，土耳其就业增长开始放缓。由于经济的互联性，俄罗斯联邦和乌克兰就业增长趋势与土耳其类似，自 2010 年起，就业市场逐步走向复苏，但整个 2011 年就业增长率持续走低。自 2009 年第一季度，阿尔巴尼亚产值恢复，从而带动就业复苏。整个 2010 年，阿尔巴尼亚一直遭受就业损失，仅在 2010 年第四季度恢复了就业岗位创造，2011 年和 2012 年的年度就业增长率仅介于 1%—2% 之间。预计未来几年，就业恢复步伐将放缓，其中，俄罗斯联邦和乌克兰就业将适度紧缩，而阿尔巴尼亚就业增长率将仅略高于 0%。预计土耳其就业增长率将持续保持 2%，而 2011 年就业增长率高达 7%，这表明土耳其创造就业岗位的能力大幅下降。

图 CS2.1　GDP 和就业走势（与上一年同期相比的百分比变化）

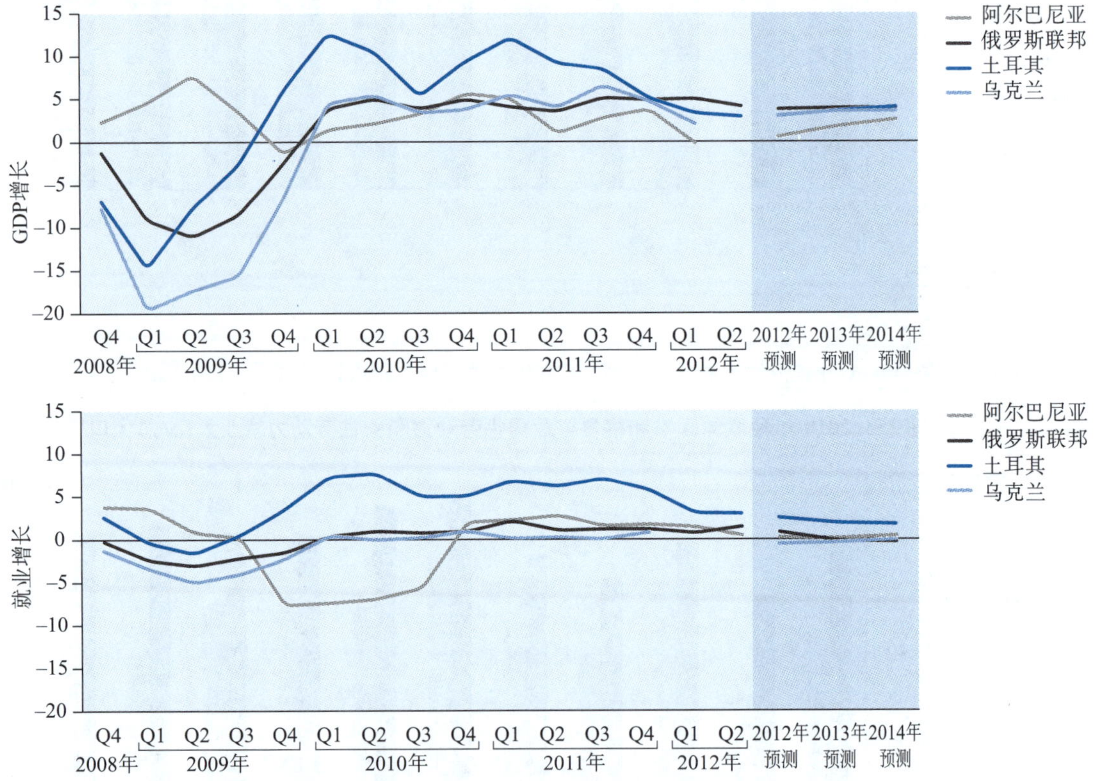

注：该图显示了 2008 年第四季度和 2012 年第二季度期间，GDP 季度增长率（上图）和就业增长率（下图）以及 2012—2014 年年度预测情况（阴影区域）。季度增长率是基于上一年同期水平计算而得出。Q 代表季度。

资料来源：国际货币基金组织；阿尔巴尼亚统计研究所（INSTAT）；国际劳工组织劳工统计数据库；欧洲统计局；经济合作与发展组织。

预测数据来源：国际货币基金组织；国际劳工组织，《趋势计量经济学模型》，2012 年 10 月。

非正规就业是该地区持续面临的挑战，但其他指标显示就业情况有所好转

非正规就业的高发率且不断上升的趋势是该地区大多数国家劳动力市场面临的一个主要挑战（见图 26）。[①]虽然劳动力市场主要指标持续好转，但非正规就业分布广泛、日益增长，这表明就业质量已经恶化。以亚美尼亚为例，2010 年，估计 49% 的总体就业情况属于非正规就业，而且城市就业和农村就业差异巨大。实际上，在农村地区，非正规就业占农村总就业的 82.1%，占农业部门就业的 98.6%。与之相反，在城市地区，仅有 24.5% 的员工属于非正规就业。[②]总体而言，危机爆发前，该地区的非正规就业已呈稳定增长趋势，导致该地区易受经济危机的影响，经济长期前景更加暗淡。具体而言，高加索地区和中亚地区的国家非正规就业急剧增长，例如，阿塞拜疆非正规就业增长率增长了 14 个百分点以上，土库曼斯坦增长了 11 个百分点以上，格鲁吉亚增长了 7 个百分点以上。该地区的非正规就业增长与世界其他新兴地区形成鲜明的对比，其他新兴地区的非正规就业不断减少，这是因为这些国家成功实施减贫举措，并落实正式就业战略（参见对拉丁美洲的讨论）。

图 26　中欧和东欧国家非正规就业的发生率（2000 年与 2010 年）

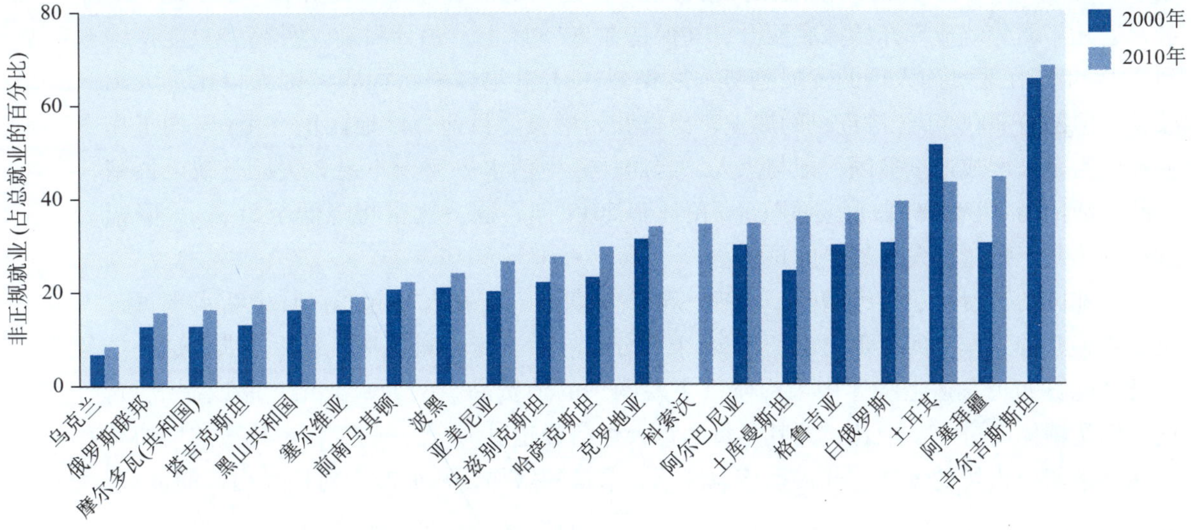

注：估算了亚美尼亚的城市非正规就业率。

资料来源：国际劳工组织，《趋势计量经济学模型》，2012 年 10 月；国际劳工组织，《劳动力市场关键指标》（第 7 版）；土耳其统计局。

---

① 非正规就业是指不受法律保护或未充分受到法律保护的就业，例如非正规行业就业或正规企业中的非正规就业（参见国际劳工组织，2011a，《劳动力市场关键指标》原稿 8）。

② 体面工作国家简介——亚美尼亚（国际劳工组织，2012e，第 7 页）。

图 27　弱势就业及在职贫困的趋势和预测

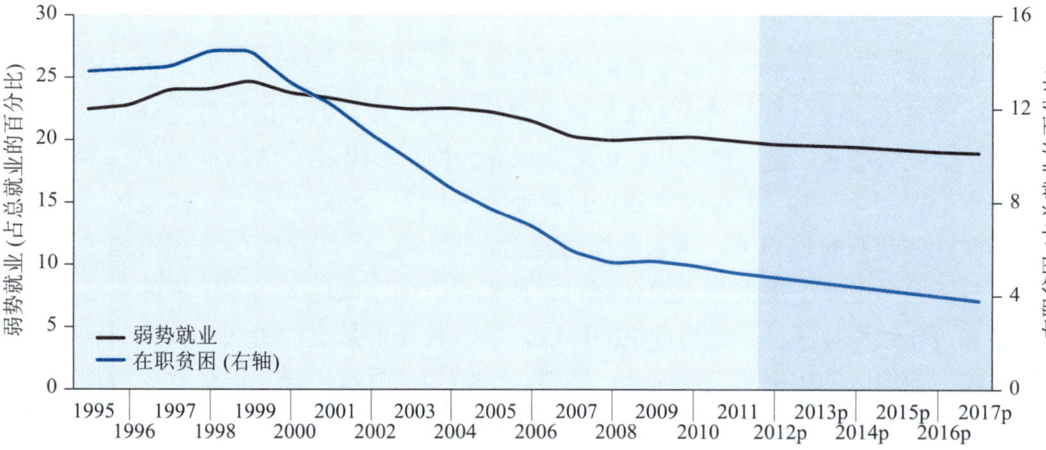

注：该图显示了中欧和东南欧及独联体国家地区 1995—2017 年期间弱势就业及在职贫困（符合每天 2 美元贫困线）的发展趋势。阴影区域显示预测值。p 代表预测。

资料来源：国际劳工组织，《趋势计量经济学模型》，2012 年。

与非正规就业发展趋势相反，该地区的弱势就业率呈持续走低趋势，尽管下降幅度较小（见图 27）。自 1997 年该地区社会转型冲击达到顶峰后，弱势就业率开始下降，不过，近几年弱势就业率开始探底回升，并保持在 20% 以上，预计目前这种趋势只能持续到 2015 年。在职贫困人口的发展趋势与之类似，21 世纪以来，在职贫困人口比重大幅减少，但随着 2009 年经济危机的爆发，比重开始增长。目前，该地区仍有 4.6% 的工作者被认为是极度或适度贫困，即与家人一起居住，生活水平每天不足 2 美元且缺乏最基本的生活用品（例如自来水或暖气）。预计到 2017 年，这一比重将降低至 3.6%，降幅远远低于基于危机前发展趋势的预测。

该地区的消费阶层持续增长。1999—2012 年期间，与家人一起居住且生活水平每天至少 4 美元的工作者的比重已增长了 25 个百分点。除了能够满足基本生活需求，这些员工已经能够购买发达经济体中中产阶级主要购买的消费品，例如，文化产品或制成品。这一消费群体的进一步增长，尤其是每人每天生活费超过 13 美元的工作者比重的增加有可能促进国内市场的发展，并带动该地区总需求量的增加，从而减少对商品出口的依赖。

劳动生产率仍然落后于更发达的经济体

不过，若要实现劳动生产率可持续发展，需要进一步调整劳动力供给结构。具体而言，需要加速劳动生产率增长，以扩大消费阶层的基础。在此方面，近几年，中欧和东南欧（非欧盟）及独联体的劳动生产率增幅尚不及发达经济体地区，即在转型过程中，已放弃而非加速为达到发达国家水平而进行的提高劳动生产率的努力。因此，估计 2012 年该地区劳动生产率水平仍低于发达经济体地区三倍左右（见图 28）。

自转型期末，该地区的劳动生产率增长的行业来源大相径庭。1999—2007 年为快速追赶时期，这一时期各行业中工业、服务业和劳动力再分配的劳动生产率大幅提高，但随着经济危机的爆发，劳动生产率增长迅速下降（见图 29）。具体而言，2007—2011 年期间，工业劳动生产率增长大幅放缓并持续走低。最近一段时期，劳动力再分配对促进劳动率增长的作用不是十分明显。未来几年，预计劳动生产率将开始加速增长，其中，服务业增幅最大，而工业增幅较小。

生产性就业岗位的缺乏及较高且日已攀升的非正规就业率是造成中欧和东南欧及独联体劳动生产率未能达到发达经济体水平的部分原因。在过去，这导致该地区的大量劳动力向海外迁移，以寻求更佳的就业机会（参见国际劳动组织，2012d）。在诸如吉尔吉斯斯坦、塔吉克斯坦、乌兹别克斯坦和亚美尼亚等年轻人口占较大比重的经济体，渴望进入国内劳动力市场的年轻人很难得到体面工作的机会。这些年轻人宁愿去海外求职，也不愿意在本国处于失业状态或从事非正规就业。然而，在吉尔吉斯斯坦，预计高达50万名（某些预测甚至高达1百万）去海外求职的人经常找不到更好的就业机会，从而不得不作为弱势群体就业。①

图 28　每位工作者的产出情况（中欧和东南欧及独联体国家与发达国家）

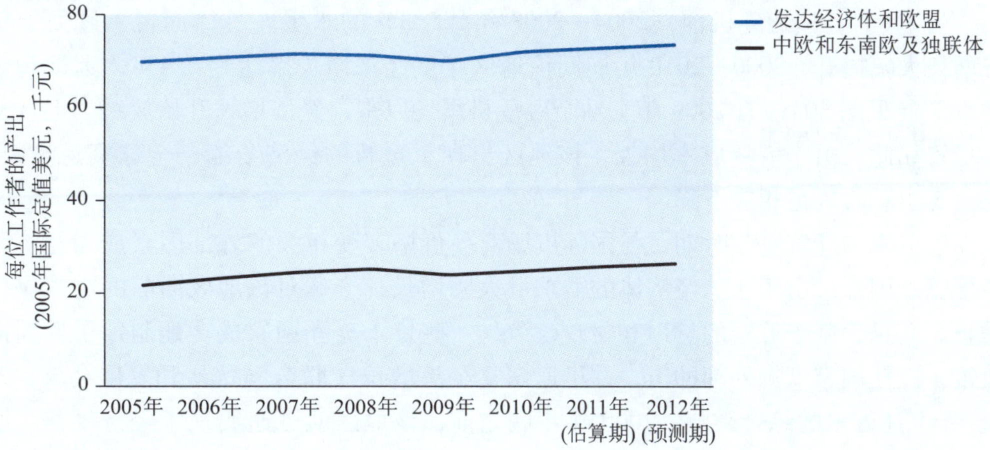

注：2005 年国际定值美元。

资料来源：国际劳工组织，《趋势计量经济学模型》，2012 年 10 月；世界银行，《2012 年世界发展指标》。

图 29　劳动生产率增长细分：中欧和东南欧与发达经济体

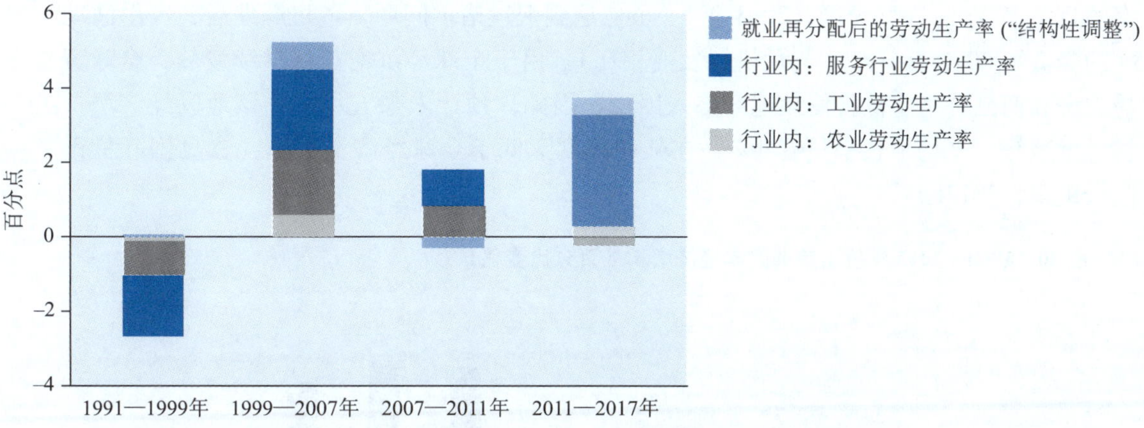

注：按照第四章附录 1 的方法进行细分。2011—2017 年的预测数据基于对行业附加值所占比重的预测，参见第四章附录 2。

资料来源：国际劳工组织的计算。

为了应对上述挑战，该地区需要解决两个关键的战略重点：通过进行更好地监管，改善投资环境并维持宏观经济的稳定性，以实现低通胀率、结构多样化和增加高科技出口的目标。该地区的许多国家将过渡到将创新型经济视为国家最紧迫的任务。不过，这需要通过改革职业教育和培训以及创造充足的新的生产性就业机会，来克服技术短缺这一障碍。

① 《2013—2010 年吉尔吉斯斯坦国家就业计划草稿》。

拉丁美洲和加勒比地区

经济持续增长，但溢出效应初露端倪

过去三年中，拉丁美洲地区比受经济危机影响的其他地区崛起的速度更快，并且经济复苏迹象显著。自2009年GDP缩水1.5%以来，2010—2012年GDP恢复增长，年均增长率为4.6%，接近危机前（2004—2008年）5.3%的水平。总体而言，过去十年中经济增长大幅提升，2000—2010年期间该地区年度经济增长率达到3.4%，远远高于之前的水平（见图30）。自2009年全球金融危机爆发以来，经济增长开始放缓，但从未停滞。尽管如此，由于借贷成本增加，该地区出现了短暂的经济萎缩，全球贸易量减少，旅游业支出和收入也相应下降。

在接下来的经济复苏时期，与国际市场商品价格多变相关的外部因素成为经济增长的主要驱动因素。由于亚洲经济体的需求量大幅增长，全球对该地区商品的需求保持强劲增长。而且，基于健全的货币和财政政策，一些拉丁美洲国家成功地制定了反周期刺激政策，以使国家抵御外部冲击，并迅速恢复经济增长（联合国贸易和发展会议，2012年）。受上述因素的综合影响，2009年年底之前，该地区就迅速实现了经济复苏，回归正向发展趋势，而且经济增长率保持上升。然而，正当2010年经济复苏加速之时，该地区一些大型经济体需要依靠短期强劲的外国资本流入，因为该地区日益被视为发达经济体资金流动的理想之地。这促使一些国家实施限制性举措，包括适度的资本控制，以避免汇率升值和出口下降。与此同时，由于整个2012年出现资本外流，该地区开始担忧汇率的日益多变性。（联合国，2013年）。虽然遇到上述诸多问题，危机爆发后，产出波动率约降低了60个百分点（与危机爆发前相比）。由于全球经济增长将继续疲软，全球贸易放缓和商品价格降低将使该地区陷入困境。因此，预计未来五年内，该地区经济增长将适度减缓，平均增长率只有4%，在某种程度上低于全球经济增长率（参见国际货币基金组织，2012b）。

图30　1980—2017年拉丁美洲的年经济增长（百分比变化）

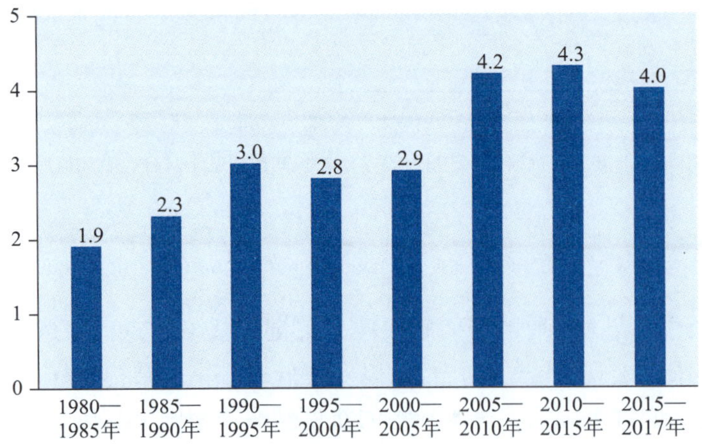

注：自2012年起，数据为预测值。

资料来源：国际货币基金组织，《世界经济展望》，2012年10月。

虽然社会和劳动力市场指标已大幅上升，但进一步上升的空间仍将有限

在过去几年中，拉丁美洲和加勒比地区强劲稳定的经济增长大幅改善了社会和劳动

力市场状况（见表3）。[1]具体而言，就业增长稳定且增速快于劳动力市场。地区就业人口/总人口比率从2002年的58.7%增长至2012年的61.9%，同一时期，劳动力参与率由64.6%上升至66.3%。就业的迅速增长归因于该地区摆脱失业的工作者迅速增加并开始从事新的职业，这一趋势在21世纪之初便已出现，仅在2009年经济危机爆发之时受到微弱影响（参见图31）。与此同时，危机爆发后，失业的人口大幅减少，从而进一步降低了失业率。

就业的强劲增长有助于改善该地区约2.91亿劳动力的社会状况。2012年，约1900万劳动力处于失业状态（自2002年以来，几乎减少了300万），并且弱势群体就业率不足32%（自2001年以来，下降了将近5个百分点）。与此同时，各行各业的非正规就业率继续下降，部分原因是许多国家不断整顿非正规就业市场（见图32）。尽管如此，即使在该地区经济运行良好的国家，仍然有40%以上的人口为非正规就业。

社会指标不断上升的同时，在职贫困人口也不断减少，在某些国家，减少幅度较大（见图33）。2002—2012年，与家人居住且消费水平每人每天不足2美元的工作者占总就业人口的比重从2002年的16%降至2012年的8%以下。与之类似，同一时期，极度贫困的工作者（消费水平每人每天不足1.25美元）占总就业人口比重也从8%降至4%以下。在职贫困人口比重减少的同时，贫困人口比重整体也在下降。具体而言，2002—2012年，适度贫困人口比重从44%降至30.4%，极度贫困人口比重从19.3%降至12.8%。贫困人口比重的下降的确有助于进一步扩大拉丁美洲国家的中产阶级，产生消费阶层工作者（每人每天消费水平不低于4美元），其在总就业人口中所占比重高达78%，而2002年，这一比重为63.1%。当与发达经济体相比，在衡量消费水平时，该经济群体目前在总就业人口中的比重接近30%，比十年前高出10个百分点。2006—2011年，最低工资水平得到提高，这也是促使贫困人口比重降低的一个原因。

表3　拉丁美洲和加勒比地区劳动力市场趋势及前景

		2009年	2010年	2011年	2012年（预计）	2013年（预计）	2014年（预计）	2015年（预计）	2016年（预计）	2017年（预计）
劳动力参与率（百分比）		65.8	66.1	66.1	66.3	66.4	66.5	66.6	66.7	66.7
失业率（百分比）	总计	7.8	6.8	6.5	6.6	6.7	6.8	6.8	6.8	6.8
	男性	6.5	5.8	5.6	5.6	5.7	5.7	5.7	5.7	5.7
	女性	9.6	8.3	7.9	7.9	8.1	8.2	8.3	8.3	8.3
	青年	15.7	14.1	13.4	13.5	13.6	13.7	13.7	13.8	13.8
	成年	5.7	5.0	4.9	4.9	5.1	5.2	5.2	5.3	5.3
就业增长（年度百分比）	总计	0.6	3.2	2.0	1.8	1.6	1.7	1.7	1.6	1.6
部门性就业	农业	16.4	16.2	15.8	15.7	15.3	15.0	14.6	14.3	13.9
	工业	22.0	21.8	21.7	21.7	21.9	22.0	22.1	22.3	22.4
	服务业	61.6	62.0	62.4	62.6	62.8	63.0	63.3	63.5	63.7
现状及收入	雇佣工人	63.5	63.5	63.8	63.8	63.9	63.9	63.9	64.0	64.0
	个体经营户	25.9	26.2	26.1	26.1	26.2	26.3	26.3	26.4	26.4
	弱势就业比重	31.9	31.9	31.5	31.5	31.4	31.3	31.2	31.1	31.0
	在职贫困比重（每天2美元）	8.7	7.9	7.6	7.4	7.1	6.7	6.4	6.1	5.8

注：上述表格中的数据区别于国际劳工组织出版的《劳动概述2012》（国际劳工组织，2012j），这主要是由地理覆盖范围的差异造成的。

资料来源：国际劳工组织，《趋势计量经济学模型》，2012年10月（参见附录4和附录5）；国际货币基金组织（2012b）。

① 此处提到的地区估算值区别于《劳动概述2012年》（国际劳工组织，2012j）上的数据，这主要是由地理覆盖范围的差异造成的。我们正努力解决这些估算数据的衔接工作。

图 31　失业人口流动：拉丁美洲和加勒比地区

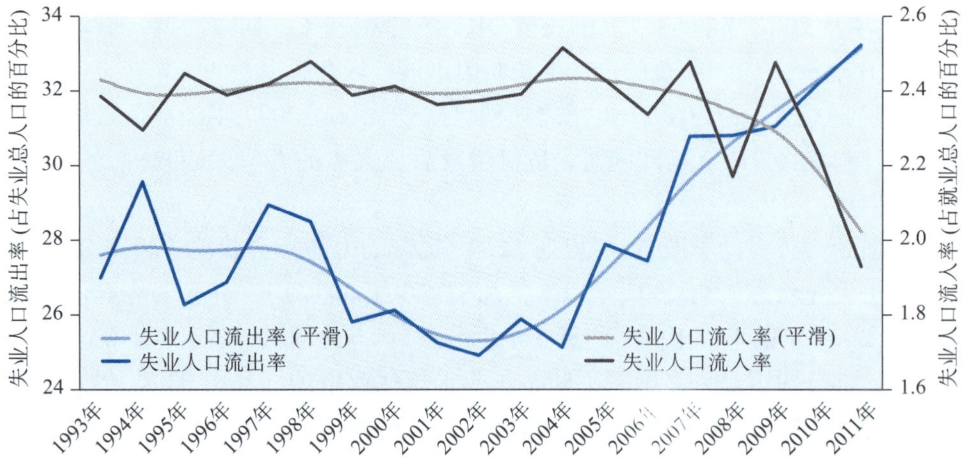

注：失业人口流出率用来衡量给定年份内失业人口摆脱失业的概率。失业人口流入率用来衡量给定年份内在职人员失业的概率。

资料来源：国际劳工组织，《趋势计量经济学模型》，2012 年 10 月。

图 32　拉丁美洲非正规就业情况（所选国家，2000 年与 2010 年）

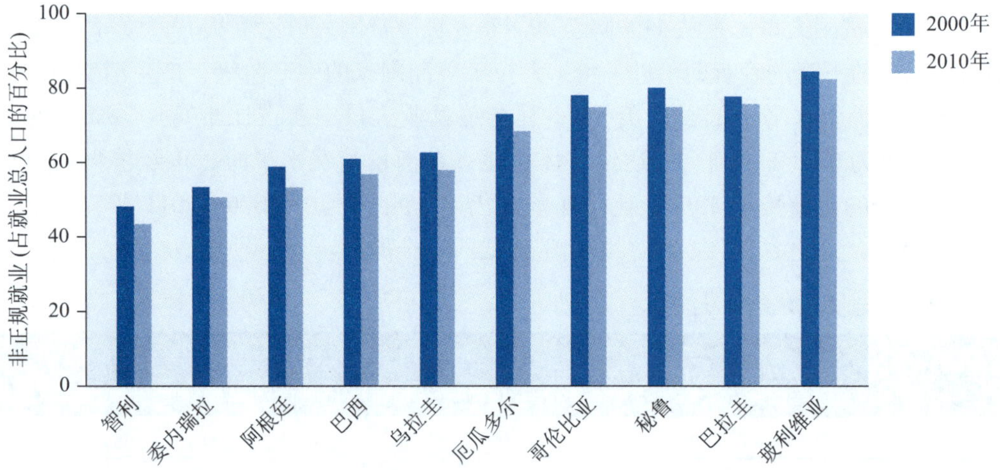

资料来源：国际劳工组织，《趋势计量经济学模型》，2012 年 10 月；国际劳工组织，《劳动力市场关键指标》（第 7 版）。

图 33　拉丁美洲和加勒比地区在职贫困人口减少，消费阶层出现

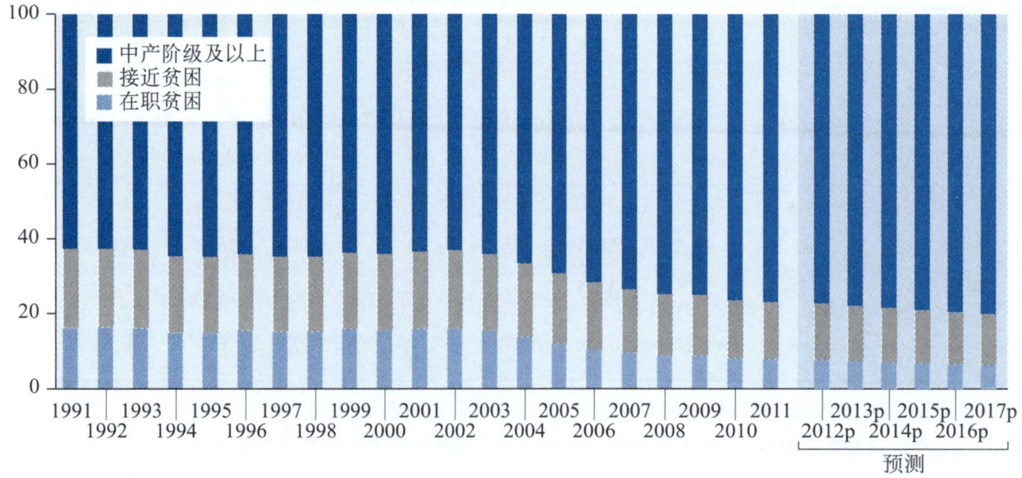

注：p 代表预测。

资料来源：国际劳工组织，《趋势计量经济学模型》，2012 年 10 月。

尽管全球经济衰退带来了负面的溢出效应以及预计该地区经济增长疲软，劳动力市场状况将进一步得到改善。随着劳动力参与率的持续上升，就业人口/总人口比率略微增长。然而，就业增速将不足以降低失业率，预计到 2017 年，失业率将逐渐升至 6.8%。服务业就业率增速尤其较快且保持长期增长趋势，而制造业就业比重有所降低，农业就业人口占总就业人口的比重比较稳定，保持在 15% 左右。未来五年中，虽然在职贫困将持续降至接近 6%，但预计弱势就业将不会继续降低。与此同时，中等收入消费群体将进一步扩大，到 2017 年将占总就业人口的 80%。

劳动生产率小幅增长

拉丁美洲和加勒比地区的劳动生产率增幅较小，预计截至预测期，将低于世界平均水平（见图 34）。劳动生产率增长脆弱，这仍是该地区一个最重要的薄弱点，并有可能限制中期阶段的经济增长和社会状况的改善。该地区给自身定位于要略高于世界平均水平（每位工作者每天 22 美元），但还远远没有接近发达经济体的水平，并持续低于世界平均水平。21 世纪中期，中欧和东南欧及独联体地区的劳动生产率水平超过了拉丁美洲国家，截至预测期，预计东亚可能将其与发达经济体劳动生产率的差距缩小至 20 个百分点以内。

图 34　拉丁美洲和加勒比地区劳动生产率增幅低于世界平均水平

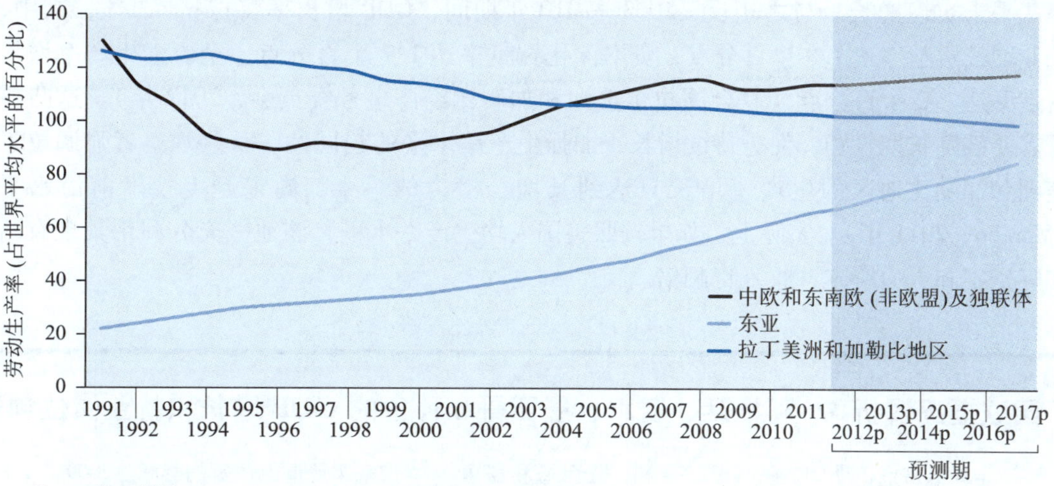

注：p 代表预测。

资料来源：国际劳工组织，《趋势计量经济学模型》，2012 年 10 月。

表 4　行业再分配对提高劳动生产率的影响

	1991—1999 年	1999—2007 年	2007—2011 年	2011—2017 年
发达经济体和欧盟	0.2	0.2	0.0	0.1
中欧和东南欧（非欧盟）及独联体	0.1	0.7	-0.3	0.5
东亚	2.1	1.7	1.9	1.8
东南亚和太平洋地区	1.8	1.0	1.1	1.0
南亚	0.5	1.1	0.7	0.9
拉丁美洲和加勒比地区	0.2	0.5	0.2	0.2
中东	0.0	0.5	0.4	0.0
北非	0.0	0.2	1.0	-0.1
撒哈拉以南非洲	0.0	0.9	0.6	0.8

注：对劳动生产率增长的贡献以百分点计算。

资料来源：国际劳工组织，《趋势计量经济学模型》，2012 年 10 月。

由于非正规就业和在职贫困人口的减少没有带动劳动生产率的进一步提高，因此，劳动生产率增长缓慢更令人担忧。各行业中资源再分配（从农业转向具有高生产率的制造业和服务业）速度较慢，这是造成上述问题的部分原因。在拉丁美洲地区，在农业部门就业的人口占16%，高出发达经济体的四倍以上，且大多数属于自给农业，生产率低下，没有增长空间。如国际劳工组织劳动概述（2012j）所述，该地区所有国家的服务业发展迅速，巴拿马除外，因为巴拿马的服务业规模庞大，专业提供贸易和金融服务。然而，由于2000—2010年期间，在所分析的17个国家中只有6个国家的制造业比重有所上升，因此，整个地区的制造业没有得到相应的发展。所以，与国际水平相比，行业再分配对提高劳动生产率的影响极小，并预计在中期阶段将不会促进劳动生产率的增长（见表4）。

更大投资可能促进就业增长，提高劳动生产率

更大和更多样化的投资将可能使该地区受益于已取得的成就。实际上，与前一段时期相比，加速资本深化有助于使该地区走上更稳定的经济发展之路。由于近期商品价格暴涨，许多国家可能加大公共开支，拓展社会福利计划，以支撑经济发展。但是由于更大投资能够促进就业岗位创造和实际工资的增长，因此，对该地区的一些国家而言，劳动力市场是推动国内需求增长的最大因素。1981—2010年期间，GDP年均增长了3%，这主要是因为就业率增长了1.6个百分点，投资率增长了1.3个百分点，但全要素生产率几乎未实现增长。与之相反，2003—2010年期间，GDP增长率将保持4.1%，其中，就业增长贡献率达1.8个百分点，资本深化贡献率达1.7个百分点，全要素生产率增长贡献率达1.2个百分点（联合国拉丁美洲和加勒比经济事务委员会，2012年）。这凸显了需要鼓励长期投资，促进持续增长，加强生产率水平的趋同性。一些观察者强调拉丁美洲和加勒比地区的生产率增长只达到其增长潜力的一半，尚未赶上技术前沿水平（Moreno，2011年）。实际上，如果按照美国人均生产率水平，该地区充分利用其现有的实际资本和人力资本，收入将翻倍。

国家概况解析3　阿根廷、智利、墨西哥和秘鲁的GDP增长和就业岗位创造

全球经济危机期间，阿根廷、智利、墨西哥和秘鲁的GDP均下降，但只有墨西哥的下降幅度最大，超过9%，这主要是由于其与美国经济的密切联系。2009年年底和2010年年初，上述四国的GDP呈正向增长，并迅速实现经济复苏。整个2010年和2011年，GDP季度增长率保持稳定，其中，阿根廷为9%左右，墨西哥为4%。阿根廷受经济危机的冲击最小，仅在2009年第二季度和第三季度遭受经济萎缩，在2010年和2011年，GDP大幅增长。然而，受经济不稳定因素的影响，近期阿根廷经济增长减缓，并于2012年第二季度跌至零增长。预计未来几年内，经济衰退只是暂时的，2012—2014年阿根廷经济增长率将达3%左右。同一时期，智利、墨西哥和秘鲁经济增长率将保持稳定，与最近几个季度的水平一致。预计智利经济增长率将达4.5%，墨西哥3.5%，秘鲁6%。

经济危机给阿根廷、智利、墨西哥和秘鲁的就业带来了严重但短暂的影响。2009年，秘鲁就业增长减缓持续一个季度，智利和墨西哥达三个季度，而阿根廷就业保持低水平正向增长。危机爆发后，秘鲁、智利和墨西哥就业复苏脆弱，危机过后，就业大幅增长，但在2010年和2011年开始放缓。智利就业出现实质性复苏，2010年第三季度就业增长率高达10%，之后开始逐渐减缓。在过去四个季度中，墨西哥就业增长良好，2012年第二季度就业增长率达4.5%。2009—2011年，阿根廷GDP增长较快，但就业保持低水平稳定增长，增长率约为1%—2%。然而，2011年末和2012年年初，GDP下滑，给就业造成了负面影响，导致2012年上半年就业增长率仅略高于零。预计2013年，阿根廷就业增长将减缓，但2014年将呈正向增长态势。与之相反，预计2012—2014年，智利、墨西哥和秘鲁就业增长率将介于1.5%—2.5%之间。

图 CS3.1　GDP 和就业（与上一年同期相比的百分比变化）

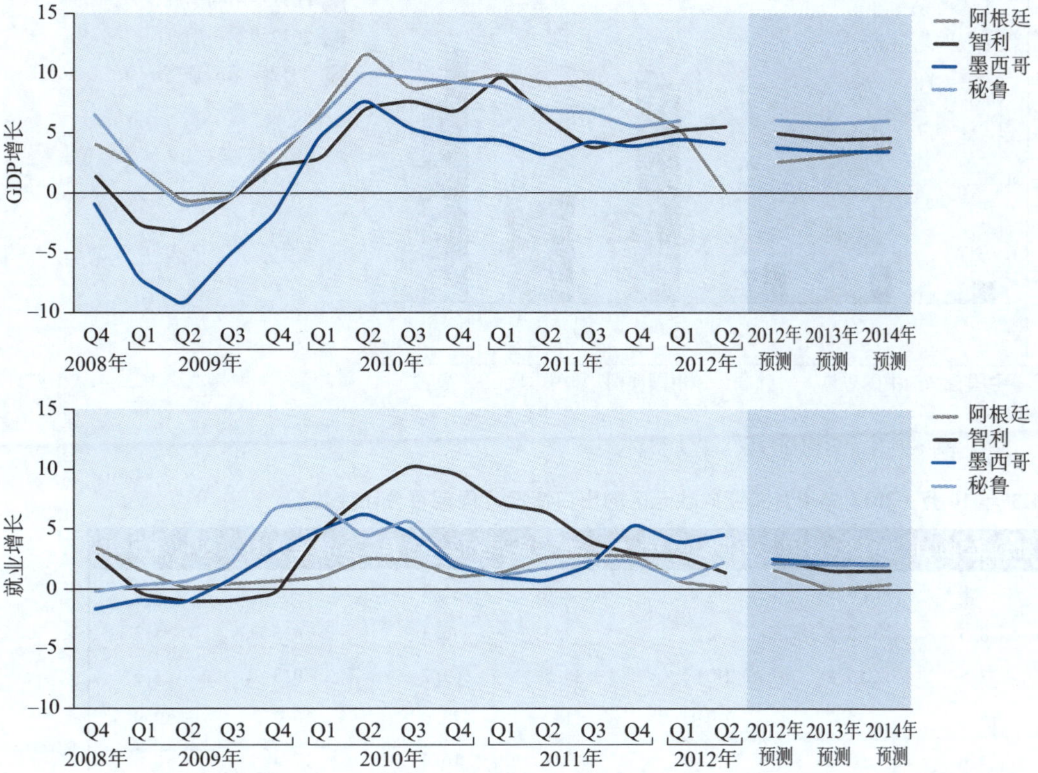

注：该图反映了 2008 年第四季度和 2012 年第二季度期间的 GDP 季度增长率（上图）和就业增长率（下图），以及 2012—2014 年期间的 GDP 增长率和就业增长率的年度预测（阴影区域）。季度增长率基于上一年同期水平计算而得出。Q 代表季度。

资料来源：国际货币基金组织；国际劳工组织 LABORSTA 数据库。预测数据来源：国际货币基金组织；国际劳工组织，《趋势计量经济学模型》，2012 年 10 月。

东亚

经济活动依然强劲，但受全球经济危机影响，开始减弱

由于欧元区债务危机的不确定因素挥之不去以及全球经济复苏持续停滞，东亚次区域经济活动大幅减少。东亚 GDP 增长率从 2011 年的 8.2% 降至 2012 年的 6.8%，创十多年来最低点（国币货币基金组织，2012c）。由于主要对外贸易合作伙伴及投资伙伴的需求低迷，2012 年第二季度中国台湾（－0.2%）、中国香港（1.1%）和韩国（2.4%）的经济活动更加疲软（见图 35）。尽管整个 2011 年中国澳门季度增长表现卓越，但 GDP 增长率从 2012 年第一季度的 18.6% 降至 2012 年第二季度的 7.3%，而同一时期蒙古 GDP 增长率从 16.5% 跌至 11%。

自 2008 年全球金融危机爆发以来，中国经济弹性十足，但也出现易受全球经济环境影响的迹象。由于外部需求降低以及取消了为应对全球金融危机而采取的初步政策，中国 GDP 增长率从 2011 年年底的 8.9% 降至 2012 年第一季度的 8.1%，进而跌至 2012 年第二季度的 7.6%。鉴于中国在区域市场乃至全球市场中发挥的重要作用，除了希望放宽自 2012 年第一季度起实施的紧缩性货币政策并批准计划 9 月初开展总值 1,570 亿美元的 30 个基础设施项目之外，人们期待中国出台更多的刺激宏观经济增长的措施（亚洲开发银行，2012 年；斯威尼，2012 年）。

图 35　2011 年第四季度—2012 年第二季度实际 GDP 增长率（同期百分比变化）

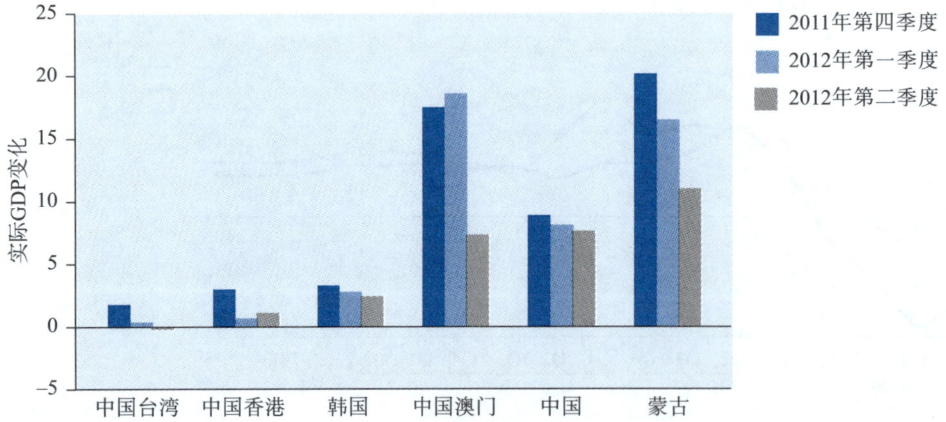

资料来源：CEIC 全球数据库；各国（地区）官方资料。

表 5　2011 年 10 月—2012 年 4 月东亚向欧元区的出口情况（同期百分比变化）

	2011 年 10 月	2011 年 11 月	2011 年 12 月	2012 年 1 月	2012 年 2 月	2012 年 3 月	2012 年 4 月
中国	5.8	3.3	6.1	-5.6	1.4	-4.9	-4.0
中国香港	8.5	-3.5	4.5	-2.4	-6.3	-6.3	-5.3
中国澳门	33.5	-15.8	-18.5	-35.5	63.2	-9.3	-21.6
蒙古	-13.3	35.7	-16.9	-41.2	73.0	10.7	-19.9
韩国	-14.6	-5.4	-15.4	-43.1	16.4	-17.4	-18.8
中国台湾	3.8	-22.5	-14.5	-8.4	6.8	-11.7	3.7

注：中国台湾数据包括向所有欧洲地区的出口。

资料来源：CEIC 全球数据库；参见国际货币基金组织《贸易方向统计》及各国（地区）官方资料。

2012 年上半年，东亚对全球的出口呈下降趋势，其中中国的出口仅增长 4.9%，而在 4 月，韩国和蒙古的出口贸易分别下滑 4.6% 和 2.8%。① 欧元区债务危机挥之不去，这是导致对东亚出口贸易需求下滑和东亚产量减少的主要原因。自 2011 年第四季度起，东亚对欧元区的出口脆弱，整体呈负增长趋势（见表 5）。3 月，中国对欧元区的出口（在对欧盟的出口中，对欧元区的出口占中国面向全球出口总量的比重接近 20%）下降了 4.9%，4 月下降了 4.0%。② 自 2011 年年末以来，韩国对欧元区的出口持续下滑（2012 年 2 月份除外），其中，2012 年 1 月下滑幅度高达 43.1%，4 月为 18.8%。2012 年第一季度，中国工业产量减少 22.2%。2012 年上半年，韩国及中国台湾的产量持续下降或停滞不前。③

经济的缓慢增长必将造成就业疲软

由于经济活动放缓，2012 年东亚劳动力市场低迷。东亚的就业增长率仅为 0.5%，或就业人数仅增加 450 万人（估算值），其中男性增加 300 万人，女性增加 150 万人（见附录 1，表 A6）。就业增长率仍然远远低于危机前（2002—2007 年）年均就业增长率（1.2%）。最近的一项年中数据显示，6 月中国澳门的就业同比增长率为 4.9%，中国香港为 2.7%，7 月韩国为 1.9%，中国台湾为 1.2%。④ 由于出口需求和工业产量小

① CEIC 全球数据库；参见国际货币基金组织《贸易方向统计》。

② 对欧盟的出口量占出口总量的比重以世贸组织统计数据库（2012 年 4 月）为基准。

③ CEIC 全球数据库；参见国家（地区）官方资料来源。

④ 国家（地区）官方资料来源。

幅下降，2012 年上半年韩国每月制造业就业人数同比减少。自 2012 年 1 月份起，制造业就业增长率稳步下滑，并且在 5 月至 7 月，几乎停滞不前。

自 2007—2012 年，东亚的失业人口增加了 690 万人，增长率为 21.8%，增长幅度较大。但东亚整体失业率依然保持较低水平，由 2007 年的 3.8% 增长至 2011 年的 4.3%，2012 年增长至 4.4%（见附录 2，表 P2）。截至 2012 年年中，7 月中国台湾失业率维持在 4.3%，韩国 3.1%，第二季度中国城镇地区失业率保持 4.1%，6 月中国香港失业率为 3.4%，中国澳门为 2.0%。[①]男性失业率持续高于女性。

2012 年，经济下滑对东亚就业市场产生了极其严重的影响，尤其是年轻人。年轻求职者失业率略微上升至 9.5%，比 2011 年增长了 0.3 个百分点，其中青年男性失业率（11.2%）高于青年女性（7.6%）（见附录 2，表 P5）。整体而言，东亚年轻求职者失业率有可能比成人失业率高出 2.7 倍。中国香港、中国台湾和韩国的青年失业率极高，其中，6 月中国香港青年失业率达 15.1%，7 月中国台湾青年失业率达 13.0%，韩国达 9.6%。[②]

除了就业岗位创造的挑战，由于工薪族在就业总人口中的比重偏低，因此提高就业质量依然是次区域主要关注的问题。2012 年，在东亚每两个工作者中仅有一个属于工薪族，且男性比例（52.7%）大于女性比例（46.9%）。而且，弱势就业群体（包括自营工作者和家庭工作者）的比重高达 48.1%，与 2011 年（50%）相比略有下降（见附录 1，表 A12）。在性别差异方面，女性弱势就业率比男性高 7.1 个百分点，东亚女性就业总人口中约 30% 属于家庭工作者。弱势就业群体大多在非正规环境中工作，工资低廉，缺乏足够的社会保障。在对中国 6 个城市进行的调查中发现，几乎 1/3（即 3,600 万）的非农业部门工人属于非正规就业。[③]

受全球经济脆弱的影响，2013 年经济和劳动力市场前景依然阴云密布，但是如果欧元区能够加大走出债务危机的决心，美国能够增强消费者信心，东亚经济体能够实施可行的刺激措施，经济和劳动力市场前景仍然可能好转。预计总体失业率将略微上升至 4.5%，其中青年失业率将增长 0.2 个百分点，达到 9.7%。在中短期内，东亚经济体在劳动力市场方面将要面临的主要挑战和首要任务包括为年轻人——尤其是弱势工作者和非正规工作者——创造体面的就业岗位，并提高总体就业质量。

提高东亚就业质量的一个关键因素就是提高劳动生产率，这将促进工资持续增长，并有利于改善工作条件。2012 年东亚劳动生产率增长强劲，增长率为 6.2%，预计 2013 年将增长至 6.8%。虽然这代表全球各次区域劳动生产率增长的最高水平，但仍低于危机前（2002—2007 年）的年均增长率（8.5%）。而且，虽然最近十几年东亚劳动生产率保持稳定增长，但仍只占发达经济体和欧盟的 1/5。随着市场一体化程度不断加深，全球生产体系亟待升级以及劳动力增长疲软，未来十年，提高劳动生产率和工资水平，使其带动东亚经济增长，将变得日益重要。为此，加大结构转型力度，更好地进行资源分配，促进研发和创新，提高年轻毕业生的技能以及建立更高效的绿色工作场所将推动中国经济发展（世界银行，2012a）。蒙古在制定政策时，应以加大经济多元化力度和农村一体化程度为目标，同时提高被忽视行业的劳动生产率和工资收入（国际劳工组织，2011b）。

---

① 国家（地区）官方资料来源。

② 同上。

③ 国际劳工组织和《非正规就业妇女：全球化和组织化》（WIEGO），参考中国城镇劳动力调查。

国家概况解析 4　中国香港、韩国和中国台湾经济增长和就业岗位创造

与发达经济体和欧盟地区相比，全球经济危机对东亚造成的冲击较大，但很短暂。危机过后，自经济强劲复苏以来，整个 2010 年和 2011 年以及 2012 年上半年，经济增长步伐稳步放缓。与前期水平相比，最近几个季度经济增长率相对较低，具体而言，2012 年第一季度中国台湾经济增长率略微减缓，第二季度出现零增长，而 2012 年韩国经济增长率保持 2.5%。中国台湾和韩国受到美国及欧盟需求下滑的不利影响。而中国经济仅在 2009 年出现短暂的经济紧缩，由于认真落实经济刺激计划，经济迅速复苏，整个 2010 年和 2012 年，中国经济增长加速，并持续保持较高水平。2012 年上半年，GDP 增长率下滑，但仍保持 9% 的水平。预计 2012—2014 年，中国年度经济增长率约达 8%，而中国香港、韩国和中国台湾经济增长率将仅约维持在 2%—4% 之间。

尽管 2009 年经济持续紧缩，但所选东亚经济体的就业损失小于经济增长下滑幅度（按百分比计算）。2010 年和 2011 年，中国香港、韩国和中国台湾就业复苏持续稳定。2011 年第三季度，中国香港的 GDP 强劲增长，增长率达 3.5%，创历史最高，支撑着经济迅速增长。不过，2011 年年底和 2012 年前两个季度的就业增长数据无法获取，对中国香港 2012—2014 年就业增长率的预测表明，就业岗位恢复率将大幅降至 1% 左右。预计 2012—2014 年，韩国和中国台湾就业增长率将分别下滑至 0.5% 和 1%。

图 CS4.1　GDP 和就业（与上一年同期相比的百分比变化）

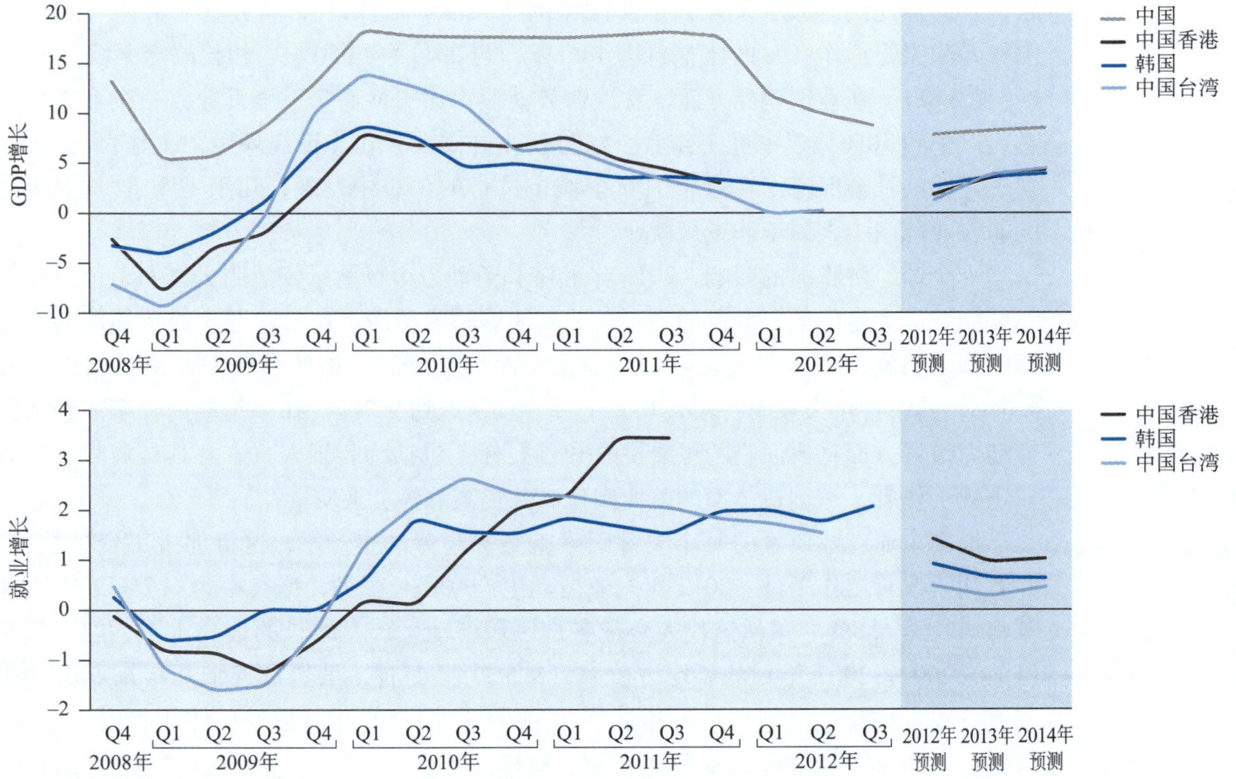

注：该图反映了 2008 年第四季度和 2012 年第二季度期间的 GDP 季度增长率（上图）和就业增长率（下图），以及 2012—2014 年年度预测情况（阴影区域）。季度增长率基于上一年同期水平计算而得出。中国季度就业增长数据无法获得。Q 代表季度。

资料来源：国际货币基金组织；中国台湾统计部门；国际劳工组织劳工统计数据库。

预测数据来源：国际货币基金组织；国际劳工组织，《趋势计量经济学模型》，2012 年 10 月。

东南亚和太平洋地区

经济增长强劲

2012 年，东南亚和太平洋地区经济增长率达 5.2%，较 2011 年（4.6%）有所增长（见附录 1，表 A1）。印度尼西亚是该地区最大的经济体，最近几年，其 GDP 增长强劲稳定（2011 年第一季度和 2012 年第二季度期间，GDP 季度增长率介于 6.3%—6.5% 之间），这是促进整个地区经济增长的部分原因。然而，受大面积洪灾的影响，2012 年第一季度，泰国 GDP 增长率仅为 0.4%，拖累了该地区 GDP 增长。在太平洋岛国中，巴布亚新几内亚的经济持续迅速增长，由于该国正在建设大型液化天然气（LNG）项目，预计 2012 年，其 GDP 增长率将达到 7.7%，而 2011 年为 8.9%（国际货币基金组织，2012e）。预计 2012 年，萨摩亚经济增长减缓，增长率由 2011 年的 2.1% 降至 1.4%，这主要是受海啸后重建工作停止和旅游业发展缓慢的影响（国际货币基金组织，2012b；国际货币基金组织，2012f）。

该地区经济从全球经济危机中复苏在劳动力市场上也有所体现。2010 年，该地区失业率为 4.7%，2011 年降至 4.4%，预计 2012 年维持 4.4% 的水平（见附录 1，表 A2）。印度尼西亚的失业率持续降低，由 2006 年的 10.4% 降至 2012 年的 6.3%。菲律宾的失业率也出现小幅下降的迹象，由 2011 年第二季度的 7.2% 降至 2012 年同期的 6.9%。这一趋势主要受男性失业率呈下降趋势的影响：同一时期，菲律宾男性失业率由 7.6% 降至 7.0%，但女性失业率保持在 6.7%。但是，2012 年第二季度泰国的失业率上升至 0.9%，而 2011 年同期水平为 0.6%。萨摩亚的失业率由 2006 年的 1.3% 攀升至 2011 年的 5.7%。[①]2011 年，15—29 岁之间的青年女性和青年男性失业人口占萨摩亚总失业人口的 76.9%（关于萨摩亚的情况概览，见专栏 7）。

专栏 7　萨摩亚就业人口/总人口比率

最近对许多太平洋岛国近几年人口和住房的普查对于分析这些国家的劳动力市场提供了重要数据，并有助于估计千年发展目标（MDG）1B 目标的发展趋势，包括就业人口/总人口比率。

以萨摩亚为例，根据 2006 年人口和住房普查结果，就业人数总计 53,929 人，占 15 岁及以上劳动适龄人口（109,746 人）的 49.1%（见图 B7.1）。2011 年普查结果显示，萨摩亚就业人数大幅减少至 45,177 人，而劳动适龄人口增至 115,929 人，导致就业人口/总人口比率降至 39.0%。部分原因是失业人数几乎增长了 4 倍，由 707 人增至 2,703 人，但大部分原因是一大群工作者退出劳动力市场，其中很多人可能会退出国内劳动力市场，迁移海外寻求工作。

萨摩亚在就业人口/总人口比率方面存在巨大的性别差距。2011 年，男性就业人口/总人口比率为 55.2%，而女性该比率为 21.7%。而且，2006—2011 年期间，性别差距继续扩大，男性就业人口/总人口比率与女性就业人口/总人口比率差距将从 33.5 个百分点扩大至 31.6 个百分点。

相比地区就业人口/总人口比率，萨摩亚就业人口/总人口比率大幅下降。估计 2012 年东南亚和太平洋地区就业人口/总人口平均比率为 67.0%，其中男性为 78.3%，女性为 56.0%（见附录 1、表 A5）。

图 B7.1　萨摩亚 2006 年/2011 年就业人口/总人口比率，按性别划分（百分比）

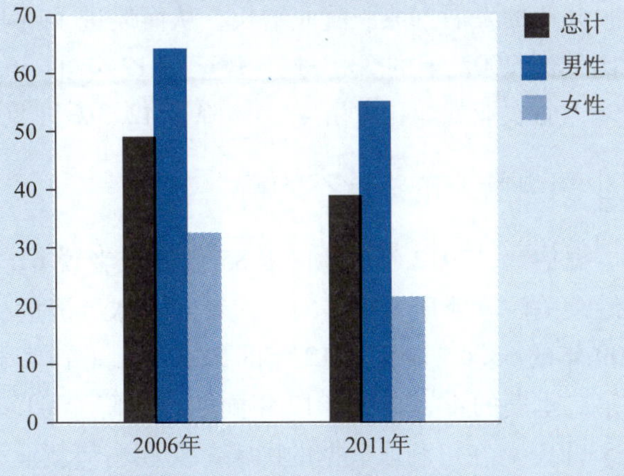

资料来源：国际劳工组织基于 2006 年和 2011 年人口和住房普查的计算。

① 各年数据来源于人口和住房普查。

专栏 8　印度尼西亚兼职就业及不充分就业情况

最近几年，印度尼西亚兼职就业的迅速增长在扩大就业和降低失业率方面发挥了重要作用。2008—2012 年期间，兼职工作者（每周工作时间不超过 35 小时）增长了 460 万人，同一时期，就业总人数增加了 1080 万人。因此，兼职工作者在就业总人口中的比重由 2008 年的 15.7% 增长至 2012 年的 18.3%（见图 B8.1）。2008—2011 年期间，除了兼职工作者，每周工作时间不超过 35 小时且愿意加班（与时间相关的不充分就业）的工作者在就业总人口中的比重维持在 13.2% 左右，2012 年这一比重降至 13.2%。虽然兼职工作者能够更好地平衡工作与个人生活，但兼职工作不能像全职工作那样提供充足的经济保障和稳定性。在印度尼西亚关于劳动法改革的探讨止步不前的情况下，上述趋势开始显现出来。

图 B8.1　2008—2012 年印度尼西亚兼职就业和不充分就业（百分比）

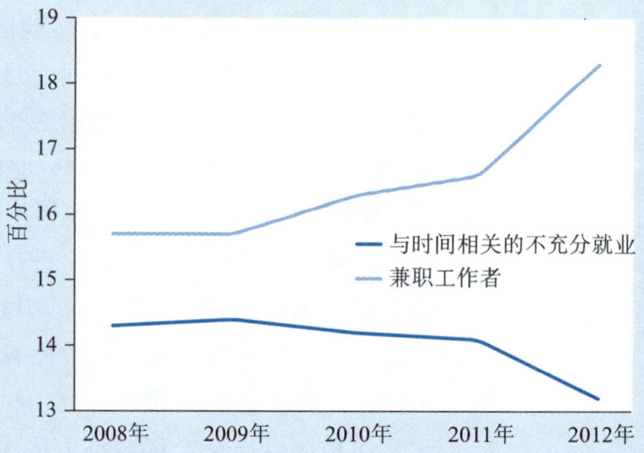

资料来源：国际劳工组织基于印度尼西亚中央统计局数据的计算。

东南亚地区年轻女性和男性在劳动力市场上仍然面临着困境。2012 年，青年失业率/成人失业率为 5.2%（见附录 1，表 A3）。不过令人振奋的是，菲律宾和印度尼西亚——该地区劳动力最多的两个国家——劳动力市场出现了正向发展的态势。近几年，菲律宾的青年失业率呈下降趋势，2010 年第二季度青年失业率为 18.8%，2011 年同期降至 16.6%，2012 年同期降至 16.0%。印度尼西亚青年失业率也大幅降低，由 2011 年的 23.0% 降至 2012 年的 19.1%。同一时期，菲律宾年轻男性失业率下滑速度相对较快，下滑幅度达 3.2 个百分点，而年轻女性失业率下滑 2.1 个百分点。与之相反，同一时期印度尼西亚年轻女性失业率下降 6.6 个百分点，而年轻男性失业率下降 3.7 个百分点。

2011—2012 年期间，估计东南亚和太平洋地区劳动力数量和就业人数增长了 1.6%，其中，劳动力增至 31,620 万人，就业总人口增至 3,020 万人。在该地区的一些国家，由于服务业的发展，兼职就业增长，从而促进了就业增长（见专栏 8）。据估计，服务业就业比重由 2002 年的 33.1% 上升至 2012 年的 36.7%，工业就业比重由 19.5% 上升至 21%，而农业就业比重由 47.4% 降至 42.3%（见附录 1，表 A8）。

减少弱势就业的进展不均衡

据估计，2012 年该地区 1.85 亿（或者说 61.4%）的工作者属于弱势就业，因此需要继续关注就业质量较差的工作者。全球经济危机爆发期间，印度尼西亚弱势就业率由 2009 年的 63.4% 降至 2012 年的 58.0%。菲律宾弱势就业率呈相同发展趋势，相比 2009 年第二季度的 44.2%，2012 年同期稳定降至 41.2%。而泰国弱势就业率由 52.5% 上升至 53.2%。在可获取数据的国家，女性弱势就业率远远高于男性，其中印度尼西亚高出 7.6 个百分点，菲律宾高出 5.5 个百分点，泰国高出 4.7 个百分点。如此巨大的性别差距也能通过该地区劳动力参与率体现出来，2012 年适龄男性劳动力参与率达 81.8%，而女性仅为 58.8%（相差 23 个百分点）。

预计 2013 年该地区经济增长率将继续增至 5.9%（2012 年为 5.2%），而失业率将保持 4.6%（2012 年为 4.5%）。未来几年，东南亚和太平洋地区国家将面临诸多机会与挑战。中国和印度经济增长缓慢，欧洲债务危机持续，美国经济衰退和劳动力市场不景气等外部因素都将继续给该地区经济增长带来巨大风险。2015 年该地区将建成东盟经济共同体，在共同体内，投资和技术工人自由流动，进行自由贸易，这些将继续成为政策日程上的关键事项。区域一体化将带来巨大的经济加速增长潜力，但不管是国家之间、行业之间还是工作者之间，潜在收入将不平衡。认真思考东盟区域一体化对劳动力市场的影响将至关重要。正如本部分内容所重点强调的，性别差距仍然是该地区面临的重大挑战，并且该地区需要根据已取得的进展制定更多旨在解决性别平等问题的政策。同时，该地区还应专注于增加就业岗位和提高劳动生产率，以维持区域经济复苏，进而提高人们的生活水平。这是东盟经济共同体将要面临的极其重大的挑战。亚洲国家劳动生产率不断增长，例如：2000—2011 年期间，越南每位工作者的产出增长了 60.7%，中国和印度劳动生产率也一直保持较快增长（见图 36）。预计 2012 年东南亚和太平洋地区每位工作者的年产出增速将达 3.1%，相比 2011 年水平（2.0%）略有上升（见附录 1，表 A7）。

图 36　2000—2011 年所选亚洲国家每位工作者的产出增长趋势

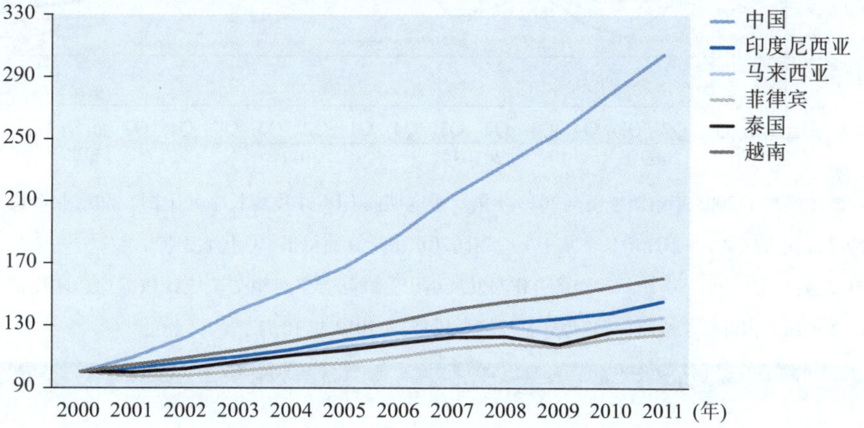

注：2000 年指数 = 100。

资料来源：国际劳工组织基于 2012 年 1 月世界大型企业研究会经济总量数据库的计算。

国家概况解析 5　印度尼西亚、马来西亚、新加坡和泰国经济增长和就业岗位创造情况

由于全球贸易一体化程度较高，全球经济危机导致 2009 年第一季度马来西亚、新加坡和泰国的 GDP 缩水，缩水幅度分别约达 6%、8% 和 7%。2010 年第一季度，上述三国的 GDP 复苏强劲，其中马来西亚和泰国 GDP 增长率达 10%，新加坡接近 20%。然而，2011 年马来西亚 GDP 增长步伐放缓，新加坡 GDP 也出现下滑。雨季期间，受严重洪灾的影响，农业产量损失巨大，大批工厂被淹没，因此 2011 年第四季度泰国出现经济紧缩。印度尼西亚受危机影响较小，在整个经济危机期间其 GDP 呈正向增长态势，增长率保持 5% 左右，并预计在整个 2014 年将继续维持这一水平。未来几年，预计马来西亚和新加坡的 GDP 将出现小幅增长，增长幅度介于 2%—5% 之间。预计 2012 年泰国 GDP 增长率接近 6%，到 2014 年将降至 4.5%。

虽然全球经济危机对东南亚和太平洋地区国家就业情况造成了严重影响，但上述四国的就业依然保持正向增长的趋势。2009 年，印度尼西亚、新加坡和泰国就业增长缓慢但稳定。2010 年第二季度，泰国再次出现经济萎缩，但 2012 年第二季度的就业增长率小幅上升至 1.5%。2011 年第一季度，马来西亚就业增长大幅好转，但 2012 年第一季度就业增长率再次跌至 2.4%。预计整个 2014 年，上述四国就业增长率将减缓至 1%—2% 之间。

图 CS5.1　GDP 和就业情况（与上一年同期相比的百分比变化）

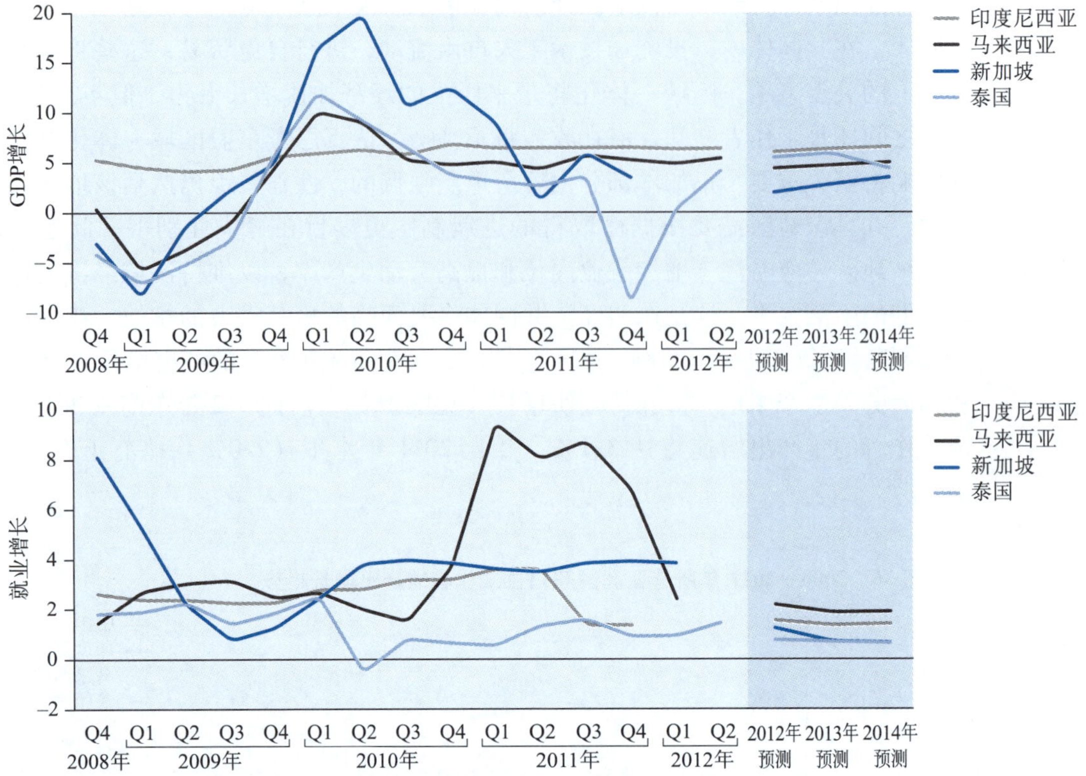

注：该图反映了 2008 年第四季度至 2012 年第二季度期间 GDP 季度增长率（上图）和就业增长率（下图）以及 2012—2014 年年度预测情况（阴影区域）。季度增长率基于上一年同期水平计算而得出。Q 代表季度。

资料来源：国际货币基金组织；经济合作与发展组织；国际劳工组织劳工统计数据库；印度尼西亚统计局。预测数据来源：国际货币基金组织；国际劳工组织，《趋势计量经济学模型》，2012 年 10 月。

南亚

经济增长开始放缓

2010 年南亚经济增长强劲，但 2011 年经济增长率出现下滑至 6.5%（国际货币基金组织，2012b）。欧盟（欧元区）主权债务危机持续，美国经济复苏缓慢，中国以及其他新兴经济体经济增长缓慢，因此不难理解 2012 年南亚经济形势的进一步恶化，预计其经济增长率仅为 4.9%。而且，许多南亚国家政治瘫痪（例如尼泊尔和马尔代夫），印度经济充满不确定性及投资者信心下降，阿富汗和巴基斯坦经济形势脆弱，这些是抑制经济增长的主要因素。该地区运行良好的三个国家分别是印度、斯里兰卡和孟加拉国。预计 2012 年上述三国的 GDP 增长率分别为 6.9%（2012 年 7 月降至 6.1%）、7.5% 和 5.9%（国际货币基金组织，2012b）。最近几年，印度经济发展迅速，南亚成为全球经济增速排名第二的地区，并可能继续保持这一势头，尽管其经济增长放缓以及国内存在各种限制性因素。

经济增长并没有带来更多的就业岗位和体面工作

正如《2012 年全球就业趋势》中指出的，21 世纪初南亚经济的强劲增长在很大程度上源于劳动生产率的提高，而非就业岗位的增加，这种现象被称为“无就业增长”——在印度最明显。从2004—2005年至2009—2010年，印度就业人口总数增加了270万人，而上一个五年（从1999—2000年至2004—2005年）增长了6,000万人。不过，这并不能表明印度劳动力市场处于停滞状态，相反，劳动力市场正处于过渡时期。最重要的是，年轻人和女性退出劳动力市场，导致就业净增长率降低。

尽管如此，在新增的就业岗位中，在农业、城镇非正规部门就业，或正规部门中缺乏保障的岗位的工作者占有较大比重。因此，像其他地区一样，经济增长并没有带来大量更好的就业机会。最为显著的是，尽管印度经济增长率创历史纪录，但正规就业率由1999—2000年的9%左右降至2009—2010年的7%（麦罗特拉等人，2012年）。[①]利用最近几年人们熟知的具有可对比性的概念来解释，印度非农业部门中非正规就业工作者的比重达83.6%（2009—2010年），巴基斯坦为78.4%（2009—2010年），斯里兰卡为62.1%（2009年）。[②]

最终，当南亚进行结构转型时，其规模和方向尚不明确。具体而言，在像印度这样的国家，制造业能否吸纳大量的求职者，这一点还不确定。如图37所示，印度和尼泊尔农业部门就业仍然占有较大比重，其中，印度2010年农业就业率占51.1%，2001年尼泊尔农业就业率占65.7%；而在其他国家，服务业的就业比重较大，在马尔代夫（2006年为60%）和斯里兰卡（2010年为40.4%）尤为如此。南亚工业的就业比重低于25%，实际上，如果只就制造业工作者而言，比重更低。例如，2009—2010年期间，印度制造业工作者仅占比11%，并不比十年前的水平高。[③]

图37　南亚国家结构转型方面的差异

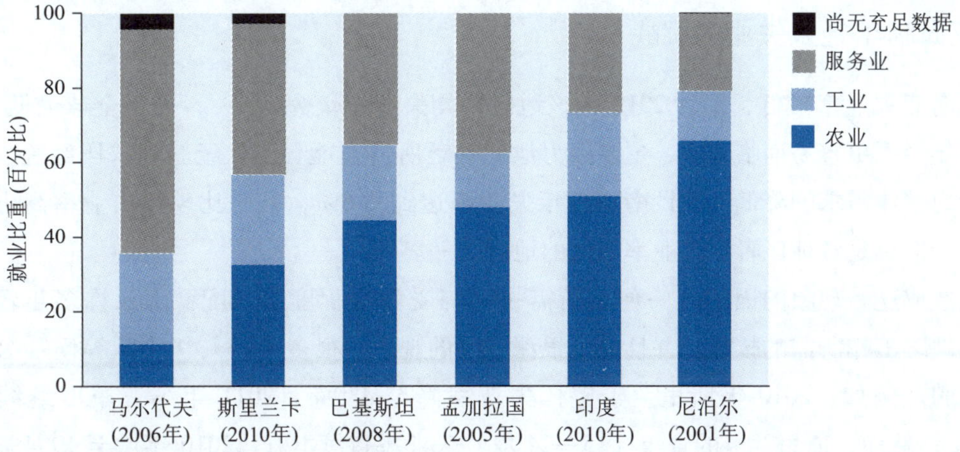

注：该图显示了最近几年各行业的就业比重。

资料来源：国际劳工组织，《劳动力市场关键指标》（第7版）。

女性劳动力参与率持续走低

受针对工作女性的文化态度和社会规范的影响，大部分南亚国家女性劳动力参与率极其低下。总体而言，预计南亚女性劳动力参与率仅为31.8%（2012年），仅仅超过中

---

① 无组织/非正规部门工作者指在无组织部门就业或在家办公以及在有组织/正规部门工作，但不能享受就业保障和社会保障的工作者，不包括享有社会保障的正式员工。

② 资料来源：国际劳工组织劳工统计数据库；http://laborsta.ilo.org/informal_economy_E.html。

③ 国家抽样调查数据（第66轮）。

东（18.7%）和北非（24.4%）。如图38所示，2011年所有南亚国家女性劳动力参与率远远低于男性（据国际劳工组织的估算），但尼泊尔除外，尼泊尔女性劳动力参与率与男性持平。孟加拉国在劳动参与率方面的性别差距小于其他国家，这主要是因为近几年孟加拉国服装业发展迅速所致，约为27个百分点，而印度为51个百分点）。

在像印度这样的国家，就业增长缓慢的主要原因是女性劳动力参与率降低：印度女性劳动力参与率由2004—2005年的37.3%降至2009—2010年的29.0%。部分原因是中等教育扩招：根据蓝瑞杰等人的看法（2011年），接受教育的适龄女性（15岁及以上）人数的增加仅造成印度女性劳动力参与率下降44%（蓝瑞杰等人，2011年）。

图38　劳动力参与率不同（2011年）

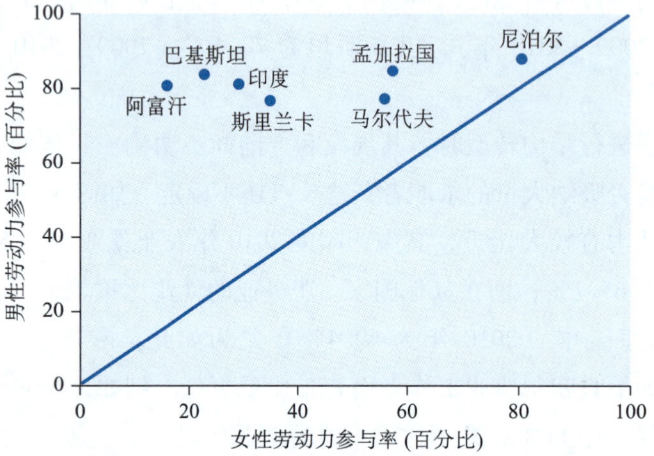

资料来源：国际劳工组织，《劳动力市场关键指标》（第7版）；国际劳工组织的估算。

南亚面临年轻人失业的挑战

南亚失业率较低，预计2012年该地区平均失业率仅为3.8%，处于全球最低水平。南亚年轻人更容易面临失业，主要因为他们缺乏所需技能、工作经验和求职经验，以及劳动力整体需求的降低。预计南亚青年失业率达到9.6%，几乎比整体失业率高出两倍以上，但仍是各地区青年失业率最低的地区之一。

造成这一现象的因素之一便是所需技能与受教育程度不匹配：南亚许多年轻人辍学，缺乏工作所需的技能，并且由于根深蒂固的观念，很多年轻人“排队等候”公共部门招聘。例如，2010年斯里兰卡整体失业率降至4.9%，2011年第三季度继续降至3.9%；然而，斯里兰卡的青年（15—24岁）失业率持续上升，2010年增至19.4%（年轻女性失业率为24.7%）（见图39）。马尔代夫的青年失业率最高，2006年达22.2%，早在2010年马尔代夫青年失业率就已超过印度10%。

在分析受教育程度与失业率之间的关系时，我们发现在斯里兰卡接受A级及以上教育的年轻人的失业率最高：2011年第四季度，年轻男性失业率为5.5%，年轻女性失业率为13.7%（见图40）。与之相比，没有达到GCE（或者O级）教育水平的年轻男性失业率仅为1.9%，女性3.8%。在印度，高技能工人失业率增长迅速，尤其是女性。2009—2010年，具有大学学历的印度青年人受失业影响尤其严重，女性失业率高达34.5%，男性失业率达18.9%。不过，职业选择对失业风险有巨大影响，这是因为具有技术背景的工作者的失业率低于其他毕业生（仅针对于男性）。与此同时，印度雇主很难招到合适的员工：根据2011年万宝盛华人才短缺调查显示，67%的雇主表示很难填补空缺职位。[①]

图 39　可获得数据的最近年份的南亚青年失业率

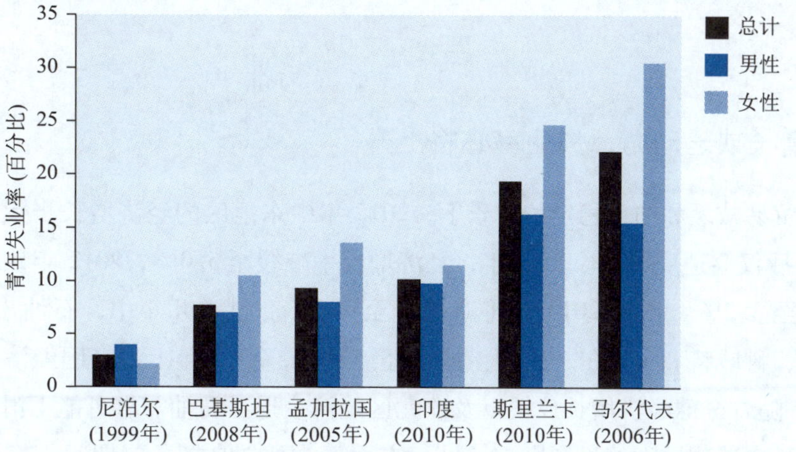

资料来源：国际劳工组织，《劳动力市场关键指标》（第 7 版）。

图 40　按教育水平划分的斯里兰卡和印度的失业率（可获得数据的最近时期）

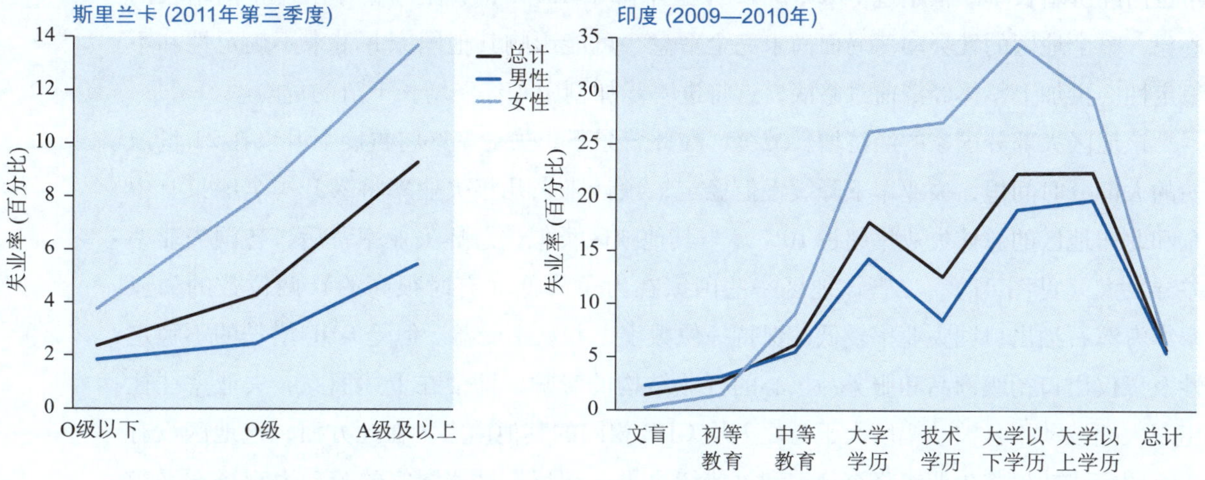

资料来源：斯里兰卡劳动力调查，2011 年第三季度；http：//www. statistics. gov. lk/samplesurvey/2011q3report. pdf；印度国家抽样调查（第 66 轮），国家抽样调查组织。

南亚

就业市场前景不明朗

全球经济衰退，南亚各国面临诸多国内挑战，这表明 2013 年将更难以实现创造更多体面工作这一目标。随着过渡时期即将到来，阿富汗就业市场持续充满不确定性并缺乏保障，尼泊尔和马尔代夫政治瘫痪，上述因素表明这些经济体将继续落后于南亚发展迅速的国家。与此同时，由于经常账户和财政出现高额赤字，印度自身也面临着诸多政治障碍及投资者信心受挫的挑战。虽然孟加拉国在创造就业岗位方面相对成功，尤其是在服务业，因为服务业吸纳了大量女性劳动力，但其与工业发展不协调，并且工作环境问题对其是一个主要挑战。斯里兰卡可能受益于“和平红利”，但需要努力解决就业不平等问题，并促进和谐发展。总体而言，我们探讨了很多关于南亚经济体的潜在人口红利

① 可登陆 http：//us. manpower. com/us/en/multimedia/2011-Talent-Shortage-Survey, pdf。

问题，但必须有序利用并增加人口红利，以确保南亚年轻劳动力具备工作所需技能，并能够在瞬息万变的经济环境中成功就业。

中东

由于经济增长缺乏动力，失业率必将上升

在全球贸易减缓和油价稳定的背景下，2012 年中东地区的经济增长步伐放缓，预计 2013 年及以后仅会适度增长。2011 年，经济增长率减缓至 5.0%，2012 年该地区经济增长率继续降至 3.2%，预计 2013 年将略微升至 3.3%。过去几年中，石油出口经济体，例如伊拉克、科威特和卡塔尔，引领该地区经济复苏，2012 年上述三国经济增长率超过 6%。然而，随着全球经济增长放缓以及欧元区经济衰退，石油需求可能下滑，进而对该地区经济增长率造成巨大的不利影响。另一方面，“阿拉伯之春”期间，石油进口地区及国家社会动荡不安，其经济增长率大幅降低，甚至直接陷入经济低迷期，例如：2011 年也门经济增长率跌幅超过 10%，2012 年又下降了 1.9%，直至今年才出现正向增长的迹象。整个地区的社会动荡局面尚未完全平息，可能影响其他国家并带来不确定性和不稳定性。再加上整体经济前景暗淡，这将进一步加剧中东经济增长下滑的危险。

该地区大部分国家的经济增长减缓，在此背景下，失业率必将再度上升。在 21 世纪初的大部分时间里，失业率下降缓慢但稳定，预计未来几年失业率将攀升。全球只有中东和北非地区的总体失业率超过 10%。与其他地区类似，总体失业率背后，各国失业率差异巨大（见图 41）。尽管该地区一些国家在力争降低（有时很高的）两位数的失业率，海湾石油出口国失业率较低，保持一位数字，并从中受益。但受 GDP 增长的不稳定性及以仅出口初级商品和服务为核心的行业结构的影响，即便在上述国家，失业率往往出现大幅波动，且波动幅度大于与之人均 GDP 相同的其他国家。在此方面，该地区没有一个国家成功地将失业率降至稳定和可持续水平，相反，这些国家的劳动力市场在平稳发展了几年后，失业率时常上升。

图 41　中东国家的失业率情况（百分比，最近年份）

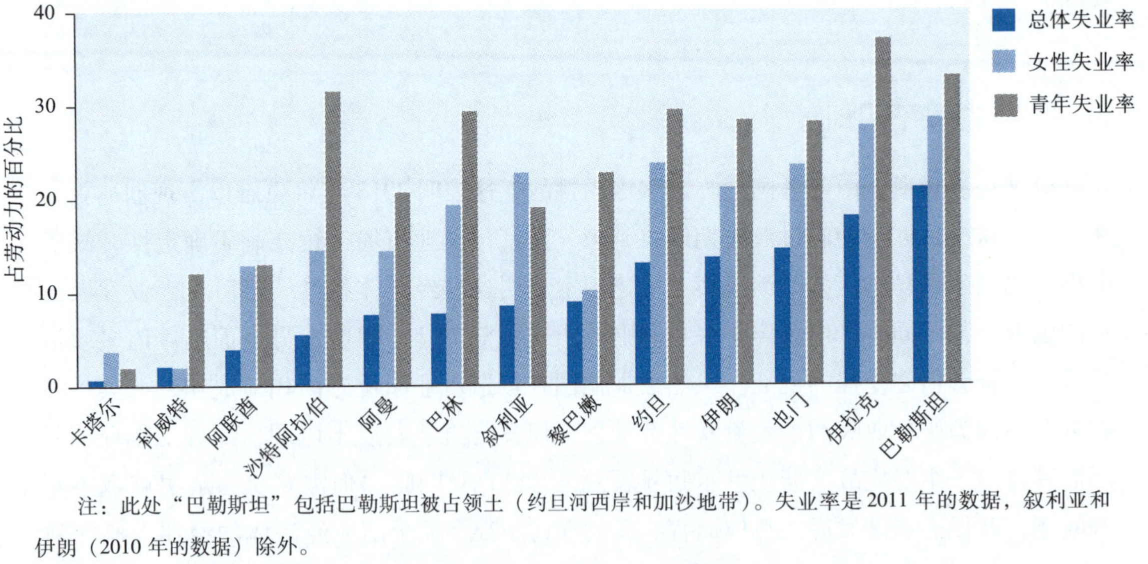

注：此处“巴勒斯坦”包括巴勒斯坦被占领土（约旦河西岸和加沙地带）。失业率是 2011 年的数据，叙利亚和伊朗（2010 年的数据）除外。

资料来源：国际劳工组织，《劳动力市场关键指标》（第七版）；国际劳工组织，《趋势计量经济学模型》，2012 年 10 月。

年轻人持续受劳动力市场上体面工作的机会有限的影响

该地区年轻人持续受居高不下的失业率的严重影响。2012 年，青年失业率保持 28.1%，并预计将进一步上升，这主要是由于区域经济增长步伐放缓所致。在一些国家，20 岁以下的青年失业率甚至已超过 50%。青年失业率是成人失业率的四倍以上，导致该地区成为全球年轻人口/总人口失业比重最大的地区。失业率的上涨影响了年轻人的综合技能水平。就业机会严重缺乏，以至于即使高技能青年工作者在寻求与自身能力相匹配的工作方面也面临严峻挑战，并被迫从事非正规经济工作，去海外寻求工作机会或一起退出劳动力市场，直到市场提供“合适的工作”（国际劳工组织和联合国开发计划署，2012 年）。具体而言，外界环境冲突不断，这无疑使该地区年轻人实现充分就业雪上加霜（见专栏 9）。不过更为普遍的现象是，该地区大多数国家较高的失业率说明市场未能为所有劳动力提供充足的体面工作的机会，并反映了教育体制存在的问题，即尚未充分重视技术和与市场相关的技能的培养。

中东国家的青年失业率高居不下，并非由劳动力增长迅速所致。实际上，与国际水平相比，该地区的青年经济活动率偏低。仅有 30% 的年轻女性和男性参与劳动力市场，其在全球青年劳动力中的比重不足 2%。由于人口结构的变化开始逐渐影响该地区的就业市场，青年劳动力参与率必将进一步下降，这主要是由于到达劳动适龄人口的青年群体日益减少所造成的，进而导致青年经济活动率继续下降，下降幅度甚至超过全球平均水平。在此方面，年轻女性劳动力参与率极其低下，2012 年其经济活动率略微高于 13%。这在全球处于最低水平，比男性劳动力参与率——可与发达经济体地区相媲美——低 30 个百分点以上。如果单纯地将该地区年轻女性劳动力参与率提高至全球平均水平，那么该地区的劳动力将增长 8.5%，并从中受益。

专栏 9　巴勒斯坦被占领土的青年就业情况

该地区一些国家长期饱受武装冲突之苦，包括巴勒斯坦被占领土（OPT）。OPT 人口呈年轻化趋势且增长迅速，目前，30 岁以下的人口占总人口的 71%。2011 年，28.5% 的 15—24 岁年轻人参与劳动力市场，约占年轻男性的 47%，但在年轻女性中的比重不足 10%。约旦河西岸的劳动力参与率高于生产性就业机会严重缺乏的加沙地带。

2011 年，15—24 岁的劳动力中 32.2% 的年轻男性和 53.5% 的年轻女性处于失业状态，导致青年总体失业率高达 35.7%，比 OPT 总体失业率高 1.7 倍。这一情形在加沙地带最为显著，约 46% 的年轻男性和 78% 的年轻女性处于失业状态，令人震惊。

仅有超过 3/4 的失业者正在接受教育。令人担忧的是，这一年龄段中 17% 的年轻人既没有就业，也没有接受教育，其中年轻女性占 28%。这表明，有价值的经济潜力正在流失，因为接受教育的年轻女性创造的巨大收入未能转化为劳动力市场上的收入。

在职人员的流动受到阻碍，导致巴勒斯坦的青年就业前景受限。在约旦河西岸，26 岁以下的未婚青年不被允许在以色列寻求工作机会。巴勒斯坦当局财政紧张，在裁减新增员工方面面临巨大压力，导致年轻人只能从受国家管制的私人部门中寻求就业机会，并且很难进入生产性资源行业。

在加沙地带，2011 年对建筑工人的需求增长，而对青年毕业生的需求极其缺乏。据报道，各个学科的毕业生均从事建筑行业（并无所需技能）或者参与紧急就业岗位创造计划，例如联合国近东巴勒斯坦难民救济和工程局（UNRWA），然而由于严重的资金短缺，到 2011 年年底 UNRWA 也不得不裁员 75%。加沙地带的年轻人极其缺乏可持续就业机会，尤其是年轻毕业生，大多数年轻女毕业生被迫退出劳动力市场，而年轻男毕业生往往被迫从事刚刚起步的非正规经济部门的高危险工作，包括通过连通埃及的巨大的加沙边境隧道网络大规模地走私货物。

此情形下，当务之急是创造必要条件，促进能够带来可持续就业机会的私营部门的蓬勃发展。与此同时，需要进行大规模投资，落实具有很强针对性的、积极的劳动力市场政策和计划，以支持为巴勒斯坦年轻人提供职业培训、就业指导和创业指南。很明显，就业是巴勒斯坦年轻人未来最担忧的问题之一，许多年轻人开始行动起来，他们共同组织成立地方和全国青年理事会，并参与社区发展，从而使其自身从事与工作领域相关的事情。

资料来源：国际劳工组织（2012g），被占领的阿拉伯领土的工人的就业情况。

图 B9.1　OPT 的青年（15—24 岁）劳动力市场指标，2011 年

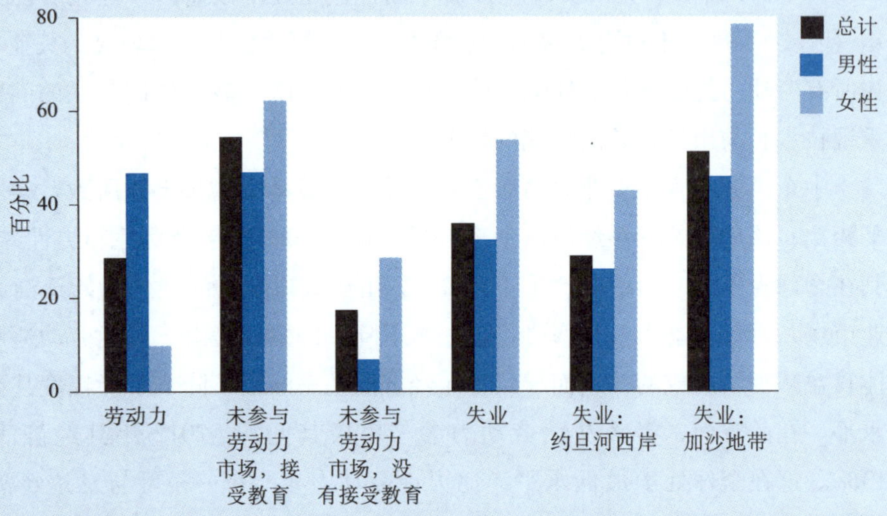

资料来源：巴勒斯坦中央统计局（PCBS），劳动力调查数据库，2011 年。

虽然取得了一些进步，但女性仍然处于弱势

在中东国家，除了年轻人以外，女性也属于劳动力市场上的弱势群体。女性劳动力市场参与率极低，不足 19%（2012 年），比男性低 55 个百分点；女性失业率为 19.3%，是男性的两倍以上。对于决定参与劳动力市场的女性而言，情况更加糟糕——在一些国家，青年女性失业率超过 70%，海湾国家尤为如此。而且，教育也不是规避失业风险的灵丹妙药，因为在沙特阿拉伯，具有高等教育学历的女性失业率占女性总体失业率的比重超过 60%，而在海湾国家，具有中等或高等教育学历的女性失业率占女性总体失业率的 50% 以上（鲍德温—爱德华兹，2011 年）。

年轻女性较低的参与率和就业率表明，在中东地区，女性在劳动力市场上的弱势地位进一步加剧。在一些国家，公共场所的性别隔离以及对女性选择职业和教育的限制缩小了女性就业机会，加剧了女性不参加经济活动的消极心理。尽管按照严格的社会风俗，劳动力市场出现性别隔离的现象，但该地区的政策决定者开始在某种程度上进行改革——虽然力度较小——以提高女性劳动力参与率。例如，在改革家庭法方面，尤其增强了女性单方面要求离婚的权利（“库尔改革”），从而提高了处于黄金年龄段的女性劳动力市场参与率，并在过去十年中将成年女性劳动力参与率提升了 4 个百分点）（国际劳工组织，2012b）。

技能不匹配导致劳动力市场上一些就业群体未能找到理想工作

海湾合作委员会（GCC）的中东成员国面临着特殊的挑战——为其当地人口提供充足的就业机会。实际上，这些国家从能源商品中获得巨额利润，导致国内价格上涨，工资水平增加，然而能源生产部门（高效但高度资本密集型）以外的私人部门极其缺乏。此外，很大程度上私人部门的岗位都被外来打工者占据，这要么是由于本国国民不愿意在私人部门（如国内医疗服务）工作，要么是因为技能和能力不足而导致其在高技能能源工作和服务行业工作方面竞争失败。而且，出于对可以灵活安排工作和工资级差的考虑，许多私人部门公司更愿意雇佣外来打工者。具体而言，在 GCC 较小的成员国中，对外来打工者的强烈需求已经使总就业人口超过了其国家适龄劳动人口的总数。就拿卡塔尔这一极端例子而言，外来打工者超出其国家适龄劳动人口 16 倍，同时，失业风险极低，因为在大多数 GCC 成员国外来打工者的工作和居住权同其与受雇公司签订的劳动合同紧密相联。

为了避免面对与本地区资源欠丰富国家面临的类似的劳动力市场挑战，许多 GCC 成员国开始扩大公共部门就业，利用大量的石油收入来提供优厚的就业条件，包括支付高额的工资和缩短工作时间（鲍德温—爱德华兹，2011 年）。在卡塔尔和科威特，公共部门就业人口数量占全国总就业人口的 80% 以上，沙特阿拉伯的这一比重达 72%，阿曼达 47%（见图 42）。即使在公共部门就业人口数量占全国总就业人口数量比重较低的国家（例如巴林），2/3 以上，甚至高达 90% 的公职由本国国民担任。为了应对各国更平等地享有资源财富的日益高涨的需求，2011 年该地区的一些国家继续利用公共部门为年轻人提供的就业机会和工作条件，来提高收入。在卡塔尔，在公共部门工作的国民的工资增长幅度可能高达 120%，而在公共部门的就业人口数量占比较大的沙特阿拉伯，工资平均增长幅度达 15%。与此同时，公职岗位不断增加，其中阿曼创造的新的公职岗位高达 50, 000 个（海湾人才，2012 年）。

图 42　公共部门就业情况（最近可获得数据年份）

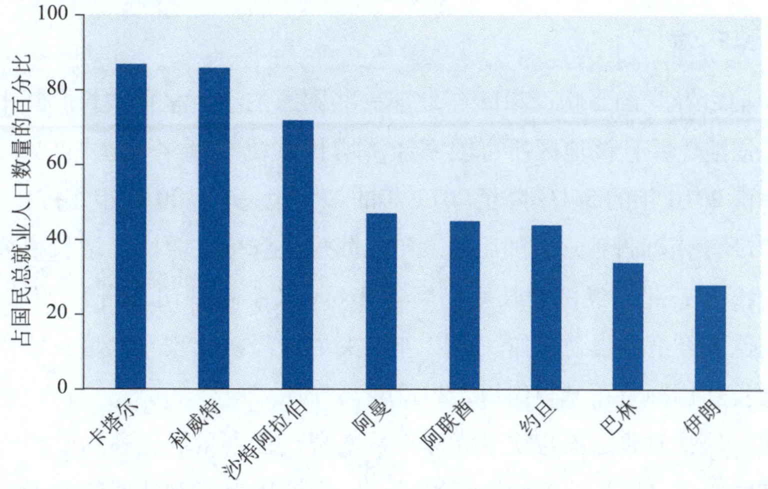

注：巴林为 2010 年的数据；卡塔尔为 2009 年的数据；科威特、阿曼、沙特阿拉伯为 2008 年的数据；阿联酋、约旦、伊朗为 2005 年的数据。

资料来源：鲍德温—爱德华兹（2011 年）；阿尔·马萨赫资本（2011 年）。

公共部门人员庞大，薪水较高，这使得在私人部门谋求职位的求职者处于弱势地位。不管是在工作条件还是在就业灵活度方面，公共部门和私人部门的就业情况通常无可比性。与本国居民相比，外来打工者在许多GCC成员国求职时面临许多限制性条件，使其不能在其国家的其他公司寻求薪水更高的工作，从而使其成为雇主的优先选择。GCC国家也在尝试解决上述问题，在私人部门中宣传国有化战略，要求私营企业中的本国员工占员工总数的75%。全球经济危机爆发之初，一些GCC国家便通过限制外来长期居民的居住权和提高本国居民在一些特定行业中的就业比例，来进一步限制外来打工者的就业条件（见阿尔·马萨赫资本，2011年）。尽管政府采取上述措施来规范本国居民进入私人部门的方式，但私营企业中本国居民的就业率依然偏低，其中，阿曼为48%，阿联酋为1%（鲍德温—爱德华兹，2011年）。这种严峻的劳动力市场细分以及将本国居民和外来打工者分离成两个毫无任何交流的劳动力市场，可能会使国家在提高劳动力市场参与率方面面临严峻的挑战。虽然在提高目前低水平的劳动力参与率方面存在巨大潜力，但本国居民缺乏进入私人部门的动力，并且庞大的公共部门在人员扩招方面即将面临日益增多的困难，这些因素严重制约就业人数的动态增加。

鉴于预计未来几年就业增长率将下降，中东地区各国政府将不得不加大鼓励措施，使私人部门雇佣本国居民。但截至目前各国采取的有利于本国居民就业的更严格的限制条件似乎没有取得太大成效。与之相反，该地区各国政府应促进经济多元化，并加强各大学和职业培训中心的技术教育。应进一步加大私人部门就业的刺激力度，扩大针对年轻求职者的刺激计划。可以通过取消女性就业限制性因素，使女性从事某些职位，并提高其在公共场所的地位，来解决女性劳动力参与率低下和失业率偏高的问题。即使该地区人口结构开始发生变化，这有可能在一定程度上缓解该地区劳动力市场的压力，但极低的劳动力参与率和就业率表明，从中期来看，该地区应使尚未被利用的大量劳动力资源适当从事体面工作。

北非

“阿拉伯之春”过后，经济增长不稳定，或者说经济增长偏低，导致劳动力市场尚未得到改善

受“阿拉伯之春”的影响，2011年北非一些国家的经济呈负增长。其中，利比亚的经济活动濒临崩溃，并且该地区所有国家经济增长放缓（摩洛哥除外）。具体而言，埃及经济增长率由2010年的5.1%降至2011年的1.8%，并于2012年保持在2.0%的低水平，同时，2011年南苏丹独立，随后的一年，苏丹经济呈负增长（增长率为-11.2%）。尽管如此，2012年，北非经济增长率仍高达9.8%（不包括南苏丹），创历史最高，这主要得益于利比亚经济的强劲反弹。2012年，突尼斯经济出现正向增长迹象，并预计将进一步加速增长（国际货币基金组织，2012b）。

截至目前，尽管北非国家与欧盟贸易联系紧密，且大量居民移居欧盟，但一些国家似乎略微受到欧盟成员国持续担忧情绪的影响。尽管从南部欧洲回流的人可能给北非劳动力市场带来额外的压力，但该地区经济形势和劳动力市场情况似乎受到新兴国家迅速发展的影响要大于发达经济体经济下滑的影响。北非与东亚地区联系密切，这表明东亚地区的发展可能对北非产生日益重要的影响（参见卡欣等人，2012年）。

尽管如此，同中东一样，北非也是全球失业率最高的地区之一，几乎无好转迹象。

北非失业率由2008年的13.2%（顶峰）逐渐降至2010年的8.9%，但2011年又急剧回升至10.0%。预计2012年失业率将增长至10.3%（见表A2）。在北非，失业率通常被认为仅仅影响女性和年轻人，并且女性和青年失业率确实持续高于成年男性（25岁及以上）失业率。例如，2012年青年男性失业率为18.5%，超过成年男性失业率（5.7%）的三倍以上。与之类似，2012年成年女性失业率预计为11.7%，而青年女性失业率高达37.0%，超过成年男性失业率的六倍以上。

失业危险不局限于该地区任何一个特殊群体。虽然青年人在就业市场中处于弱势地位，但其在总就业人口数量中的比重呈减少的趋势（见图43）。人口结构的变化是造成这一趋势持续时间较长的主要因素。1991年1/3的劳动适龄人口介于15—24岁之间，但2012年这一比重降至28%，预计到2015年将降至1/4（见图44）。换言之，除非青年失业率/成年人失业率之比处于不同寻常的高水平，否则可以预计青年人口占总就业人口的比重将下降。图43反映了这一比重长期下降趋势，以及预计到2015年这一比重将相对上升，届时青年失业率/成年人失业率之比将达3.6%。北非的青年失业率/成年人失业率之比超高，即便如此，这一比率也未超过3.4%。在分析女性失业人口在总失业人口中的比重方面，人口结构的变化趋势是次要因素，最主要的因素是劳动力参与率。北非女性劳动力参与率呈上升趋势，但仍不足男性参与率的1/3。这就是男性求职者占据北非绝大部分江山的原因，尽管女性失业率远远高于男性失业率。换句话说，即便青年人和女性在求职中面临更多障碍，但创造体面的就业机会对所有劳动适龄人口来说都至关重要。

除了缺乏就业机会，北非还面临着其他劳动力市场障碍。尽管该地区处于每天1.25美元的贫困线的在职贫困水平低，但处于每天2美元的在职贫困仍然在高水平。2012年，19.7%的就业人口与其家人一起居住，且处于该贫困线以下。2012年，弱势就业率攀升至41.4%，这表明从事非正规工作且无法充分享受社会保障的劳动力比重偏高。超过一半的女性工作者（61.2%）属于弱势就业，而仅有1/3的男性工作者属于弱势就业。预计该地区弱势就业将保持较高水平，直到2014年才开始逐渐下降，但前提是就业增长前景不再受任何危机的影响（见附录2）。

图43　1991—2012年北非女性和青年失业人口占总失业人口的比重（百分比）

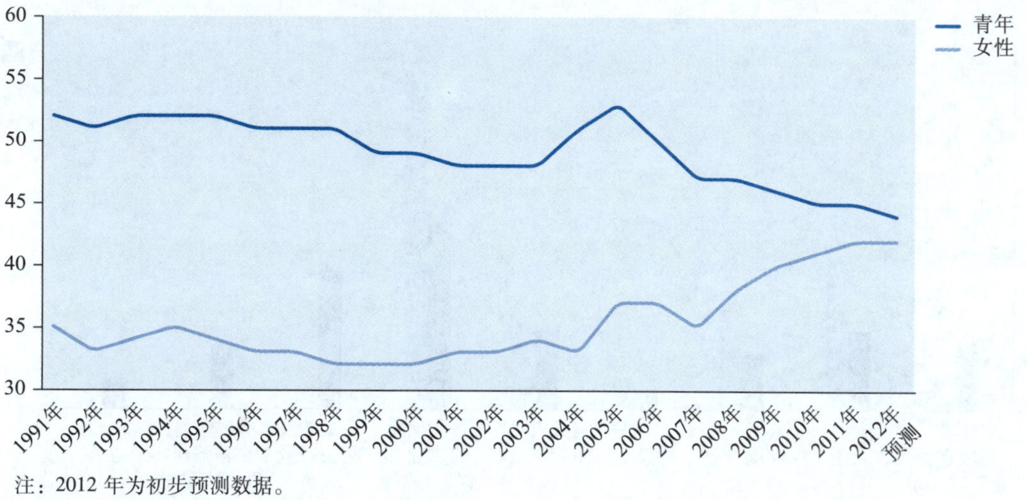

注：2012年为初步预测数据。

资料来源：国际劳工组织，《趋势计量经济学模型》，2012年10月（见附录1，表A2和表A3）。

图 44　1991—2015 年北非劳动适龄人口分布（百分比）

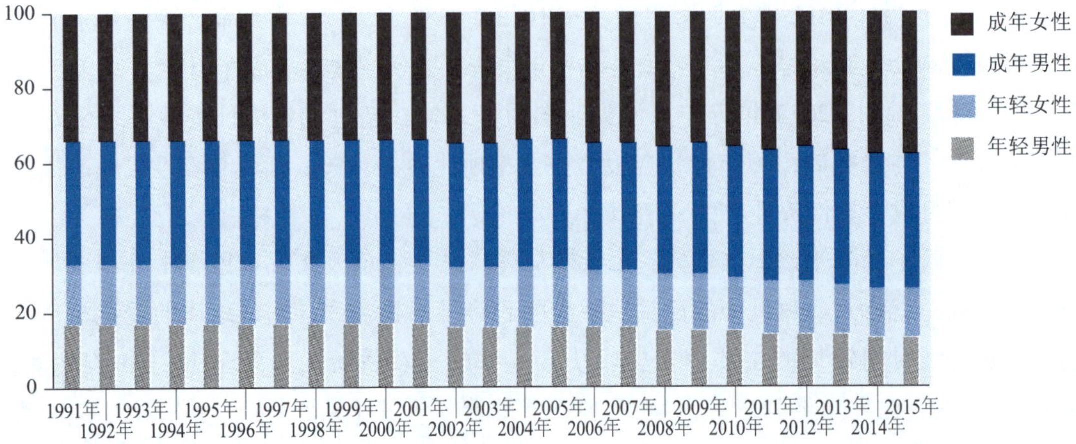

资料来源：国际劳工组织，《趋势计量经济学模型》，2012 年 10 月（见附录 1，表 A2 和表 A3）。

劳动力市场细分问题普遍存在

在北非，普遍存在按性别对劳动力市场进行细分的问题。职业细分不仅限制了女性的就业机会，成为实现就业机会均等的障碍，也影响劳动力分配效率，进而影响经济增长。剥夺劳动力市场上部分劳动力获得职业的机会将导致人才池缩小和花费更长时间来解决性别歧视严重的职业中劳动力和技能短缺的问题。

在某种程度上，劳动力市场细分表明女性的弱势就业比率较高，尤其是那些自营工作者和农业中的家庭工作者。如图 45 和图 46 所示，在埃及和摩洛哥，按比例计算，技能熟练的农业和渔业女性工作者多于男性。另一方面，在公共部门的高技能的专业人士工作和准专业人士工作方面，女性代表往往占比较大（福尔图尼和阿尔·侯赛尼，2010 年）。在埃及，公共部门就业人数约占总就业人数的 1/3，并且一直以来吸纳了大量（女性）毕业生（世界银行，2013 年）。然而，预算约束及公共部门职能的转变导致毕业生不得不长时间等待仅有的几个空缺职位，这是造成具有良好教育背景的阿尔及利亚和埃及毕业生失业率相对偏高的部分原因。在上述两国，具有高等教育背景的毕业生的失业率远远高于具有初等或中等教育背景的毕业生（国际劳工组织，2011a）。

图 45　2007 年埃及按性别划分的职业分布（百分比）

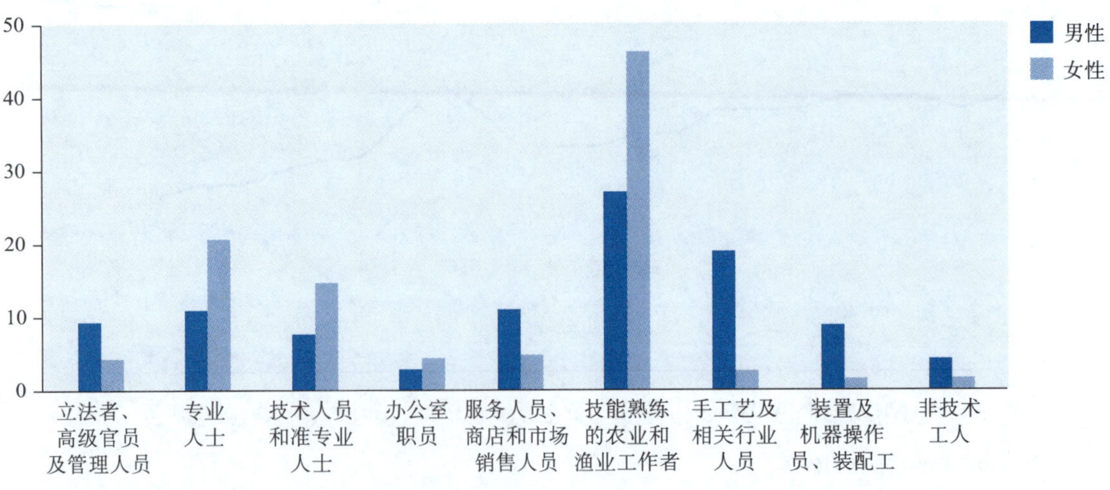

资料来源：国际劳工组织，《劳动力市场关键指标》（第 7 版）。

图 46　2008 年摩洛哥按性别划分的职业分布（百分比）

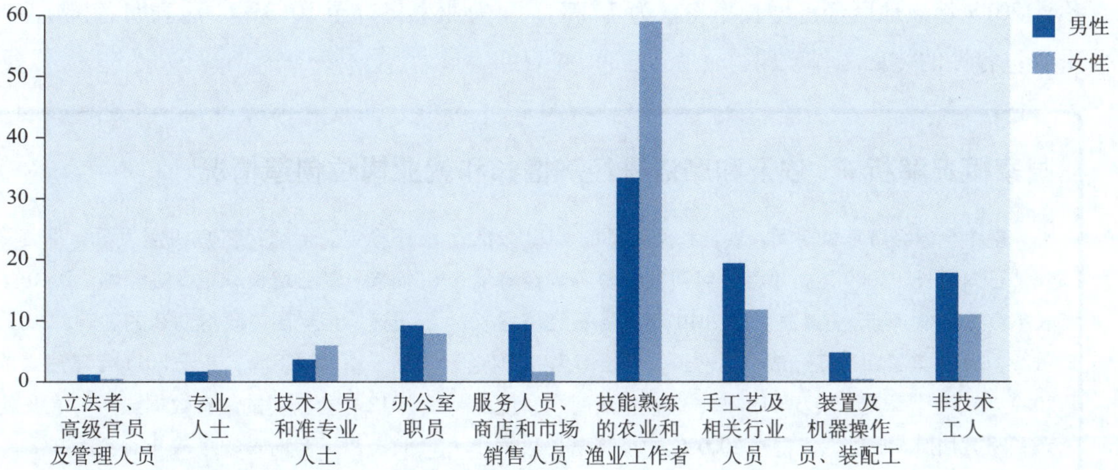

资料来源：国际劳工组织，《劳动力市场关键指标》（第 7 版）。

上述职业分布表明，在一些北非国家，高技能工人的就业机会极其缺乏。在摩洛哥，专业人士和准专业人士占总就业人口的比重不足 5.8%（见图 46）。随着经济发展水平的提高，上述职业工作者的比重也随之上升，在大多数发展中经济体这一比重已超过了 10%。在北非，人力资源面临的另一个约束是较高的文盲率。在摩洛哥，2009 年文盲率高达 43.9%，而在大部分北非国家，至少 1/5 的成年人没有读写能力（国际劳工组织，2011a）。[①]较高的文盲率表明，部分劳动力不能胜任其工作，从而阻碍了（比如说）通过采用新技术或增强技能来提高生产率。

技能有限也可能不利于实现结构转型。2000—2010 年期间，北非农业部门比重仅下降了 1.6 个百分点，这在所有地区中是最低的，并且接近发达经济体的下降幅度（与北非相反，发达经济体农业部门的就业人数占比已经极低）。以埃及为例，20 世纪 90 年代后期至 2010 年，农业部门的就业人数比重基本上停滞不变。

一些北非国家已开展国家就业战略，包括一些通用措施，例如发展基础设施、促进投资、增强技能、提高劳动力市场调节水平以及采取针对青年人的特殊的就业措施。2008 年，阿尔及利亚政府制定了国家行动计划，以促进就业和解决失业率偏高的问题，该计划实施年限为 2008—2013 年。该计划包括通过实施积极的劳动力市场政策，鼓励投资、激励企业创造就业岗位、提高劳动力市场管理水平，实现劳动力市场管理现代化、提高调节和协调水平，促进青年人就业。根据最近实施的职业安置扶助计划（DAIP），年轻人签订劳动合同，合同中规定接受企业（续签 1 年）或公共部门（续签 3 年）提供的培训，政府出资组织培训，并支付培训期间的员工工资和社会保障金以及 60% 的培训费。DAIP 计划结束后，实施工作援助合同（CTA）方案，由政府提供每月工资补贴。

促进就业也是摩洛哥政府的当务之急。摩洛哥政府制定了新的就业战略，旨在增加投资、促进中小型企业的发展、鼓励创业、提高年轻人就业技能及发展社会经济。战略也包括针对年轻毕业生和提高劳动力市场调节水平的一揽子举措。最终，摩洛哥政府下放职权，提供多种就业服务，以提供更高效、更好的服务。[②]

① 利比亚除外，2009 年利比亚文盲率为 11.1%。

② 对摩洛哥和突尼斯的支持基于两种技术合作方案：由西班牙提供资金支持的“促进年轻人从事生产性就业和体面工作机会”，由法国进行资金援助的“支持促进就业和减贫（APERP）”。

受因一些经济体持续的政治不稳定引起的下滑危险和欧元区需求低迷的双重影响，预计 2013 年该地区经济增长率将仅为 4.4%，而失业率将升至 10.3%，这表明各国亟须采取包容性的体面工作政策。

国家概况解析 6　埃及和摩洛哥经济增长和就业岗位创造情况

整个全球经济危机期间，埃及和摩洛哥的 GDP 依然保持正向增长。2009 年，摩洛哥经济显著复苏，经济增长率高达 9%，创历史最高。而 2010 年摩洛哥经济增长放缓，2011 年第四季度经济小幅增长，增长率为 5.3%。2009 年前两个季度，埃及 GDP 增长缓慢，后两个季度的增长略微加速。此处只能提供 2009 年的经济增长数据和 GDP 年增长率，2010 年和 2011 年的季度数据尚无法获得。2011 年，受人民起义和政治不稳定性的影响，埃及经济年增长率跌至 1.8%。未来几年，埃及经济前景令人鼓舞，预计 2014 年经济增长率将升至 4.5%。预计摩洛哥 2012 年经济增长率在所研究的整个时期内是最低点，仅为 2.9%，但预计 2013 年将增长至 5.5%，2014 年增长至 5.1%。

在所研究的整个时期内，埃及和摩洛哥的经济增长不稳定。全球经济危机爆发后，摩洛哥遭受就业损失，而埃及就业增长率略微高于零。2010 年，埃及就业增长迅速，但受国内政治动荡的影响，2011 年第一季度就业增长率大幅下降，并于 2011 年年底之前持续萎缩。根据 2012 年可获得的最新数据显示，埃及就业增长呈正向增长态势，但增长幅度较小，约为 1%。摩洛哥经历了相当长的一段时间才实现就业复苏，但起伏较大。2011 年第四个季度，摩洛哥就业增长率才恢复至危机前的水平。2012 年第一季度，摩洛哥再度遭受就业损失，但 2012 年第一季度和第二季度，就业出现正增长迹象，增长率约为 1%。预计摩洛哥就业增长率将上升至 2.5% 左右，并将保持这一水平。预计摩洛哥 2012 年的经济增长将带动就业增长，经济增长率约为 2%，但预计 2013 年和 2014 年将分别略微降至 1% 和 1.5%。

图 CS6.1　GDP 和就业（与上一年同期相比的百分比变化）

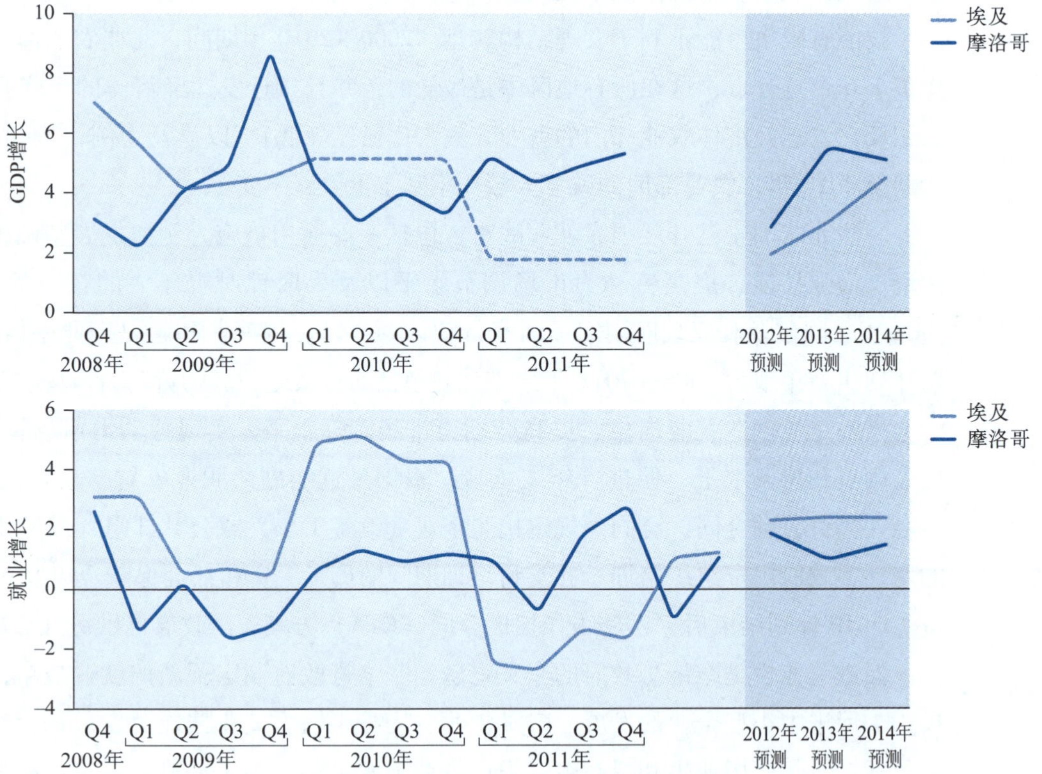

注：该图显示了 2008 年第四季度和 2012 年第二季度期间的 GDP 季度增长率（上图）和就业增长率（下图）以及 2012—2014 年年度预测情况（阴影区域）。季度增长率基于上一年同期水平计算而得出。2010 年和 2011 年埃及 GDP 季度增长率数据无法获取，取而代之的是 GDP 年度增长率，且包括每一季度的数据（如虚线部分所示）。Q 代表季度。

资料来源：国际货币基金组织。预测数据来源：国际货币基金组织；国际劳工组织，《趋势计量经济学模型》，2012 年 10 月。

撒哈拉以南非洲

经济呈正向增长和较强的复苏态势，但生产性改革面临的挑战依然存在

鉴于撒哈拉以南非洲与全球经济联系有限，以及最近几年出口目的地市场多元化（而非仅局限于欧洲）的趋势，2012年该地区经济继续保持强劲增长，再度躲过欧元区债务危机的影响（非洲开发银行，2012年；国际货币基金组织，2012a和2012b）。预计GDP年度同比增长率将保持2011年和2012年的实际增长水平，分别为5.2%和5.3%。按照国际货币基金组织对各国的分类，预计石油出口国和低收入国家经济增长率分别为6.0%和5.9%，高于地区平均水平，而中等收入国家经济增长率将小幅上升，达3.7%。2012年，一半以上的撒哈拉以南非洲国家经济增长率达4.5%，甚至更高，其中尼日尔和塞拉利昂经济增长率达到两位数。2011年，加纳经济增长率高达14.4%，但2012年降至8.2%。2011年，科特迪瓦经济增长率降至4.7%；2012年，由于国内恢复和平，经济增长率恢复至较高水平增长，且呈正向发展态势，增长率达8.1%。利比里亚、莫桑比克、尼日利亚和卢旺达等国的经济增长率将超过7%。

从下降情形来看，2012年，下列六国经济增长率出现负增长：冈比亚、几内亚比绍、马里、南苏丹和斯威士兰。同年，其他一些国家经济增长成正向增长态势，但受困扰大部分地区的结构性问题的影响，增长率水平仍然偏低。以南非这个该地区最大的经济体为例，2012年南非经济增长率为2.6%，而博茨瓦纳经济增长率为3.8%，马达加斯加仅为1.9%，令人失望。政治和财政危机在很大程度上导致马达加斯加经济增长率偏低，而全球需求疲软、欧元区危机以及供给的结构性约束继续拖累博茨瓦纳和南非的经济增长。南非经济增长率的下降迅速导致劳动力市场处于低迷状态，使得刚刚显示出复苏的就业市场增长放缓。本已居于高位的失业率由2011年第一季度的25%增长至2012年第一季度的25.2%，并于第二季度略微降至24.9%（南非统计局，2012年）。

最近，关于经济发展的话题聚焦于撒哈拉以南非洲过去十年强劲的经济表现是该地区经济增长的开始，还是仅意味着经济增长的另一个短暂时期（洛克斯堡等人，2010年；世界银行，2008年）。认为这标志着该地区经济增长的开始的这种看法其实是稳定政策最终发挥了作用，虽然比较滞后。洛克斯堡等人认为，非洲的经济增长并非是资源热潮，并在很大程度上其归因于政治和宏观经济的稳定性以及旨在营造更以市场为导向的商业环境的改革。

与上述观点相反，最近国际劳工组织认为撒哈拉以南非洲强劲的经济增长并不是一种新的现象，可以被视为经济停滞20年（20世纪80年代至90年代末）之后开始走向复苏（国际劳工组织，2011b）。十年间，经济迅速发展，但这并不能表明该地区开始了可持续的结构性改革（参见第四章），并且该地区的体面工作依旧严重缺乏，经济发展成果分配高度不平等。

过去十年间，虽然劳动生产率迅速提高，但我们的分析再次证明经济的稳健增长并没有使劳动力市场大幅好转，减贫工作也没有取得显著成果。因此，在生产性改革和迅速的结构性改革的基础上，应继续加倍努力，落实促进就业的经济和社会政策。

图 47　1991 年、2012 年和 2017 年各地区劳动适龄人口在全球劳动适龄人口中的比重（预测值）

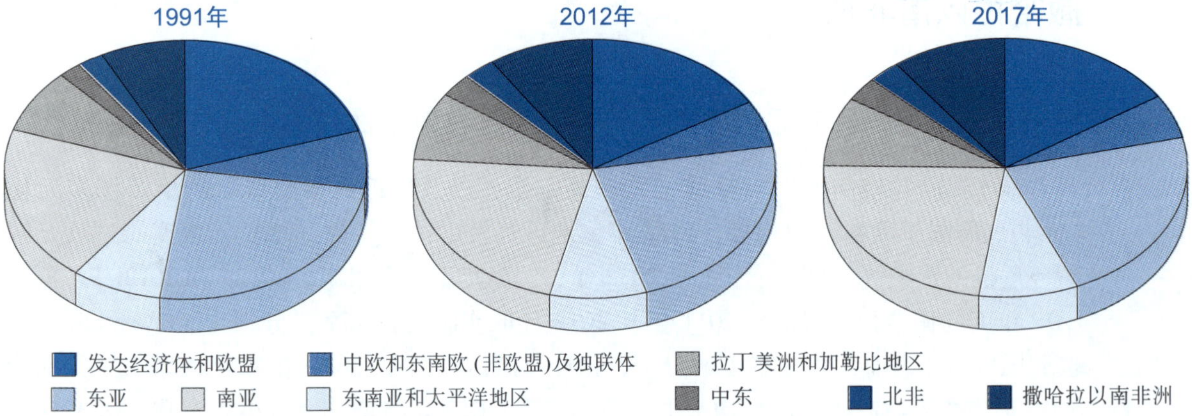

资料来源：国际劳工组织，《趋势计量经济学模型》，2012 年 10 月（参见附录 1，表 A8）。

正如许多报告中强调的，由于无法获取该地区大部分国家的劳动力市场数据，本次分析尚不全面，并且目前只有毛里求斯和南非进行了劳动力季度调查。尽管如此，通过本次分析也可以看到一些发展趋势，如下文所示。

预计该地区 2012 年的劳动适龄人口已达到 4.92 亿人，自 2000 年以来，增长了 1.37 亿，年复合增长率为 2.8%。2012 年，该地区劳动适龄人口在全球劳动适龄人口中的比重达 9.5%，与 1991 年的 7.6% 相比有所增长，并预计到 2017 年将增至 10% 以上（图 47）。撒哈拉以南非洲的劳动适龄人口增长率仅次于中东，但从长期来看，其增长率的下降幅度小于中东：中东的劳动适龄人口增长率由 2000 年的 3.7% 跌至 2012 年的 2.4%；而同一时期，撒哈拉以南非洲的劳动适龄人口增长率仅由 2.9% 降至 2.7%。相应地，该地区未来几年的年轻人口在劳动适龄人口中的比重可能高于其他地区（图 48）。

与其他地区相比，撒哈拉以南非洲在吸纳劳动适龄人口就业方面占有优势，仅位于东亚以及东南亚和太平洋地区之后。2000—2012 年期间，就业人口/总人口的比率介于 63.8% 和 65.0% 之间。鉴于过去五年间失业率相对稳定，预计接近 7.6%，这表明只有一小部分劳动适龄人口未参与劳动力市场，部分从事照顾性经济活动，部分属于退休人员、学生或心理受挫的工作者。的确，2011 年该地区劳动参与率小幅上升 0.1 个百分点，2012 年达到 70.4%。按劳动参与率衡量，该地区劳动力供给仅次于东亚，并几乎相当于东南亚和太平洋地区的水平。劳动力供给充足说明工作者就业的脆弱性，并且在缺乏充分的社会保障和安全网计划的背景下，由于工作者没有其他的生存方式，因此他们承担不起退出劳动力市场的后果。

图 48　1991—2017 年（预测）该地区青年人口比重

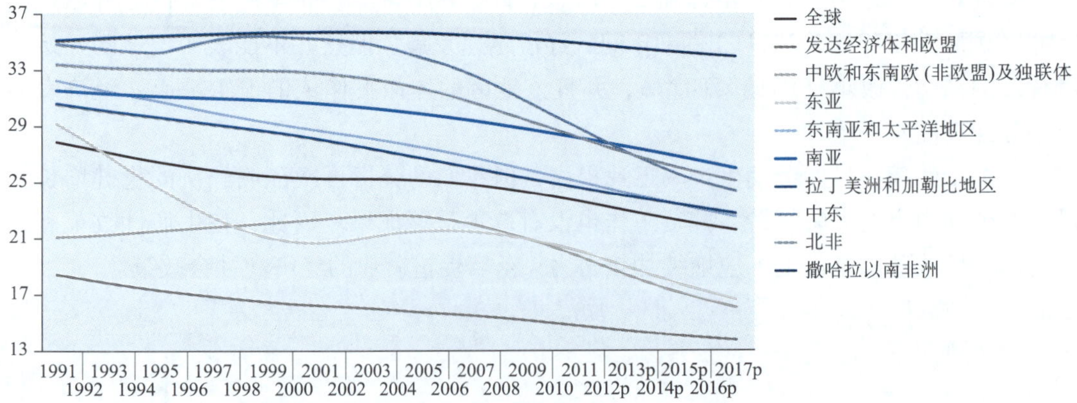

注：p 代表预测。

资料来源：国际劳工组织，《趋势计量经济学模型》，2012 年 10 月（参见附录 1，表 A9）。

因此，撒哈拉以南非洲面临的挑战与其说是如何使更多的人参与劳动力市场，不如说是如何提高劳动生产率、改善工作条件及增加工作者的回报和福利。生产性就业仅在经济发展和减贫方面发挥中介作用。因此，要推动可持续的减贫工作需要提高男女工作者及个体经营户的劳动生产率（坎言则等人，2011 年）。然而，撒哈拉以南非洲的劳动生产率仍然很低，尤其是在非正规经济领域。许多人从事非正规经济，以勉强维持生计。该地区的劳动生产率持续位于全球劳动生产率最低水平。

与东亚相比，1991 年撒哈拉以南非洲的劳动生产率比东亚高 1.3 倍，但 2012 年比东亚低 2.8 倍。1992—2003 年期间，撒哈拉以南非洲的劳动生产率低于 1991 年的水平，并从 2004 年以后才开始超过这一水平并呈上升趋势（图 49）。2000—2012 年期间，撒哈拉以南非洲的劳动生产率年均增长率为 2.0%，高于中东（0.5%）、拉丁美洲和加勒比海地区（1.0%）及发达经济体（1.0%）。因此，在劳动生产率方面，撒哈拉以南非洲似乎已开始踏上增长之路，并且这一上升趋势表明该地区前景十分乐观。

劳动生产率的增长部分得益于劳动力由生产力较低的行业（尤其是服务行业）转向生产力较高的行业（参见第四章），但遗憾的是转向工业的劳动力数量有限。2012 年，撒哈拉以南非洲的农业部门的工人比重达 62.0%，仍然是这一比重最高的地区（南亚为 50.8%，仅次于该地区）。因此，虽然需要继续进行结构性改革，以实现工业化，但通过此举该地区离享受鲍莫尔提出的“结构红利”还有巨大的空间。[①] 例如，2001—2006 年期间，虽然坦桑尼亚的工业和服务业劳动生产率下降，但其迅速地进行了结构性改革，从而使劳动生产率每年增长 2.8%。换言之，劳动生产率的增长几乎全部归因于劳动力从生产力较低的行业转向生产力较高的行业（斯巴莱布姆，2013 年）。当然，撒哈拉以南非洲也需要提高行业内劳动生产率——可以通过技术改革和提高技能水平来实现。就坦桑尼亚而言，仅有农业劳动生产率得到了提高，但这主要是由于相对较低的农业就业增长率和大农场劳动生产率的稳定增长，而非小农劳动生产率的提高（阿尔比，2011 年）。

图 49　1991—2012 年撒哈拉以南非洲和东亚的劳动生产率情况（以千为单位）

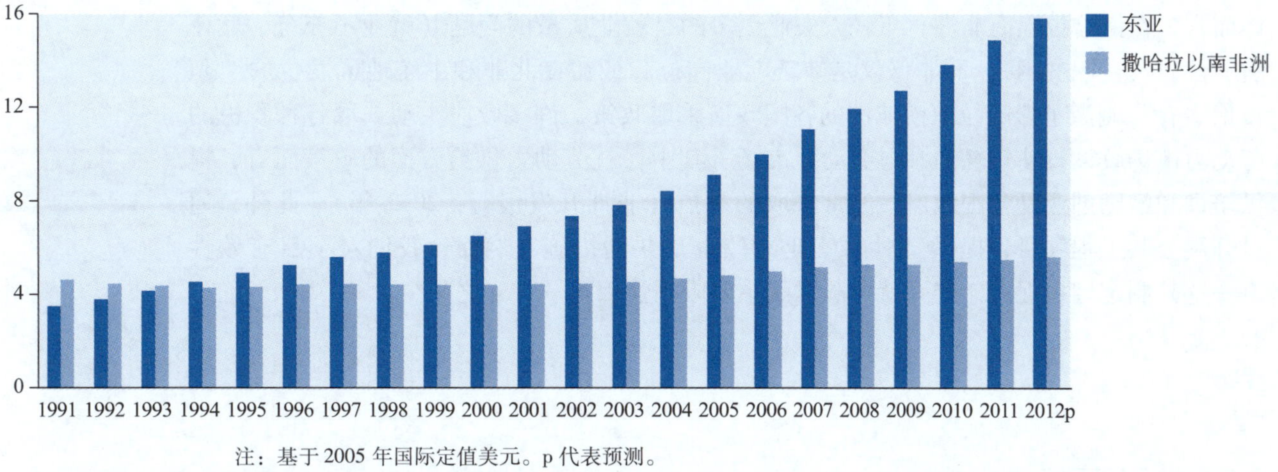

注：基于 2005 年国际定值美元。p 代表预测。

资料来源：国际劳工组织，《趋势计量经济学模型》，2012 年 10 月（参见附录 1）。

1991—2012 年期间，撒哈拉以南非洲的农业部门就业比重逐步下降，下降幅度不超过 5.5 个百分点（从 67.5% 降至 62.0%）。农业部门就业比重的下降几乎仅使服务业受

① 参见鲍莫尔等人（1985 年），鲍莫尔将劳动力转移在劳动生产率方面的效应称为经济的“结构红利”，在上述经济环境下，大部分就业人员从事生产力较低的活动（一般情况下为农业）。

益，而工业就业比重接近8.6%且保持不变。从广义而言，女性在就业人口中的占比增加，其中，2012年农业部门的女性就业比重减少了9.5个百分点，但仍保持62.2%的高水平。服务行业的女性就业比重增长了8.9个百分点，几乎相当于农业部门的女性就业人数减少的比重。在撒哈拉以南非洲，大多数服务业经济活动以生产力低下的非正规企业为主要特征，尽管如此，劳动生产率有可能高于自给农业。

总体而言，在撒哈拉以南非洲经济增长过程中，劳动生产率低下，但有所上升；劳动力从农业向服务业的转移缓慢，但稳定；工业部门就业人数没有增加。就业发展过程与上述过程一致，虽然出现经济增长的迹象，但弱势就业群体的比重居高不下，仅在过去20年间才略有下降。2012年，撒哈拉以南非洲的弱势就业群体的数量高达2.47亿人，比2000年增加了6,200万人，比1991年至少增加了1亿人。该地区弱势就业群体（包括个体经营户和家庭工作者）的比重从1991年的83%降至2000年的82%，2012年又降至77%。[①]这一比重仍然处于令人难以接受的高水平，可与南亚相比。换句话说，尽管在备受赞扬的经济可持续发展的十年间，该地区的弱势就业群体比重依然位居高位，在过去的12年中仅下降了5个百分点，下降幅度极其缓慢，以至于在可预见到的未来，不足以使大部分工作者从事生产性就业。

在弱势就业群体中，性别差距依然巨大，女性在弱势就业群体中的比重很可能高于男性。在过去20年间，这一差距不断扩大。1991年，女性在弱势群体中的比重达89.4%，男性为78.5%，但到2012年性别差距由11个百分点扩大至14个百分点（女性和男性弱势就业的比重分别为84.9%和70.6%）。对于男性和女性劳动力而言，劳动力转移主要在弱势就业内部进行，从家庭工作者转向个体经营者，这表明服务行业的就业比重增加，正如上文所述（见图50）。2009年经济危机盛行之时，弱势就业比重下降的趋势被中断，当时工薪族就业人口的比重下滑了0.3个百分点，达到20.2%，但到2011年这一比重上升至21.1%。

尽管撒哈拉以南非洲的青年失业率低于其他大多数地区，但该地区的成年失业率显著偏高。自2007年以来，青年失业率盘旋在略低于12%的水平，相比之下，过去五年间总体失业率接近7.6%，成年失业率接近约6.0%。而且女性青年失业率高于男性。总体而言，在撒哈拉以南非洲，年轻人失业更多的是就业质量的问题（就业不充分、就业脆弱性以及在职贫困），而非仅仅是缺乏就业岗位。最初在北非和中东地区发生的“阿拉伯之春”刺激了撒哈拉以南非洲的各国政府采取政策，许多政府主动采取各种积极的劳动力市场政策，使年轻人参与劳动力市场。其中，就劳动力供给方面的政策而言，提供培训和鼓励创业是各国政府最经常采取的举措（非洲开发银行，2012年）。此外，通过开展公共工程项目，提供暂时的就业岗位也是共同措施。然而，我们对项目有效性——这是制定旨在促进年轻人就业项目的主要限制性因素——知之甚少。[②]

① 弱势就业指标有一定的局限性：（1）有工资和薪金的就业并不等同于体面工作，这是因为工作者即便是有工资的就业，也有可能承担很高的经济风险；（2）尽管失业人口属于弱势群体，但未包括在指标中；（3）工作者可能被划归两类弱势群体，但并不承担很高的经济风险，特别是在发达经济体中。

② 也可参见国际劳工大会关于青年失业情况的讨论成果及解决方案：青年就业危机：呼吁采取行动（国际劳工组织，2012h），呼吁树立制定青年就业政策的意识，以评估哪些政策能够发挥作用，哪些不能。

图 50　1991 年、2000 年和 2012 年撒哈拉以南非洲按就业性质划分的就业分布

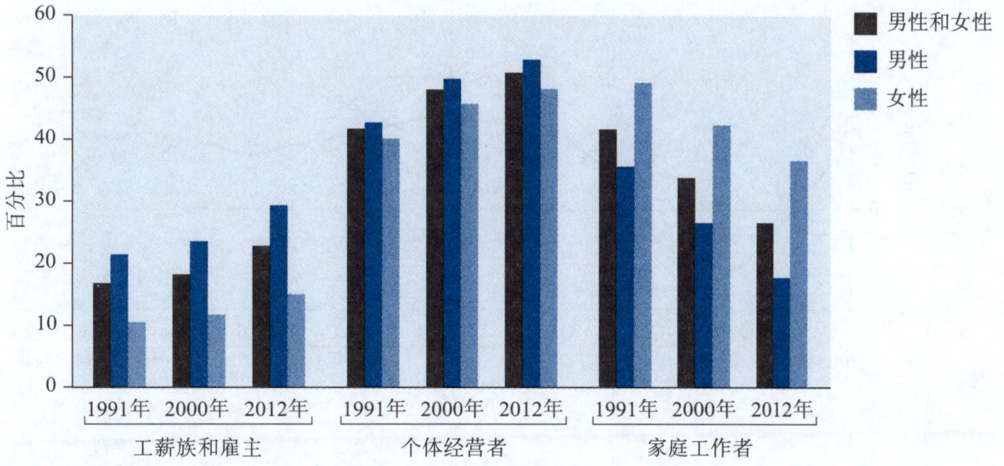

资料来源：国际劳工组织，《趋势计量经济学模型》，2012 年 10 月。

各国政府日益将就业问题纳入其国家发展框架和政策当中

撒哈拉以南非洲的各国政府已经开始将就业问题纳入其国家就业政策和发展框架中，以解决生产性就业和体面工作的巨大差距。这一点令人鼓舞。2011 年和 2012 年，以马拉维、纳米比亚、坦桑尼亚和南非为例，这些国家采取了新的发展框架，即从不同程度将就业目标纳入框架中。其中，南非和纳米比亚制定了具体的就业目标，马拉维和坦桑尼亚公布了相关政策。[①]不过，接下来各国需要做的是将必要措施落实到位，包括提高预算能力和制度能力以及进行生产性改革和实现多元化，以提高能力，实现国家发展框架和政策中规定的就业目标。

国家概况解析 7　毛里求斯和南非经济增长和就业岗位创造情况

在撒哈拉以南非洲，仅可获得关于毛里求斯和南非就业增长季度数据。南非受全球经济危机影响最为严重，整个 2009 年其急剧下滑，2010 年开始加速增长，并于 2011 年第一季度达到顶峰——3.7%。2011 年，增长步伐略微放缓，2012 年第一季度和第二季度增长率分别为 2.1% 和 2.7%。预计 2014 年南非经济增长率将接近 4%，在此之前的增长率与最近季度的情况类似。毛里求斯的经济增长波动较大，但在所研究的五年内未出现萎缩。2011 年年初，毛里求斯经济增长率达 5%，但 2011 年年末降至约 2%。预计到 2014 年毛里求斯的 GDP 增长率将稳步上升至 4%。

经济危机对南非就业造成严重的消极影响，并且按百分比来看，与经济增长的下降相比，就业损失持续性更强。2010 年年末之前，就业市场持续萎缩，2011 年和 2012 年上半年，南非就业增长强劲，2012 年第二季度就业增长率达到顶峰——2.5%。与之相反，毛里求斯就业增长波动较大，并于 2011 年第二季度开始出现就业萎缩迹象，至今还未恢复至持久正向增长。即使毛里求斯和南非的就业增长道路截然不同，但预计 2012 年、2013 年和 2014 年，两国年度就业增长率将十分接近，介于 0.8%—2% 之间。

① 马拉维增长和发展战略 II（2012 年）；纳米比亚第四个国家五年发展计划（2012 年）；南非 2030 年国家发展计划/愿景（2012 年）以及坦桑尼亚国家发展和消除贫困战略 II（2011 年）。

图 CS7.1　GDP 和就业（与去年同期相比的百分比变化）

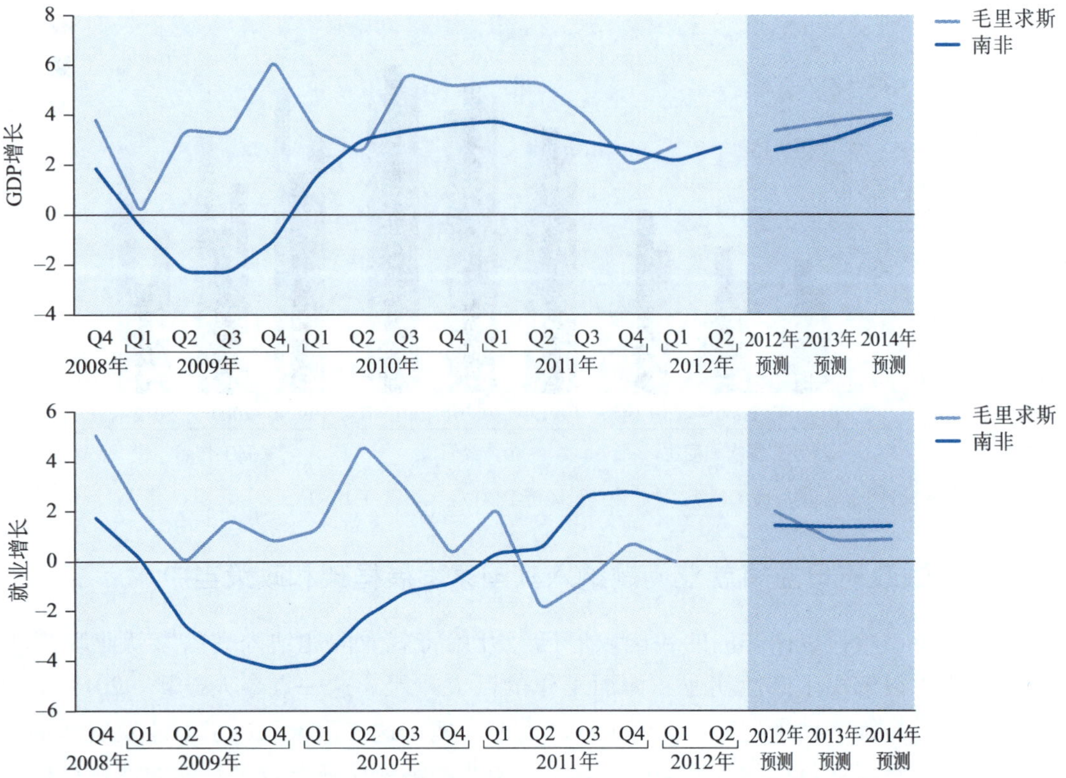

注：该图显示了 2008 年第四季度和 2012 年第二季度期间的 GDP 季度增长率（上图）和就业增长率（下图）以及 2012—2014 年年度预测情况（阴影区域）。季度增长率基于上一年同期水平计算而得出。Q 代表季度。

资料来源：国际货币基金组织；国际劳工组织劳工统计数据库。预测数据来源：国际货币基金组织；国际劳工组织，《趋势计量经济学模型》，2012 年 10 月。

附录 1　经济危机期间的失业趋势

第 54 页的图 22 显示了全球经济危机爆发后，对失业率走势变化的预测。本附录旨在介绍预测方法。

我们通过对贝弗里奇曲线移动的预测来发现失业率走势的变化。贝弗里奇曲线衡量国家劳动力市场将空缺职位和求职者相匹配的能力。通过从企业层面，明确持续的劳动力需求，来确定实际失业率（见皮萨里德斯，2000 年，第一章）。要进行预测，只需获得劳动力平均需求量及趋势分量，并不需要确定准确的劳动力需求计划。更确切地说，利用贝弗里奇曲线的移动来确定金融危机导致平均失业率呈上升趋势。

我们无法找到发达经济体和欧盟地区各国之间关于空缺职位的具有可比性的信息。相反，在夏默（2007 年）和埃尔斯比等人（2008 年）发明的方法的基础上对失业人口流向进行了总结，已经利用了关于已匹配的空缺职位的信息。这些流向指标可能不能充分反映空缺职位创造的实际程度，但其对各个国家而言具有更好的可比性，并且具有广泛的可用性，因此使用该指标是一个很好的选择。

为了预测经济危机对贝弗里奇曲线移动的影响，按照瓦莱塔（2005 年）和欧洲中央银行（2012 年）提出的方法，添加了带有危机虚拟变量的贝弗里奇曲线动态模式。基于 GDP 增长变化情况以及对最初由莱文和巴伦西亚（2008 年）收集的金融危机数据库的更新，确定了国家—危机虚拟变量。为了解释可能存在的内生性问题，鉴于对预测方程式的动态设置，利用阿雷利亚诺—债券系统 GMM 估计量，并考虑到误差项的自动关联性，得出了以下预测：①

$$UR_{i,t} = \alpha_i + UR_{i,t-1} + OUT_{i,t} + OUT_{i,t}^2 + \sum_{j \in \{CrisisCountries\}} CrisisDummy_{j,t} + \varepsilon_{i,t}$$

在上述方程式中，i = 国家指数；j = 处于经济危机的国家的指数；UR = 失业率；OUT = 失业人口流出率；$CrisisDumm$ = 在国家 j 受全球金融危机影响期间，虚拟变量为 1。

附录 2　奥肯系数及银行业危机

图 21 显示了所预计的银行业危机对 GDP 增长和就业岗位创造率变化之间的奥肯弹性大小影响的经济学分析结果。根据国际劳工组织《趋势计量经济学模型》得出了奥肯弹性大小。通过对国际货币基金组织金融危机数据库的分析，确认银行业爆发了危机（莱文和巴伦西亚，2012 年）。为了将由银行业危机造成的衰退区别于由其他原因引起的经济衰退，对负增长时期和银行业危机进行了交叉制表，以确定是银行业危机造成的经济衰退。此次银行业危机爆发后，GDP 随即呈正向增长的时期被认为是经济复苏时期。通过将在此期间的奥肯弹性（平均弹性）与由其他原因导致的经济衰退时期和复苏时期的奥肯平均弹性相对比来制作图表。图表中显示的结果是在对整个国家样本（67 个国家）进行估算的基础上得出的，而非仅局限于发达经济体和欧盟地区，以期得到关于银行业经济危机的足够多的观测数据。根据要求，可以提供详细的经济学分析结果。

附录 3　国际劳工组织短期预测模型

随着各国日益要求对就业预测进行季度更新，国际劳工组织推出了一个新的预测工具。该工具旨在为部分国家提供关于失业率、行业就业率及劳动力流向动态的季度预测结果，并采用了向量自回归（VAR）技术。

本模型用来预测美国 15 个行业的就业情况，正如专栏 6 所述，并采用了 4 个内生变量。②模型详情如下：

$$dGDP_1 = \alpha_1 + \sum_{j=1}^{1} \beta_{1,j} dGDP_{t-j} + \sum_{j=1}^{1} \gamma_{1,j} dGCF_{t-j} + \sum_{j=1}^{1} \delta_{1,j} dE_{s,t-j} + \sum_{j=1}^{1} \theta_{1,j} HI_{s,t-j} + \varepsilon_{1,t}$$

$$dGCF_t = \alpha_2 + \sum_{j=1}^{1} \beta_{2,j} dGDP_{t-j} + \sum_{j=1}^{1} \gamma_{2,j} dGCF_{t-j} + \sum_{j=1}^{1} \delta_{2,j} dE_{s,t-j} + \sum_{j=1}^{1} \theta_{2,j} HI_{s,t-j} + \varepsilon_{2,t}$$

$$dE_{s,t} = \alpha_3 + \sum_{j=1}^{1} \beta_{3,j} dGDP_{t-j} + \sum_{j=1}^{1} \gamma_{3,j} dGCF_{t-j} + \sum_{j=1}^{1} \delta_{3,j} dE_{s,t-j} + \sum_{j=1}^{1} \theta_{3,j} HI_{s,t-j} + \varepsilon_{3,t}$$

$$HI_{s,t} = \alpha_4 + \sum_{j=1}^{1} \beta_{4,j} dGDP_{t-j} + \sum_{j=1}^{1} \gamma_{4,j} dGCF_{t-j} + \sum_{j=1}^{1} \delta_{4,j} dE_{s,t-j} + \sum_{j=1}^{1} \theta_{4,j} HI_{s,t-j} + \varepsilon_{4,t}$$

$dGDP$ 代表 GDP 季度环比增长率，$dGCF$ 代表固定资本形成总额季度环比增长率，dE_s 代表行业就业率季度环比增长率，HI_S 是用来衡量下一季度的招聘意向的指标，t 代表季度时间指数，l 代表 VAR 滞后阶数。

---

① 根据要求，可以提供回归法估计结果。

② 这 15 个行业包括建筑业、教育和医疗、金融业、政府、信息服务、娱乐和酒店、耐用品制造业、采矿和住宿、其他服务业、专业和商业服务、零售业、运输及仓储业、公用事业以及批发贸易。

分别对15个行业进行模型估计，并根据Akaike选择标准，选择每个行业的最优滞后阶数。本模型中的数据涵盖从1976年第三季度到2012年第三季度。将对未来八个季度的就业情况进行预测。上一次观测数据点截至2012年第三季度，这表明我们的预测范围是从2012年第四季度到2014年第三季度。

关于GDP和固定资本形成总额的数据来自于经合组织（OECD）。本模型利用就业与GDP之间的统计关系（奥肯定律），并估计了不同行业的就业情况对GDP不同滞后程度的弹性大小。这一关系与具有强大的实证支持的关于劳动力需求的传统解释如出一辙，至少在某些国家是这样的（比尔斯等人，2012年）。本模型还对固定资本形成总额进行了预测，以诠释就业和投资之间的关系（索伊加，2010年）。

最后，本模型提供了针对具体行业的招聘意向指标。该指标由万宝盛华集团公布，并通过雇主代表调查计算得出。[①]该指标本身具有前瞻性，反映了期待下一季度员工人数增加的雇主所占比重与期待员工人数减少的雇主所占比重之间的差距。

正如伪样本外预测评估分析结果所示，招聘指标提高了对美国12个行业（共15个行业）的就业情况的预测能力。在预测均方根误差（RMSFE）方面收获匪浅，均方根误差达到30%以上（视具体的行业和预测范围而定）。

① 参见http：//www.manpowergroup.com/press/meos_ landing.cfm。

第四章
进行结构性改革，创造体面工作岗位

引言

跨行业的就业岗位再分配对结构性改革及提高劳动生产率而言至关重要，但这通常需要劳动力市场上的特定人群为适应社会承担巨大的成本。就业的结构型改革带来了一系列问题，包括生产率偏低的行业裁员、员工对接受培训的需求日益高涨或者因农村劳动力向拥挤的城市迁移导致的城市堵塞等问题。结构性改革能否带来更多、更好的就业机会？这一问题尚未引起人们足够的重视。

本章提供了新的依据来证明跨行业的就业岗位再分配的作用及重要性，并阐述了这样一个事实：如果就业人员由生产率较低的行业转向生产率较高的行业，这将有助于提高人们的生活水平，并改善劳动力市场（例如弱势就业率将降低，在职贫困人口将减少）。本章也介绍了全球经济危机对跨行业的就业岗位再分配及人均附加值增长率下滑的负面影响，尤其是在新兴经济体内。

人均附加值增长细分

人均附加值增长可以被细分为生产率的变化、就业人口及劳动力参与率的变动以及人口结构动态（见附录1）：

- 劳动生产率的提高要么得益于行业内劳动生产率的提高——例如：在劳动力数量相同的情况下，通过使用新机器、采用新技术，产出增加——要么源于跨行业的就业岗位再分配（“结构性改革”），即工作者从生产率较低的行业转向生产率较高的行业（例如：从农业转向工业或服务业）；
- 通过减少失业人口或使更多的人参与劳动力市场，劳动适龄人口的经济活动参与率将上升，在这种情形下，就业人口或劳动力参与率的变动可以提高人均附加值增长率。就这一点来说，在经济危机之初，就业人口/总人口的比率和劳动力参与率的降低就已成为造成增长减缓的重要因素；
- 如果人口结构发生变化，即劳动适龄人口在总人口中的比重上升，人均附加值增长率也可能上升。通常情况下，这种人口结构的变化十分缓慢，但持续时间长，且几乎不受政策干预的影响。

由于结构性改革意味着工作者跨行业、跨岗位就业，因此，通过结构性改革来提高劳动生产率会对就业情况产生立竿见影的效果。如果工作者很难在其他行业找到就业机会，这种劳动力市场的变化可能产生持久影响。缺乏工作所需技能、人口的地域流动性有限以及无法得到招聘信息都会成为成功求职的巨大障碍。与此同时，在通过使更多的人受惠于经济发达地区生产率水平的提高以持续公正地提高人们的生活水平方面，结构性改革发挥着关键作用，不可或缺。下文详细介绍了不同地区不同时期的人均附加值增长的细分情况，以评估结构性改革对增长模式的重要性以及经济危机在此方面的影响。在接下来的部分，本章主要分析结构性改革对这些地区的就业质量和就业数量的影响。

结构性改革对发展中地区的经济增长发挥着重要作用

过去20年间，各地区的人均附加值增长模式千差万别（见图51）。尽管如此，通过比较，可以吸取一些共同的经验。

第一，行业内劳动生产率的提高是增长的主要驱动因素。具体而言，工业和服务业劳动生产率的提高在促进经济总量增长方面发挥着重要作用。提高工业劳动生产率对东亚而言极其重要，而服务业劳动生产率的提高在其他地区（尤其是南亚）发挥着日益重要的作用。相反，对大部分地区而言，三大产业中农业生产率的提高对增长的贡献最小。通常情况下，这是由于与工业和服务业相比，农业部门占比相对较小，从而降低了农业对增长的贡献率。

第二，对许多地区而言，与提高行业内劳动生产率所发挥的作用相比，从数量上而言，生产结构改革对增长的作用不明显，但仍然巨大。这一点可从前期文献中得到证实（库切拉和龙科拉托，2012年；麦克米兰和罗德瑞克，2011年）。对东亚、南亚、东南亚和太平洋地区以及撒哈拉以南非洲而言，生产结构改革在拉动经济增长方面发挥着重要作用。而对拉丁美洲和加勒比地区、中东和北非而言，进行跨行业的就业再分配对经济增长的拉动作用减弱。与之相反，对中欧和东南欧而言，1999—2007年间结构性改革带来了劳动生产率的大幅提高，但在此之前和之后，作用不是很明显。在发达经济体地区，生产结构改革发挥的作用微乎其微，这一点可以通过农业部门就业在促进该地区经济增长方面发挥的边际效应体现出来。

第三，通常情况下，劳动力市场和人均附加值增长率的人口构成——就业人口/总人口比率、劳动力参与率和劳动适龄人口在总人口中的比重——在促进增长方面发挥的作用不明显，但有时也很重要。在发达经济体地区，危机期间失业率强劲上升，并且受工作者受挫心理的影响，劳动力参与率下降，这些因素导致经济增长大幅下滑。在南亚，由于2005—2010年女性不断退出印度劳动力市场，劳动力参与率对人均附加值增长产生了负面影响（卡普索斯和西尔伯曼，即将出版）。在中东，增长模式主要受人口结构动态的影响。

未来几年，一直到2017年，大多数地区的人均附加值增长预计主要受服务业劳动生产率提高的影响。发达经济体、中欧和东南欧、南亚以及拉丁美洲和加勒比地区尤为如此。预计东亚以及东南亚和太平地区的经济增长主要得益于服务业和工业劳动生产率的提高。鉴于预计上述两个地区是全球发展最迅速的地区，这表明工业化在经济发展进程中发挥着十分重要的作用。不过，根据我们的预测，生产结构改革对这些地区的经济发展将产生巨大作用。从人均角度来讲，撒哈拉以南非洲和北非经济增长相对疲软，这主要是由于缺乏推动经济增长的驱动因素。预计中东地区人均附加值增幅较小，且增长模式主要受工业劳动生产率的提高的影响。

图 51　按地区和时期划分的人均附加值增长细分

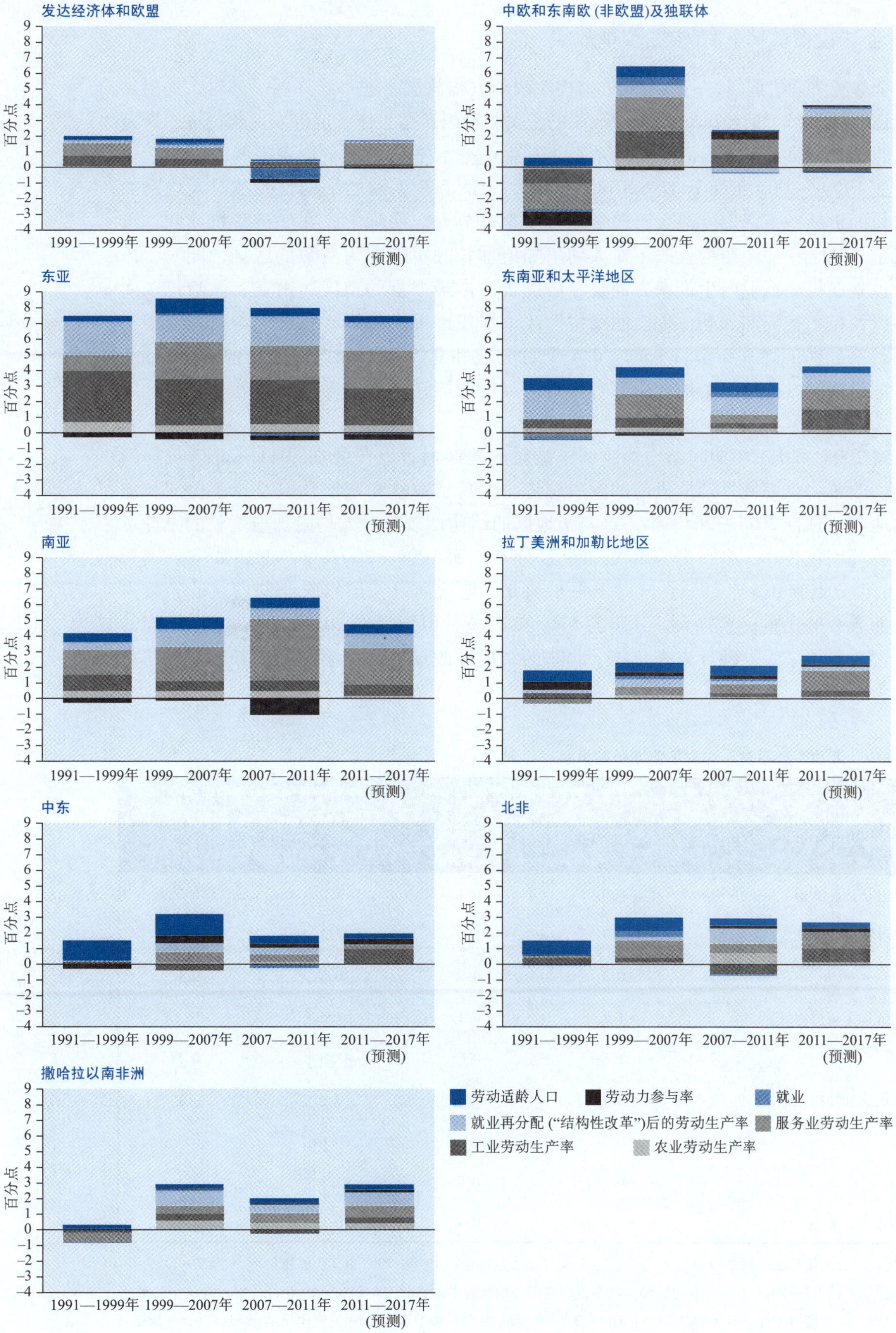

注：关于细分方法，参见附录1。对2011—2017 年的预测基于对行业附加值比重的预测数据，如附录2 所述。对于每个地区和时期而言，人均附加值年度平均增长率是在计算不同组成部分的增长率总和的基础上得出的，包括负值。

资料来源：国际劳工组织的计算；关于详细的数据来源，参见附录1 和附录2。

随着全球投资骤降，结构性改革放缓

全球经济危机期间，一些地区的结构性改革大幅放缓，进一步降低了其对人均附加值增长的贡献率（见表6）。结构性改革的主要驱动因素是工作者退出农业部门——所有地区的农业劳动生产率都低于平均水平，其生产率水平相当于平均水平的一半甚至更低。在1999—2007年和2007—2011年期间，中欧和东南欧的结构性改革对人均附加值增长的贡献率下降幅度最大，每年超过1个百分点。实际上，在经济危机期间，该地区是全球唯一一个结构性改革对人均附加值增长的贡献率为负数的区域，同时，该地区也是在提高行业内生产率方面受经济危机冲击最严重的地区。南亚、撒哈拉以南非洲以及拉丁美洲和加勒比地区的结构性改革步伐也逐渐放缓，其对人均附加值增长的贡献率分别下降0.5个百分点、0.4个百分点和0.3个百分点，较之前有所下降。经济危机期间，上述三个地区中只有撒哈拉以南非洲还出现行业内生产率增长放缓的情况。

对2007—2011年期间结构性改革未减缓的地区而言，预计在2011—2017年期间结构性改革将全面恢复到危机前的发展趋势。尤其是中欧和东南欧以及拉丁美洲和加勒比地区，预计2011—2017年，这两个地区的结构性改革对人均附加值增长的平均贡献率将分别仅为0.5个百分点和0.2个百分点。而1999—2007年，上述数字分别为0.7个百分点和0.5个百分点。对于中东和北非地区而言，虽然农业部门就业人数占总就业人数的比重仍然较大，分别为17%和27%，但预计在2011—2017年生产性的结构性改革将减缓。预计未来几年，北非的结构性改革对人均附加值增长的贡献率将继续为负。

表6　劳动生产率对人均附加值增长的贡献率

	对增长的贡献率的变化：危机前与危机期间		对增长的贡献率的变化：危机期间与预测时期	
	行业内生产率增长	跨行业再分配	行业内生产率增长	跨行业再分配
发达经济体和欧盟	-0.9	-0.1	1.2	0.0
中欧和东南欧（非欧盟）及独联体	-2.7	-1.0	1.3	0.8
东亚	-0.2	0.2	-0.3	-0.1
东南亚和太平洋地区	-1.3	0.1	1.6	-0.1
南亚	1.8	-0.5	-1.9	0.3
拉丁美洲和加勒比地区	0.2	-0.3	0.9	0.1
中东	0.2	-0.1	0.6	-0.4
北非	-0.8	0.8	1.3	-1.1
撒哈拉以南非洲	-0.7	-0.4	0.7	0.3

注：对经济增长的贡献率以百分点为单位。本表对比了危机前（1999—2007年）、危机期间（2007—2011年）及预测时期（2011—2017年）行业内劳动生产率提高对经济增长的平均贡献率与跨行业就业再分配对经济增长的平均贡献率。关于细分方法，参见附录1。对2011—2017年期间的预测基于对各行附加值比重的预测数据，如附录2所示。

资料来源：国际劳工组织的计算；关于详细的数据来源，参见附录1和附录2。

图 52　1999—2011 年投资和结构性改革的关系

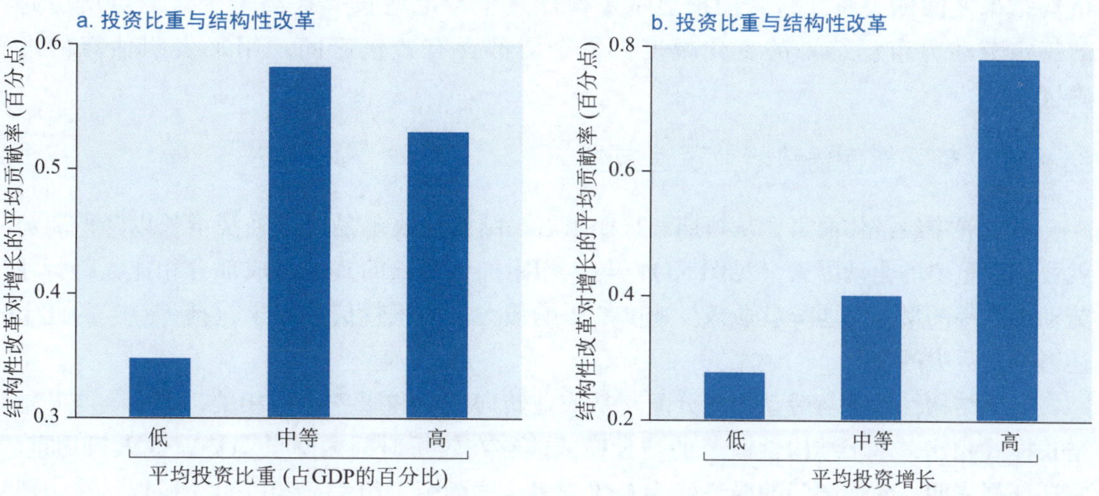

注：根据固定资本形成总额来衡量投资。图 52 建立在 62 个发展中国家的投资数据的基础上。“低”、“中等”和“高”分别代表投资平均占比的百分位点和投资平均增长率。纵轴代表结构性改革对经济增长的年度贡献率，取位于某一百分位点的各个国家的数据的平均值。

资料来源：国际劳工组织的计算；关于固定资本形成总额的数据来自世界银行；关于其他详细的数据来源，参见附录 1 和附录 2。

2007—2011 年期间，全球投资下降，这对理解结构性改革放缓而言至关重要。投资主要通过以下三种渠道推动结构性改革。第一，对生产率较高的行业，投资能够推动跨行业的就业岗位再分配。第二，生产率偏高的行业的资本深化可能会提高劳动生产率，进而使行业工资增加，从而吸引更多的工作者从事这一行业。第三，投资在扩建基础设施和城市设施中发挥着关键作用，这将促进工作者的地域性流动，进而推动工业和服务业的发展，因为工业和服务业一般聚集在受益于基础设施投资的地区。

投资比重和投资增长率是结构性改革的重要驱动因素（见图 52）。在发展中国家，投资占 GDP 的比重处于中等或较高水平，结构性改革对人均附加值增长的年均贡献率超过 0.5 个百分点。对于投资占 GDP 的比重相对较低的国家而言，结构性改革对人均附加值增长的贡献率仅约为 0.35 个百分点。一些类似的研究成果证明投资增长能够影响生产结构改革。对于投资增长率较高的国家，结构性改革对人均附加值增长的贡献极大。投资比重和投资增长率与生产结构改革之间正向关系具有重要的统计学意义。这表明，至少在某种程度上发展中国家投资资金的撤出可能会造成生产性行业劳动力再分配步伐放缓，经济危机期间，许多地区都出现了这一现象。

劳动力市场的发展得益于结构性改革

尽管从数量上而言，结构性改革对人均附加值增长的贡献小于行业内劳动生产率提高的贡献，但结构性改革可能对劳动力市场产生巨大影响。本部分一方面分析了生产率增长的短期和长期驱动因素，另一方面分析了劳动力市场结果——由弱势就业、在职贫困或劳动力参与率方面的性别差距来衡量。[①]

---

① 关于更详细的方法，参见附录 3。

图 53 至图 57 显示了分析结果，并阐述了增长模式与由回归分析得出的劳动力市场结果之间的关系。每张图都显示了预计某个特定增长率提高 1 个百分点所引起的特定劳动力市场结果的变化幅度。每个图都含有置信区间，用来表明估算的准确度。

结构性改革可能使弱势就业迅速减少

对发展中经济体而言，从短期和长期来看，结构性改革是促进经济增长以降低弱势就业的最重要的驱动因素（见图 53）。与人均附加值增长的其他组成部分相比，跨行业劳动生产率的增长对弱势就业减少速度的影响最大。由于置信区间未包括零点，因此上述影响是巨大的。

如果结构性改革与劳动力再分配（从农业转向工业和服务业）相关，那么，与其他增长模式相比，基于结构性改革的增长模式能够在较短时间内降低弱势就业人口比重。实证证据表明，农业部门的弱势就业人数较多（国际劳工组织，2011a）。所以，在一般情况下，生产性的结构性改革在降低弱势就业方面卓有成效。

从短期来看，发展中国家劳动力数量的强劲增长与较高的弱势就业率相关。在运行良好的劳动力市场，人们期望提高劳动力参与率，因为这往往能够给劳动力市场上被忽视的就业群体（例如女性或老年工作者）带来更多的就业机会。然而，分析结果显示，这些增加的就业机会并不包括有工资和薪金的就业岗位，至少从短期来看，在发展中国家不是这样。实际上，印度的农村女性大多是个体经营者，并不属于领工资的劳动人口（卡拉森和特斯，2012 年）。

图 53　发展中经济体弱势就业动态及人均附加值增长的贡献因素

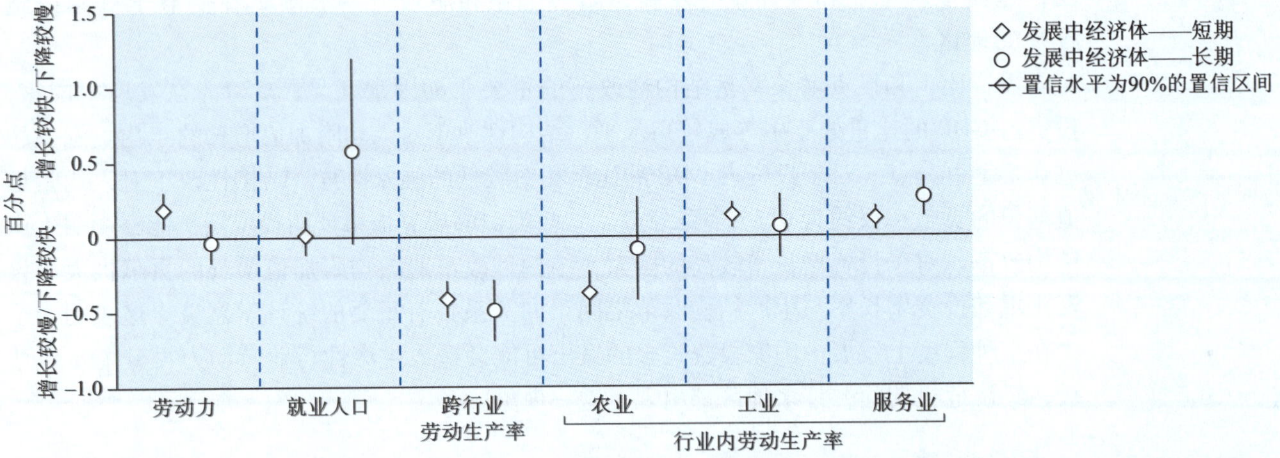

注：估算结果基于回归分析法，详见附录 3。纵轴表示人均附加值增长（横轴）的不同构成部分对弱势就业比重变化的影响程度。关于人均附加值增长的不同构成部分的细分方法，参见附录 1，仅包括农业、工业和服务业。如果置信区间未包括零点，那么置信水平为 90% 的估算结果具有重大的统计学意义。

资料来源：国际劳工组织的计算；关于更多数据来源，参见附录 1 和附录 2。

基于农业劳动生产率的提高的增长模式也有助于减少弱势就业，至少从短期来看是这样的。农业剩余劳动力转向其他行业和撤出农村经济是促进农业生产率提高的主要因素。工作者由农业部门转移至生产率较高的工业或服务业，这种跨行业劳动力再分配在一定程度上能够持久地降低弱势就业。但从长期来看，如果农业生产率的提高仅仅靠降低农业劳动力比重，那么弱势就业情况改善的趋势也不会持久。

结构性改革可能会加快减少在职贫困的步伐

结构性改革有助于减少在职贫困，即消费水平在按购买力平价法（PPP）计算的1.25美元/天或以下的工作者占总就业人口的比重，这是衡量处于极度贫困以及缺乏生活必需品和服务的工作条件的指标。图54显示了预测的不同类型的人均附加值与在职贫困走势之间的关系。[①]具体而言，不管从短期还是从长期来看，对许多国家来说，数年之后发现经济增长大部分源于结构性改革及贫困人口占总就业人口比重的迅速下降。正是生产率较高的行业提供的就业岗位使得工作者摆脱了贫困。平均而言，放弃自给农业、转而从事上述就业岗位的工作者的生活水平得到提高。

另一方面，从长期来看，由提高劳动力参与率和就业率带来的经济增长与快速上升的在职贫困率相关。因此，虽然就业密集型增长有助于降低失业率，但这通常是以降低就业质量来实现的。分析结果表明，至少有一部分失业者选择从事不能为其提供体面收入的就业岗位。最终，农业生产率的提高与降低在职贫困率呈正相关。提高农业生产率有助于帮助最贫困的人口（大部分从事农业）摆脱贫困，从更长远角度来看更是如此。

图54 发展中经济体在职贫困动态及人均附加值增长的贡献因素

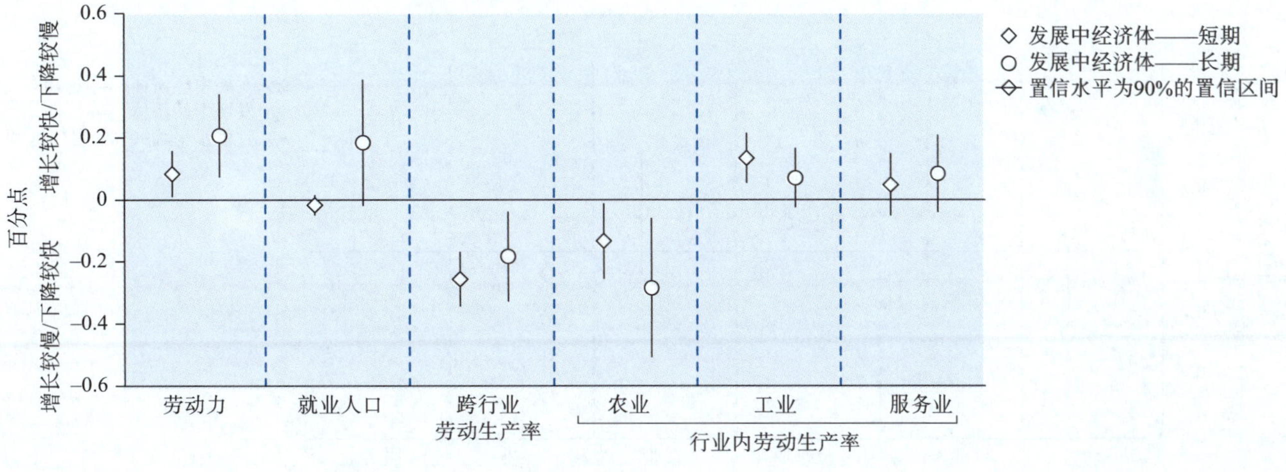

注：估算结果基于回归分析法，详见附录3。纵轴表示人均附加值增长（横轴）的不同构成部分对在职贫困所占比重变化的影响程度。关于人均附加值增长的不同构成部分的细分方法，参见附录1，仅包括农业、工业和服务业。如果置信区间未包括零点，那么置信水平为90%的估算结果具有重大的统计学意义。

资料来源：国际劳工组织的计算；关于更多数据来源，参见附录1和附录2。

---

① 本次分析基于国际劳工组织对在职贫困率的最新估算结果（参见卡普索斯和布尔姆普拉，即将出版）。根据世界银行PovcalNet所提供的各国贫困率实际数据进行分析也会得出类似的结果；通过PovcalNet可获得充分数量的观测数据。

结构性改革有利于在职中产阶级的产生

基于结构性改革而非其他因素的增长模式往往能够较快提高发展中国家中产阶级占工作者的比重，至少在短期内是这样的（图 55）。如果分析一下预测的跨行业劳动生产率与在职中产阶级所占比重在短期内的关系，可以明显地看到这一点。鉴于置信区间未包括零点，因此，估计两者之间呈正相关且影响巨大。换言之，通过结构性改革劳动生产率提高得越多，在职中产阶级的平均增速越快。

在此背景下，在职中产阶级是指消费水平每天在 4—13 美元之间（按购买力平价法计算）的工作者的比重，这在文献中是很常见的门槛。对在职中产阶级的估算是国际劳工组织按照经济阶层对就业人口进行的最新估算的一部分（卡普索斯和布尔姆普拉，即将出版）。如第一章所述，中产阶级本身可被视为推动经济发展进程的重要驱动因素。

劳动力的强劲增长与在职中产阶级数量的减少息息相关。分析结果表明，劳动力参与率的快速上升降低了平均就业质量，并减少了部分在职者的收入。如果仔细观察一下本次分析所使用的数据，不难发现这种负相关关系在撒哈拉以南非洲、中东和北非尤其突出，主要因为这些国家的社会保障体系尚不健全，而且剩余劳动力从事非正规经济。上述关系在中欧和东南欧也比较明显，不过中欧和东南欧劳动力市场的增长部分得益于上等阶层的日益扩大，其增速高于在职贫困人口的增加。而且从长期来看，负相关关系更加突出。这表明劳动力的增长并不会增加中产阶级的就业岗位，以吸纳剩余劳动力。

图 55　发展中经济体的中产阶级就业动态及人均附加值增长的贡献因素

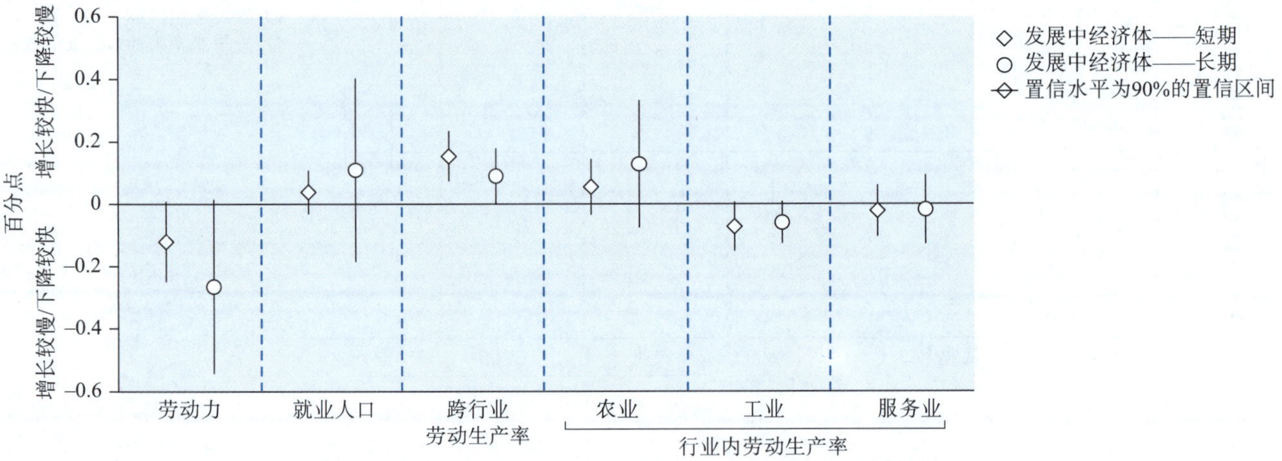

注：估算结果基于回归分析法，详见附录 3。纵轴表示人均附加值增长（横轴）的不同构成部分对在职中产阶级比重变化的影响程度。关于人均附加值增长的不同构成部分的细分方法，参见附录 1，仅包括农业、工业和服务业。如果置信区间未包括零点，那么置信水平为 90% 的估算结果具有重大的统计学意义。

资料来源：国际劳工组织的计算；关于更多数据来源，参见附录 1 和附录 2。

结构性改革对青年失业的影响微乎其微

最近几年，年轻人失业问题对大多数发达经济体和一些发展中经济体而言极其重要，而结构性改革在解决这一问题方面发挥的作用微乎其微（图56）。如果非要说有影响的话，也是极其微弱和短暂的，而且是针对失业率日益上涨的发展中经济体而言。另一方面，受就业驱动的经济增长有力地降低了青年失业率，这表明有力的劳动力市场在改善青年求职者的就业前景方面发挥着重要作用。

此外，分析表明短期内需要权衡降低青年失业率和提高行业内生产率（农业、工业和服务业）。实际上，从短期来看，预测两者之间在短期内的关系对发达经济体和发展中经济体的各行业而言至关重要，如图56所示。但从长期来看，这种关系通常不会持续很长时间。对于部分发达经济体而言，在农业生产率方面，这种关系甚至相反，因为这些经济体从更加细的层面对人均附加值增长进行了细分，共包括21个行业。

结构性改革对黄金劳动力参与率方面的性别差距影响甚微

结构性改革似乎对女性和男性在劳动力参与率方面的差距影响甚微，至少对35—54岁之间的人群的影响是这样的（见图57）。① 因此，结构性改革——通过破坏女性和男性在劳动力市场上平等的就业机会——不会影响社会发展的可持续性。而且，劳动力增长对劳动力参与率的依赖度越高，劳动力参与率的性别差距就越小。这表明劳动力参与率的整体上升主要受女性劳动力的影响。此外，有分析结果表明，从长期来看，发达国家行业内生产率的提高（农业、工业和服务业）会造成劳动力参与率方面的性别差距加大。

图56　发展中经济体和发达经济体的青年失业动态及人均附加值增长的贡献因素

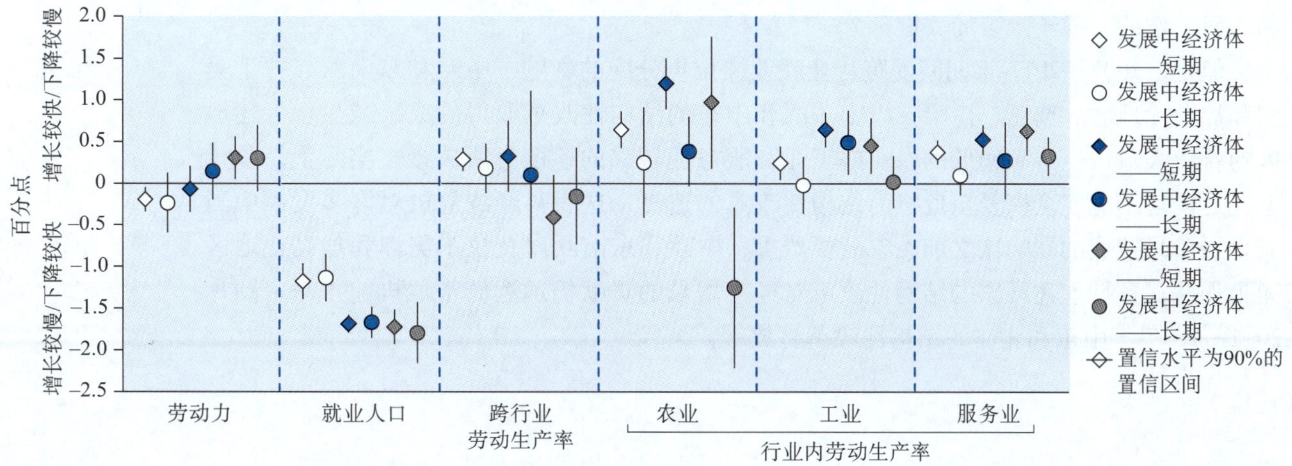

注：估算结果基于回归分析法，详见附录3。纵轴表示人均附加值增长（横轴）的不同构成部分对青年失业率变化的影响程度。关于人均附加值增长的不同构成部分的细分方法，参见附录1，仅包括农业、工业和服务业（发展中经济体和发达经济体）。部分发达经济体从21个行业来细分人均附加值增长情况。如果置信区间未包括零点，那么置信水平为90%的估算结果具有重大的统计学意义。

资料来源：国际劳工组织的计算；关于更多数据来源，参见附录1和附录2。

① 通过严格限定相应的年龄段，不包括生育对劳动力参与率方面的性别差距的影响，至少在一定程度上不包括。

图 57　发展中经济体和发达经济体的劳动力参与率差距动态及人均附加值增长的贡献因素

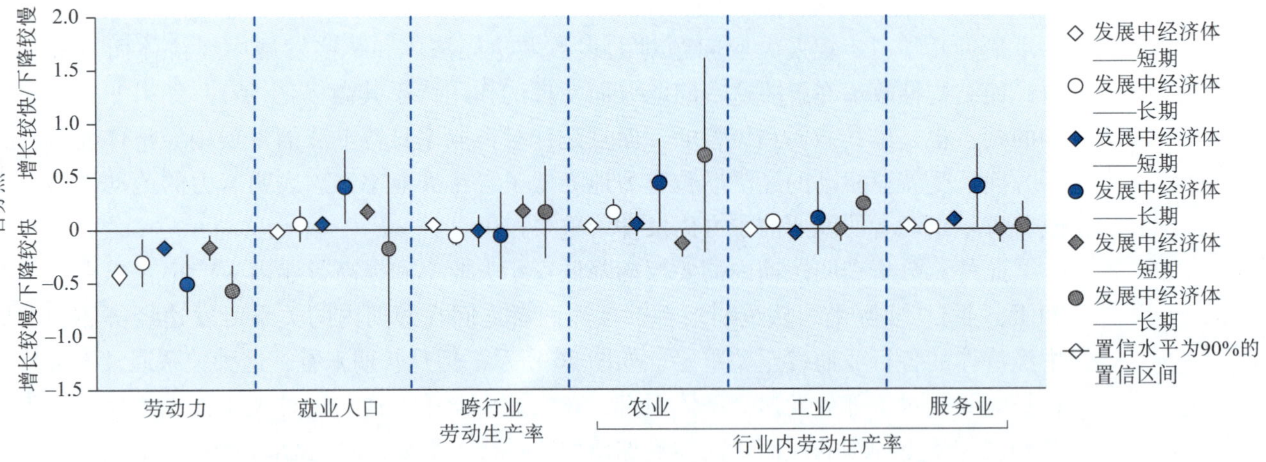

注：估算结果基于回归分析法，详见附录3。纵轴表示人均附加值增长（横轴）的不同构成部分对男性和女性劳动人参与率差距的变化的影响程度。关于人均附加值增长的不同构成部分的细分方法，参见附录1，仅包括农业、工业和服务业（发展中经济体和发达经济体）。部分发达经济体从 21 个行业来细分人均附加值增长情况。如果置信区间未包括零点，那么置信水平为 90% 的估算结果具有重大的统计学意义。

资料来源：国际劳工组织的计算；关于更多数据来源，参见附录 1 和附录 2。

结论

本章表明，结构性改革是人均附加值增长的重要驱动因素，并在促进生产性就业和体面工作方面发挥重要作用。具体而言，结构性改革能够减少弱势就业和在职贫困，并提高中产阶级比重。换言之，促进生产转型和结构性改革的政策是旨在促进生产性就业和体面工作的一揽子政策的关键部分。

但是，2007—2011 年期间受跨行业就业岗位再分配的影响，中欧和东南欧、拉丁美洲和加勒比地区、南亚、撒哈拉以南非洲和中东的结构性改革取得的成果减少。上述地区的就业人口由生产率偏低的农业向工业和服务业转移的速度有所放慢。实际上，预计上述地区均不能完全恢复至危机前结构性改革的速度，这表明经济危机对许多发展中国家发展前景造成的影响比之前想象的要严重，中欧和东南欧以及拉丁美洲和加勒比地区尤为如此。预计上述国家的结构性改革对经济增长的贡献仍远远低于危机前水平。预计 2011—2017 年中东和北非的结构性改革将放缓。

附录 1　人均附加值增长情况细分

人均附加值增长情况的细分法是本章广泛使用的一种描述工具。虽然细分法不适用于建立任何因果联系，且记住这一点很重要，但是细分法在量化促进经济整体增长的不同因素的贡献方面仍然十分有用。本附录旨在提供一些技术细节，以解释本章如何将经济增长细分为各个部分。

本章中“增长”是指附加值总额而非人均 GDP 增长率。GDP 是指附加值总额加上税收，再减去产品补贴，所以，实际上这两个宏观经济总量紧密相关。但是，由于细分法需要各行各业的数据来支持，且只能获取关于针对具体行业的附加值总额的数据，因此仅对人均附加值总额增长情况进行了细分。

以下首先介绍了本章使用的数据来源，然后讲解了细分法的两个步骤。在专栏中列举了示例来解释每个步骤，及在实践中如何计算增长的各个组成部分。

数据

本章提到的增长情况细分基于世界银行发布的《世界发展指标》（WDI）的附加值总额数据，并使用联合国统计司公布的数据进行完善，且通过采用附录 2 提到的方法得出对缺失值的估算值，这还符合中期预测结果。关于总就业人口和预测的数据源于 2012 年 10 月最新的国际劳工组织《全球就业趋势》（GET）模型。劳动力数据和预测数据源于《经济活跃人口估算和预测》（EAPEP）（第 6 版，7 月更新）。对劳动适龄人口（国际劳工组织定义为 15 岁或以上的人口）的估算数据和预测数据来自联合国人口司公布的《世界人口展望》(2010 年修订版)。

对 163 个国家的增长细分情况在农业、工业和服务业方面各有区别。[①] 为了进行细分，跨行业的附加值数据源于世界银行发布的《世界发展指标》和联合国统计司公布的数据，并通过采用附录 2 所列明的方法得出对缺失值和预测数据的估算值。[②]跨行业就业人口的数据和预测数据源于 2012 年 10 月最新的国际劳工组织 GET 模型。

对于发达经济体地区的 29 个国家而言，可获得关于增长的更细分的不同组成部分(将 21 个不同的行业考虑在内）的数据。[③]分析结果源于欧盟 KLEMS（2011 年 3 月更新)，包括关于附加值总额和就业量的详细的跨行业数据。为了确保分析结果的一致性，对数据进行了调整，使之与基于国际劳工组织 GET 模型的总就业人数保持一致。

---

① 与本报告其他章节提到的涉及 178 个国家的区域数据相比，由于缺乏数据，阿富汗、古巴、瓜德罗普岛、朝鲜、利比亚、中国澳门、马提尼克、缅甸、荷属安的列斯群岛、波多黎各、留尼汪、索马里、中国台湾、约旦河西岸和加沙地带以及津巴布韦未被列在本章分析中。

② 服务业附加值包括估算的银行服务收费、进口税及因国家编制和更改尺度引起的任何统计差异(世界银行，2012b)。因此，须谨慎解释分析结果（蒂默和德·弗里斯，2009 年；库切拉和龙科拉托，2012 年；格瑞里茨，1992 年)。

③ 这 29 个国家包括澳大利亚、奥地利、比利时、塞浦路斯、捷克共和国、丹麦、爱沙尼亚、芬兰、法国、德国、希腊、匈牙利、爱尔兰、意大利、日本、韩国、拉脱维亚、立陶宛、卢森堡、马耳他、荷兰、波兰、葡萄牙、斯洛伐克、斯洛文尼亚、西班牙、瑞典、英国和美国。

第一步　人均附加值增长细分

为了掌握细分法的主要思想，需要理解 t 年内的人均附加值 y，如下：

$$y_t = w_t e_t l_t p_t \tag{1}$$

上述公式中，w 代表按就业人员的数量划分的附加值，e 代表就业率，即就业人口占劳动力人口的比重，l 代表劳动力参与率，p 代表劳动适龄人口占总人口的比重。

增长细分法基于沙普利方法（夏洛克斯，1999 年），该方法在世界银行的增长细分工具里添加了一个变量（世界银行，2012b）。沙普利方法将增长细分为不同的组成部分。每一个组成部分代表随着时间的推移，四个因素的变化对人均附加值增长的贡献程度。

在对人均附加值增长进行细分时，每个组成部分的规模可以被视为增长的驱动因素的边际效应。在假设只有一个因素发生变化，而其他因素保持不变的前提下，通过该公式可计算出人均附加值增长率。可以使所研究的第一年或最后一年的因素保持不变。通过采用加权平均法，沙普利方法将保持不变的所有可能性都考虑在内。通过该方法可以产生准确的细分，从而对所有组成部分求和，进而得出人均附加值总增长率。增长率可通过下列公式计算得出：

$$\hat{y}_t = \overline{w_t} + \overline{e_t} + \overline{l_t} + \overline{p_t} \tag{2}$$

上述公式中，$\hat{y}_t$代表人均附加值增长率，$\overline{w_t}$，$\overline{e_t}$，$\overline{l_t}$和$\overline{p_t}$分别代表与劳动生产率、就业率、劳动力参与率和劳动适龄人口占总人口的比重相关的增长的各个组成部分。

将沙普利方法用于解释增长的细分情况时，需要考虑这四个因素，公式（2）用于计算 $t-l$ 年到 t 年内的增长率，其各个组成部分推导如下：

$$\overline{w_t} = \frac{(w_t - w_{t-1})}{(y_{t-1})}\left(\frac{e_t l_t p_t}{4} + \frac{e_{t-1} l_{t-1} p_{t-1}}{4} + \frac{e_{t-1} l_t p_t}{12} + \frac{e_t l_{t-1} p_t}{12} + \frac{e_t l_t p_{t-1}}{12} + \frac{e_{t-1} l_{t-1} p_t}{12} + \frac{e_t l_{t-1} p_{t-1}}{12} + \frac{e_{t-1} l_t p_{t-1}}{12}\right) \tag{3}$$

$$\overline{e_t} = \frac{(e_t - e_{t-1})}{(y_{t-1})}\left(\frac{w_t l_t p_t}{4} + \frac{w_{t-1} l_{t-1} p_{t-1}}{4} + \frac{w_{t-1} l_t p_t}{12} + \frac{w_t l_{t-1} p_t}{12} + \frac{w_t l_t p_{t-1}}{12} + \frac{w_{t-1} l_{t-1} p_t}{12} + \frac{w_t l_{t-1} p_{t-1}}{12} + \frac{w_{t-1} l_t p_{t-1}}{12}\right) \tag{4}$$

$$\overline{l_t} = \frac{(l_t - l_{t-1})}{(y_{t-1})}\left(\frac{w_t e_t p_t}{4} + \frac{w_{t-1} e_{t-1} p_{t-1}}{4} + \frac{w_{t-1} e_t p_t}{12} + \frac{w_t e_{t-1} p_t}{12} + \frac{w_t e_t p_{t-1}}{12} + \frac{w_{t-1} e_{t-1} p_t}{12} + \frac{w_t e_{t-1} p_{t-1}}{12} + \frac{w_{t-1} e_t p_{t-1}}{12}\right) \tag{5}$$

$$\overline{p_t} = \frac{(p_t - p_{t-1})}{(y_{t-1})}\left(\frac{w_t e_t l_t}{4} + \frac{w_{t-1} e_{t-1} l_{t-1}}{4} + \frac{w_{t-1} e_t l_t}{12} + \frac{w_t e_{t-1} l_t}{12} + \frac{w_t e_t l_{t-1}}{12} + \frac{w_{t-1} e_{t-1} l_t}{12} + \frac{w_t e_{t-1} l_{t-1}}{12} + \frac{w_{t-1} e_t l_{t-1}}{12}\right) \tag{6}$$

等式右边的第一项代表各个因素绝对值的变化，该变化通过对所研究的第一年的人均附加值进行加权分析得出。第二项代表第一年或最后一年的保持不变的其他因素的所有可能组合的加权平均值。公式（3）至公式（6）的计算结果就是增长细分法的第一步。

第二步　劳动生产率细分

第二步，作为增长的组成部分，劳动生产率被进一步细分为针对具体行业的行业内劳动生产率和跨行业劳动生产率。根据这种细分方法，劳动生产率的提高可能源于行业内劳动生产率的提高，也可能源于跨行业的就业岗位再分配，即劳动力从生产率低的行业转向生产率高的行业。该细分方法所涉及的行业包括农业、工业和服务业。

对于一些发达经济体而言，可以通过21个不同的行业进行进一步细分。该细分按照《国际行业分类标准》的行业分类法进行，分为农业、采矿和采石、食品和饮料、纺织产品和鞋类、木制品、纸浆和纸产品、化学产品、非金属矿物产品、碱性金属、机械、电力和光学设备、运输设备、其他制造业、电力和水供应、建筑、批发和零售业、住宿和餐饮、交通和电信业、金融中介、房地产服务以及社会和个人服务。

s行业的行业内劳动生产率用来衡量行业内劳动生产率w^s的变化如何影响人均附加值增长率，同时保持该行业的就业人口占总就业人口的比重j^s不变。此处所说的保持不变是就所研究的增长时期开始和结束时比重的平均值而言。s行业的行业内劳动生产率可用下列公式表示：

$$\overline{w_t^{WI,s}} = \frac{(w_t^s - w_{t-1}^s)}{(w_t - w_{t-1})}\left(\frac{j_t^s + j_{t-1}^s}{2}\right)\overline{w_t} \qquad (7)$$

相反，跨行业劳动生产率用来衡量在提高劳动生产率方面跨行业就业人口流入和流出的重要性。它可以衡量结构性改革，或具体而言，结构性改革带来的生产率的提高。公式如下：

$$\overline{w_t^{AC}} = \sum_{s \in S} \frac{(j_t^s - j_{t-1}^s)}{(w_t - w_{t-1})}\left(\frac{w_t^s + w_{t-1}^s}{2}\right)\overline{w_t} \qquad (8)$$

如果某个行业的生产率低于平均水平，并且遭遇岗位流失，跨行业劳动生产率将与增长呈正相关关系。如果某个行业的生产率高于平均水平，结果将正好相反，岗位流失造成增长下降。

下面，再次通过准确的细分，总结所有行业的行业内和跨行业劳动生产率对增长的影响。通过创建公式，所有劳动生产率之和等于劳动生产率对人均附加值增长率的总贡献，如下所示：

$$\overline{w_t} = \overline{w_t^{AC}} + \sum_{s \in S} \overline{w_t^{WI,s}} \qquad (9)$$

将劳动生产率细分为行业内和跨行业劳动生产率，如公式（7）和公式（8）所示。这就是本章提到的增长细分法的第二步。

专栏 A1 示例：人均附加值增长细分（第一步和第二步）

为了阐述细分法的计算过程，本专栏列举了一个示例，并利用下列原始数据虚构了一种经济：

变量	第一年	第二年	变化（取绝对值）
附加值	10,000	11,000	+1,000
总人口	1,000	1,020	+20
劳动适龄人口	700	710	+10
劳动力	450	455	+5
就业人口	400	420	+20
农业附加值	500	500	+0
工业附加值	5,500	6,200	+700
服务业附加值	4,000	4,300	+300
农业就业人口	40	35	-5
工业就业人口	200	213	+13
服务业就业人口	160	172	+12

基于上述原始数据，很容易找出适用于公式（3）至公式（8）的各主要变量。这些变量由比率组成，而比率是在利用这些原始数据的基础上计算得出的。如下所示：

变量	符号	第一年	第二年	增长（百分比）
人均附加值	y	10.000	10.784	+7.84
劳动适龄人口占总人口的比重	p	0.700	0.696	-0.56
劳动力参与率	i	0.643	0.641	-0.31
就业率	e	0.889	0.923	+3.85
劳动生产率	w	25.000	26.190	+4.76
农业就业人口占总就业人口的比重	j^{AGR}	0.100	0.083	-16.67
工业就业人口占总就业人口的比重	j^{IND}	0.500	0.507	+ 1.43
服务业就业人口占总就业人口的比重	j^{SER}	0.400	0.410	+2.38
农业劳动生产率	w^{AGR}	12.500	14.286	+ 14.29
工业劳动生产率	w^{IND}	27.500	29.108	+5.85
服务业劳动生产率	w^{SER}	25.000	25.000	+0.00

第一步 将人均附加值总增长率细分为劳动生产率、就业率、劳动力参与率和人口结构

利用沙普利方法，将经济增长细分为与劳动生产率、就业率、劳动力参与率和劳动适龄人口占总人口的比重相关的组成部分。针对给定示例，通过公式（3）至公式（6），分别得出以下结果：

增长的组成部分	符号	增长的组成部分（百分点）
劳动适龄人口占总人口的比重	$\bar{p}$	-0.58
劳动力参与率	$\bar{l}$	-0.33
就业率	$\bar{e}$	+3.92
劳动生产率	$\bar{w}$	+4.83
人均附加值增长率	$\hat{y}$	+7.84

增长的组成部分与劳动生产率、就业率、劳动力参与率和劳动适龄人口占总人口的比重的增长率大致相对应，这有助于理解。但是，与单个增长率相反，所有增长率组成部分之和正好等于人均附加值总增长率。

第二步　将劳动生产率细分为行业内劳动生产率和跨行业劳动生产率

第二步，将劳动生产率（增长的一个组成部分）进一步细分为与行业内劳动生产率变化相关的部分（此种情景下，给定的示例列举了农业、工业和服务业的劳动生产率）和与跨行业就业岗位再分配引起的劳动生产率变化（即生产性的结构性改革）相关的部分。在公式（7）和公式（8）的基础上，可以计算以下行业内劳动生产率和跨行业劳动生产率的数值：

增长的组成部分	符号	增长的组成部分（百分点）
农业内部劳动生产率	$\overline{W}^{WI,AGR}$	+0.66
工业内部劳动生产率	$\overline{W}^{WI,IND}$	+3.29
服务业内部劳动生产率	$\overline{W}^{WI,SER}$	+0.00
跨行业劳动生产率	$\overline{W}^{AC}$	+0.88
劳动生产率	$\overline{W}$	+4.83

在给定的示例中，由于服务业劳动生产率从第一年到第二年没有变化，因此服务业劳动生产率为零。由于农业和工业劳动生产率上升，农业和工业内部劳动生产率是正数。鉴于第二年农业就业人口占总就业人口比重低于第一年（工业和服务业正好相反），跨行业劳动生产率也同样是正数。由于农业属于生产率偏低的行业，而工业和服务业属于生产率偏高的行业，再加上上述结果，这使得生产结构整体改革与人均附加值增长呈正相关关系。

综上所述，通过细分，对原始数据进行转换，可以量化增长的驱动因素，而通常情况下，这些驱动因素并不能通过原始数据很明显地表现出来。

附录 2　附加值的预测及估算

附录 1 详细解释的增长细分情况需要得到附加值总额和各行业附加值总额的数据支持。为了从农业、工业和服务业进行细分，本章提供了区域数据，该区域数据建立在该地区各国完整的数据集的基础上，以随着时间的推移，确保分析结果保持一致。本章也对人均附加值增长及其源泉进行了预测。附录 2 旨在介绍本章所采用的方法：

- 估算 1991—2011 年期间在无数据的情形下（即国家报告缺失某些年份的数据），附加值总额和行业附加值的缺失数据点；
- 预测 2012—2017 年期间附加值总额和行业附加值。

按地区对增长进行细分，需要得到 1991—2011 年期间关于附加值的完整数据，并对 2012—2017 年的数据进行预测。[①]世界银行《世界发展指标》数据库包含 1991—2011 年期间 161 个国家的行业附加值数据（2000 年定值美元）。[②]对上述国家中的 73 个国家而言，1991—2011 年期间附加值总额和行业附加值数据是完整的。对于剩余的 88 个国家而言，1991—2011 年期间关于附加值总额的 35.5% 的数据点缺失，并且三大产业（农业、工业、服务业）的附加值数据也缺失或不完整。联合国统计司在这 161 个国家的基础上又补充了关于另外 6 个国家的数据。

本样本仅限于上述 167 个国家，对这些国家而言，至少有部分数据点是可以获取的。

① 本报告公布之时，尚未得到 2012 年的数据。

② 请注意这些已获得的数据截至 2012 年 9 月。

对于其中的 4 个国家而言，由于缺乏用于预测模型的一些输入数据，不可能生成 1991—2011 年期间带有估算值和预测值的、完整的附加值总额和行业附加值数据集。

对于余下的 163 个国家而言，可以通过下文概述的预测模型生成完整的附加值数据集。可对这些国家进行区域划分，并对其人均附加值增长进行细分。通过对这些国家平等地进行实证分析发现，其增长的组成部分与劳动力市场指标相关。上述 163 个国家的就业人口占全球就业人口的 97.4%。[①]

附加值总额

在第一步中，利用预测模型，通过对 1991—2011 年缺失的数据点进行估算，并预测 2012—2017 年所有国家的数据，完善了针对上述 163 个国家的附加值总额数据序列。

国际货币基金组织 2012 年 10 月发布《世界经济展望》，对实际 GDP 增长率进行了估算和预测。由于已获取的数据序列之间没有任何差距且不完整（要么涵盖研究之初的数据，要么涵盖研究最后一年的数据，或两者都涵盖），故在此基础上，对附加值的预测要么滞后，要么超前。这为估算 1991—2011 年期间的附加值总额提供了平衡面板数据。接下来，将根据国际货币基金组织对 2012—2017 年期间实际 GDP 增长率的预测，对所有 163 个国家的附加值总额进行预测，以完善关于附加值总额的平衡面板数据，进而创建针对 163 个国家 1991—2017 年期间的附加值总额数据集。

作为第一次质量检查，鉴于在 GDP 增长率的基础上，对附加值进行预测，因此，同时观测附加值和 GDP 增长率动态，来证明两者息息相关，这是很有远见的。为了达到这一目的，将国际货币基金组织公布的 1991—2011 年的 GDP 数据与世界银行和联合国统计司公布的同一时期针对 163 个国家的附加值数据样本进行比较。附加值（或 GDP）和增长率之间的相关系数分别为 0.99 和 0.86 以上。当单独观测每个区域时，在可比范围内，也可以发现两者之间的相关性。这些结果为验证通过 GDP 增长率来估算附加值的有效性提供了强有力的实证支持。

第二次检查主要是调查 GDP 增长率是高于还是低于附加值增长率。通过进行 1,337 次观测，发现附加值增长速度快于 GDP 增长速度；又进行了 1,484 次观测，发现 GDP 增长速度快于附加值增长速度，这说明该模式相对比较完善。因此，无需担心系统的附加值估算值过高或过低。

各行业的附加值

预测模型中，第二步旨在估算没有上报完整的附加值数据（包括农业、工业和服务业）的国家的行业附加值数据，并针对这些变量得出中期预测数据。

为了实现这一目标，创建了一个实证模型，来预测每个行业的附加值总额所占比重。由于因变量代表比重，并在 0—1 之间变动，有时等于 1，因此我们利用对数比转换来确保预测过程符合因变量的上述特性。农业附加值比重超过服务业附加值比重的对数和工业附加值比重超过服务业附加值比重的对数（以差分形式出现）都是上文两个公式中的因变量。值得注意的是，在本框架中由于所有方案产生的预测结果都一样，因此，在预测过程中选哪个行业的附加值比重作为因变量的分母都无关紧要。

---

① 此处为 2011 年的数据覆盖率。

利用泽尔纳似不相关回归（SUR）估算方法[①]，分别对每个地区进行估算。估算公式如下：

$$\Delta\log\left(\frac{A_{it}}{S_{it}}\right)=\alpha_0+\alpha_1\Delta\log GDPPC_{it}+\alpha_2\Delta\log GDPPC_{it-1}$$
$$+\alpha_3\Delta\log URB_{it}+\alpha_4\Delta\log URB_{it-1}+\mu_{it}^{A}$$
$$\Delta\log\left(\frac{I_{it}}{S_{it}}\right)=\beta_0+\beta_1\Delta\log GDPPC_{it}+\beta_2\Delta\log GDPPC_{it-1}$$
$$+\beta_3\Delta\log URB_{it}+\beta_4\Delta\log URB_{it-1}+\mu_{it}^{I}$$

A，*I* 和 *S* 分别代表农业附加值总额比重、工业附加值总额比重和服务业附加值总额比重。为了解释经济发展水平与经济产业结构之间已确立的关系（切纳里和泰勒，1968年），采用 *GDPPC*，其代表以 2005 年国际定值美元计的人均 GDP（源于世界银行的《世界发展指标》）。*URB* 代表城市化率，该数据来自联合国人口司。预计农业劳动人口的减少会加快城市化进程。

以对数差分的形式引入各个变量，并将其一起导入公式，且变量具有滞后性。[②]观测按地区划分的回归法分析结果在上述用来估算 9 个地区附加值的 18 个公式中，有 16 个公式的 4 个自变量的取值范围同时高达 5%。其中，13 个公式中，自变量的取值范围为 1%。

根据估算的系数，可以计算对因变量的预测结果，对其进行再次转换后可将预测结果（预测滞后或超前）以差分的形式与关于各行业附加值比重的已获取数据进行比较。这又包括了 2012—2017 年期间的预测。为了实现这一目的，在《世界经济展望》（国际货币基金组织，2012b）中预测的 GDP 增长率和联合国人口司公布的人口数据的基础上，对 *GDPPC* 进行预测。同样，城市化预测数据也来源于联合国人口司。这样一来，可以创建 1991—2017 年期间针对 163 个国家的完整的行业附加值数据集。

为了检测预测质量，使用交叉验证技术，随机排除被观测样本的 10%，然后估算公式（1）和公式（2）中的结果，并在削减了的样本的基础上预测各行附加值所占比重。通过留一交叉验证流程，随机排除被观测样本，重复此动作 300 次。每一次对农业附加值比重、工业附加值比重和服务业附加值比重的计算用来衡量预测数值与通过观测从样本中被排除的国家得出的实际数值在百分误差方面的吻合度。表 7 显示了交叉验证的结果。

为了理解表 7，我们以第一栏左上方的单元格为例。该单元格代表农业附加值比重

表 7　对行业附加值比重预测精准度的交叉验证结果

300 次随机计算后的数据总结	与实际数值相比，百分误差分别小于 1%、5% 或 10% 的观测次数所占的比重								
	农业			工业			服务业		
	<10%	<5%	<1%	<10%	<5%	<1%	<10%	<5%	<1%
平均值	84.5	61.5	15.9	96.3	88.1	44.5	92.8	79.8	28.3
最大值	89.8	70.0	21.8	99.0	93.1	52.0	97.4	85.8	35.1
最小值	76.9	54.6	10.3	92.7	82.8	37.3	87.8	73.6	21.1

① 此处，SUR 相当于普通最小二乘法（OLS），因为在上述公式中我们使用了同一组解释变量。

② 回归过程中的解释力不能进一步大幅滞后。

预测数值为 84.5%，与通过观测从样本中被排除的国家得出的实际数据点相比，误差小于 10%。在 300 次观测中，89.8% 的预测数值与实际数据点的误差保持在 10% 以内。观测到的最小的预测数值为 76.9%。

如果农业附加值比重的实际数据点为 20%，按误差小于 10% 计算，预测数值范围为 18%—22%。在同样的示例中，按误差小于 5% 计算，预测数值范围为 19%—21%。按误差小于 1% 计算，预测数值范围为 19.8%—22.2%，几乎与目标数值正好吻合。

根据交叉验证结果，对服务业附加值比重的预测最准确，而对农业附加值比重的预测往往最不准确。整体而言，交叉验证过程会产生令人满意的结果，出现较大预测误差的概率极低（取决于所用方法的有效性）。

附录 3　增长模式及劳动力市场结果

为了分析是否存在一种能够使劳动力市场良好运行的增长模式，本章的分析方法采用针对具体国家的增长细分作为工具，以此来发现增长模式。

将部分劳动力市场指标作为因变量，在回归法的基础上进行推断。回归法采用了增长细分中的人均附加值增长的各个部分及人均附加值总额增长率这两个自变量。以这种方式确定回归法公式，可以确保捕获的是增长强度。换言之，如果我们观测处于经济衰退中的（增长率为负）的某个增长细分的数值，或观测以两位数字的速度增长的经济中的某个增长细分的数值，那么产生的结果将截然不同。是否包括人均附加值增长是造成这一区别的根源。

可以用回归法来解释在短期效果和长期效果上的区别。根据 1991—2011 年期间各国的年度增长细分、年度劳动力市场结果的变动以及年度人均附加值增长数据，短期分析旨在获得某个特定增长模式和特定劳动力市场结果之间的直接关系。针对具体国家，利用普通最小二乘法（OLS）和固定效应面板估计法，得出下列公式的计算结果：

$$\Delta LMI_{it} = \alpha_0 + \alpha_1 COMP_{it} + \alpha_2 \hat{y}_{it} + \varepsilon_i + \varepsilon_{it}$$

与之相反，长期分析旨在获得较长时期内某个特定增长模式和特定劳动力市场结果之间的关系，并通过利用更长时期内的增长细分、劳动力市场指标的变动以及年度人均增长率的平均值来实现这一目的。这种情形下，通过采用简单的 OLS 估算法来估算下列跨行业公式的计算结果：

$$\Delta LMI_i = \alpha_0 + \alpha_1 COMP_i + \alpha_2 \hat{y}_t + \varepsilon_{it}$$

在以上两个公式中，*LMI* 代表劳动力市场指标，*COMP* 代表增长的各个组成部分，$\hat{y}$ 代表人均附加值增长率，ε_i 代表针对具体国家的固定效应，ε_{it} 代表误差项。

图 53 至图 57 显示了分析结果及 α_1 数据点估算值，置信水平为 90%。变量 *COMP* 来源于本章附录 1 中提到的增长细分。

通过使以上两个公式中的 *COMP* 分别取值 $\bar{e}$、$\bar{l}$、$\overline{W}^{AC}$、$\overline{W}^{WI,AGR}$、$\overline{W}^{WI,IND}$ 和 $\overline{W}^{WI,SER}$，来生成对发展中经济体和发达经济体的分析结果，从而衡量劳动力参与率的变动、就业人口的变动、结构性改革及农业、工业和服务业劳动生产率的变动分别对人均附加值增长率的影响程度。此种情形下，所有的 *COMP* 的取值都来自增长细分（用来区分三大产业）。长期分析的研究时期为 1999—2011 年。

图 56 和图 57 中显示的对部分发达经济体的分析结果可用作 *COMP* 值——来自涵盖 21 个行业的增长细分的各个组成部分。按照上文所述本次分析采用细分中的$\bar{e}$、$\bar{l}$和 $\overline{W}^{AC}$ 来分别衡量劳动力参与率、就业人口及结构性改革的增长强度。为了衡量行业内劳动生产率的提高对增长的影响程度，将 21 个比较分散的行业的内部组成部分统计到三大产业中，然后用回归法进行分析。由于所获数据具有局限性，长期分析的研究时期锁定在 1999—2007 年之间。

第五章
告别二次就业低潮：挑战与政策

2012 年全球就业市场经历二次探底。由于全球主要经济体和地区的经济增速纷纷放缓，且更多国家开始受到全球经济衰退的影响，就业率大幅下滑，失业率开始上升。尽管 2013 年的增速预计会小幅加快，然而由于对政策制定者们能否出台合适政策应对危机的不确定性不断增强，投资与就业均受到影响。

企业在创造就业机会方面一直面临诸多问题，这给就业市场带来了严峻挑战。长期失业率不断上升，技能与职业的不匹配导致失业人士更难找到体面的工作。虽然在过去十年间世界经济的发展带来了人民生活水平的提高，帮助更多人摆脱了贫困，但是目前的这一局面却在威胁民生事业取得长期进展。

政策制定者们应采取必要的措施，防止经济与社会前景进一步恶化。全球经济目前所经历的远非正常的周期性衰退，无法自动复苏。相反，如果不果断采取行动纠正，全球经济可能在未来出现停滞，并让各地区多年陷入社会动荡。正如本报告所述，根据之前金融危机中获得的经验，如果不采取更多行动，全球有可能面临长期的低速增长和高失业率。为避免全球经济继续恶化，政策制定者应重点解决四大相关问题，即（1）降低政策不确定性；（2）协调行动以推动总需求增长；（3）应对就业市场上日益严重的不匹配问题；（4）采取行动，重点解决青年失业问题。

降低不确定性，增加投资及创造更多就业机会

欧元区的危机、美国的财政悬崖和目前正引发争论的债务上限问题，以及主要由发达经济体所面临的政策不协调加剧（见第一章）和未能及时实施改革措施的问题都导致了不确定性的加剧，并正阻碍发达经济体在更大范围内进行更可持续的复苏，这给一些发展中经济体造成了不利的溢出效应。在发达经济体内，企业纷纷缩减投资并推迟雇新计划，直到他们进一步看清新的风险和商机。同样，在复苏期，银行和家庭的去杠杆化势头丝毫未减，其中的一部分原因是前景不确定。私营企业，主要是欧元区的私营企业，更倾向于减少未支付承担额，以便应对未来新出现的风险。只要这一不确定性持续，就不可能实现大幅复苏，而全球各地则将继续遭受衰退的影响。因此，稳定预期并提供更为透明的政策前景是促进全球经济发展的关键。

劳动力市场低迷、工资增速缓慢都在对家庭可支配收入造成不利影响，进而降低总需求并延长去杠杆化过程，这在那些在危机期间经历严重房地产泡沫的国家尤其明显。而私人消费疲软、消费者信心低迷则进一步削弱了企业扩大产能的意愿。近期西班牙引发的关于对背负巨额且不可持续抵押贷款的家庭设置债务展期的讨论是为增强消费增长并最终创造更多就业机会而跨出的正确的一步。此外，对筹资渠道有限的行业以及中小服务企业等对就业增长作出突出贡献的行业提供定向信贷的做法可以刺激就业机会的创

造，并消除企业一直以来所面临的流动性约束（卡尔沃，2011 年）。

导致不确定性增强的第二个原因是备受经济危机困扰的国家缺乏可靠的退出战略。在一些国家，尤其是欧洲国家，主权债务已经到了几乎无法持续的程度，给这些国家的实体经济带来了不利影响。到目前为止，政策制定者似乎并未准备好出台协调而完善的战略，以解决这些国家实际的金融问题。目前已有一些解决方案得到实施，用以解决迫在眉睫的流动性问题，这些解决方案包括欧洲央行推出的“直接货币交易方案”以及“欧洲稳定机制”，后者提倡对个别银行提供直接支持并有助于破除银行纾困与国家债务之间的恶性循环。还有一项工作就是至少要使这些国家的一部分债务互助化（国际劳工组织，2012d）。但更为具体的解决方案则不太可能降低不确定性。

最后，还需尽快实施几项政策措施，以重塑对金融市场稳定性的信心。首先，快速实施金融业的改革议案和银行业的定向支持措施。说到这一点，美国 2010 年签订的《多德弗兰克法案》中的一些改革议案尚未全部实施，进一步导致前景的不确定。相同地，在欧元区，全新的银行业保障措施已在原则上通过表决并被纳入了欧洲稳定机制，但在 2013 年夏季之前这些措施不会生效。这些措施的生效能够进一步改善金融中介。此外，许多政策制定工作都将目标定为放宽融资（再融资）条件，缓解债务压力，而旨在改善企业信贷条件的政策行动却少之又少。运作更为稳健的金融业能够引导更多的信贷与投资流向实体经济，促进投资和就业。正如去年的《全球就业趋势》报告所述，旨在稳定金融市场的成熟而可行的改革框架协议或会大大加速就业增长。等待的时间越长、拖延实施的时间越久会进一步加剧不确定性，从而限制对企业，尤其是中小企业的信贷，并使失业率高企甚至上升。

协调全球需求刺激计划与就业机会的创造

当前要做的是全球协调一致，以更大的规模提振全球需求。利用紧缩措施缓解高昂而不可持续的主权债务的做法造成了危险的下行螺旋，一国的财政紧缩纷纷蔓延至邻国，导致新的失衡，进而要求进一步做出财政调整。即使下行螺旋最终消失，这样的政策也不可能带来可持续的复苏。同样地，当前一些欧洲国家为重塑增长引擎而实施的以增强出口竞争力为核心的战略无法在所有欧盟成员国中取得成功；随着一国价格竞争力的提高，该国在该地区的对手国也会相继效仿，从而进一步增加了出现通货紧缩式的下行螺旋的风险（见国际劳工组织，2010）。

相反，全球需要协调政策行动以重新实现均衡增长，并培育多极增长引擎。目前，全球增长因一些国家的危机扩散而有所削弱，进而影响了全球的贸易与金融状况。全球增长应依赖于几个主要经济体强劲的内部状况，以稳定全球经济活动。这就要求更多国家改善国内经济，而非主要依赖出口来拉动增长。那些因长期的高额经常项目赤字而受到不利影响的国家或许应着重利用内部或外部贬值重塑外部竞争力，而经常项目赤字已经给这些国家造成了严重的外债积压。其他国家，特别是新兴经济体，应开始将重点更多地放在提振国内需求上。这将使全球经济的增长点更为多元化。

在众多发展中经济体中，新兴中产阶级的购买力正在不断增强，这可能会带来上述的发展，从而促进这些经济体的投资与消费。随着时间的推移，这或会大大刺激全球总需求的增长，进而带来更为均衡、更可持续的全球经济增长。

协调刺激要求货币政策继续保持宽松，并维持通货再膨胀的立场。特别是，各主要国家的央行应继续通过非常规政策干预提供流动性。从这方面而言，全球通胀减速可能增加政策制定者推动全球经济再平衡的难度。一方面，由于存在名义工资刚性，这会有碍欧元区遭受危机困扰的国家从竞争力的加速提高中受益，因为这些国家无法降低名义汇率。另一方面，低通货膨胀，甚至通胀紧缩风险增强会使债务负担高企，甚至有所增加，进而促使主权国家、银行和家庭进一步实行去杠杆化。因此，货币政策的制定者应确保通胀预期保持稳定或略微上扬。从这一点而言，通货膨胀的暂时飙升可防止市场被通货紧缩情绪所笼罩，也可能帮助欧元区遭受危机的国家加速增长（施密特—格罗赫和乌里韦，2012 年）。

解决劳动力市场错配问题，推动结构性改革

金融危机会造成周期性失业。然而，劳动力市场长期的严重衰退已经使危机之前就已出现的结构性问题更加突出。尤其是，技能错配与职业变更的加剧正在阻碍就业复苏并削弱政策干预在刺激增长方面的有效性。同时，全球经济低迷也减缓了许多发展中地区的结构性改革步伐，而结构性改革则是改善就业质量并为劳动适龄人口提供更多体面的工作机会的重要措施。上述两个目标的实现都需要政策支持，以促进不同行业中工作者的流动，从而支持持续的工作创造并刺激生产成功转型。此外，发展中国家需要加速提高行业（特别是农业的）生产力。这本身就可以促进农业的结构改变，从而推动附加值更高的行业的发展。

如果采取合理措施，技能与职业错配问题经过一段时间就能解决。特别是，在结构快速变革的期间，不同行业均会出现新的工作，而能力要求也会与以往不同。有针对性的教育与职业培训政策有助于解决这些问题，并防止求职者丢失受聘于更为活跃的行业的机会。应该在这些政策的基础上制定内容更为宽泛的劳动力市场政策，以将培训与刺激措施有机结合起来，帮助劳动者快速获得新的就业机会。

此外，完善的失业福利制度有助于经济结构调整快速取得成功。正如第四章生产性的结构性改革所述，即将工作岗位从低生产力行业转移至高生产力行业，能够减少弱势就业、减少在职贫穷、壮大在职中产阶级的队伍。然而，将农业人口转移至工业或服务业常常需要付出高昂的成本。劳动者也常常需要从农村地区转移至城市地区，并且在求职期间常常需要面临一段时间的失业。另外，他们也面临着更大的试用期失业和潜在的技能错配的风险。失业福利可以取消这些成本、缓解风险，从而鼓励并促进结构性改革。尤其值得一提的是，失业福利能够改善劳动力市场的匹配质量、降低职业与技能错配、提高就业质量与生产力（阿西莫各鲁，2001 年；森特诺，2004 年；卡利恩多等，2009 年）。通过提高劳动力市场的流动频率，完善的失业福利有助于提高岗位创造率，这特别适合在发展中国家推行，而且从中期来看，失业福利也能促进农业劳动人口向服务业转移（博埃里和马西斯，2010 年）。这两大结果说明，将向求职者提供收入支持纳入社会保护最低标准，或者在可能并合理的条件下，制定完善的失业福利制度对解决技能错配、促进结构调整至为重要。虽然农业就业问题至关重要，政府也需要出台政策加速农业生产力的增长，并使农村地区的就业与投资机会更为多元化。

加大力度促进青年就业，重点提高青年长期就业

政策制定者必须重点解决青年就业的问题。全球本已高企的青年失业率依然不断上升，这引发了外界对“失落的一代”的担忧，并由此对劳动力市场选择和范围更广的经济产生长期的不利影响（见国际劳工组织，2012a，2012c）。刚开始工作就遭遇长期失业会带来长期影响，比如技能缺失、生产力降低和加剧公共财政紧张，而且这些影响难

以弥补。为让这一弱势群体获得更多关注，国际劳工组织召开了第101届国际劳工大会，探讨解决青年高失业率的政策和举措。“解决青年就业危机亟须采取立即行动”使这一努力达到高潮。这是政府、劳动者、雇主达成的一份三方协议，载列了正在使用或测试的干预举措，以促进五大政策领域的青年就业。[①]除了促进就业的宏观经济政策和积极的劳动力市场政策之外，三大有关青年就业的具体干预举措也应在应对青年就业危机时受到更多关注。特别值得一提的是，政府应该：

- 提高青年就业率。相关政策可包括通过开展有关技能错配的社会对话增强教育、培训与就业之间的关联；促进技术职业教育与培训，其中包括建立学徒关系；引进可尽早发现潜在辍学学生的机制，鼓励辍学学生继续留在学校，或提供其他的就业、教育与培训机会；将求职技巧纳入学校课程之中；拓宽青年获得就业信息的渠道；实施青年就业保证方案。
- 鼓励青年创业。相关政策可包括确保提供鼓励青年创业的环境，通过补贴信贷、担保贷款以及小额信贷向青年创业者提供更多运营可持续企业，特别是小微以及中型企业、合作组织和社会企业所需的融资机会。
- 宣传青年劳动标准与权利。相关政策可包括：以基于权利的方式解决青年就业，确保青年获得同等对待并在工作中获得适当权利；致力推出将国际劳工标准纳入考量之中的青年就业政策；宣传并保护青年劳动者组织起来进行集体谈判的权利；确保为青年就业者提供足够的社会保护，以助其实现稳定就业，并获得体面的工作。

---

① 结论可从 http://www.ilo.org/wcmsp5/groups/public/---ed_norm/---relconf/documents/meeting document/wcms_185950.pdf 网站下载。

参考文献

Acemoglu, D. 2001. "Good jobs vs. bad jobs", in *Journal of Labor Economics*, Vol. 19, No. 1, pp. 1–21.

African Development Bank (AfDB). 2012. *African Economic Outlook* (Tunis-Belvedère, AfDB, OECD, UNDP and UNECA).

Akyüz, Y. 2011. *Capital flows to developing countries in a historical perspective: Will the current boom end in a bust?* South Centre Research Paper 37 (March).

Albee, A. 2011. "United Republic of Tanzania. Low labour productivity constrains poverty reduction", in T. Sparreboom; A. Albee: *Towards decent work in sub-Saharan Africa. Monitoring MDG employment indicators*, Chapter 6 (Geneva, International Labour Office).

Al Masah Capital. 2011. *MENA: The Great Job Rush – The 'unemployment' ticking time bomb and how to fix it* (Dubai, Al Masah Capital Limited).

Asian Development Bank (ADB). 2012. *Asian Development Outlook 2012 Supplement: Sluggish Global Economy Weighs on Asia's Growth* (Manila), July. Available at: http://www.adb.org/publications/asian-development-outlook-2012-supplement.

Autor, D. 2010. *The polarization of job opportunities in the U.S. labor market: Implications for employment and earnings* (Cambridge, MA, Center for American Progress; The Hamilton Project).

Baker, S.R.; Bloom, N.; Davis, S.J. 2012. *Measuring economic policy uncertainty*. Working paper, available at: http://www.policyuncertainty.com.

Baldwin-Edwards, M. 2011. *Labour immigration and labour markets in the GCC countries: National patterns and trends* (London, LSE Kuwait Programme on Development).

Barrow, L.; Davis, J. 2012. *The upside of down: Postsecondary enrollment in the Great Recession* (Chicago, Federal Reserve Bank of Chicago).

Baumol, W.J.; Blackman, S.A.B.; Wolff, E. 1985. "Unbalanced Growth Revisited: Asymptotic Stagnancy and New Evidence", in *American Economic Review*, Vol. 75, No. 4, pp. 806–817.

Bils, M.; Klenow, P.J.; Malin, B.A. 2012. *Testing for Keynesian labor demand*, Working Paper No. 18149 (Cambridge, MA, National Bureau of Economic Research).

Black, F.; Scholes, M. 1973. "The pricing of options and corporate liabilities", in *Journal of Political Economy*, Vol. 81, No. 3, pp. 637–654.

BLS, 2012. United States Bureau of Labor Statistics, 2012.

Boeri, T.; Macis, M. 2010. "Do unemployment benefits promote or hinder job reallocation?", in *Journal of Development Economics*, Vol. 93, No. 1, pp. 109–125.

Brunnermeier, M.K.; Oehmke, M. 2012. "Bubbles, financial crises, and systemic risk", in G.M. Constantinides; M. Harris; R.M. Stulz (eds): *Handbook of the Economics of Finance* (New York, Elsevier).

Cashin, P.; Mohaddes, K.; Raissi, M. 2012. *The Global Impact of the Systemic Economies and MENA Business Cycles*, IMF Working Paper No. 12/255 (Washington, DC, International Monetary Fund).

Caliendo, M.; Tatsiramos, K.; Uhlendorff, A. 2009. *Benefit duration, unemployment duration and job match quality: A regression-discontinuity approach,* Discussion Paper No. 4670 (Bonn, Institute for the Study of Labor (IZA)).

Calvo, G. 2011. The liquidity approach to bubbles, crises, jobless recoveries, and involuntary unemployment (New York, University of Colombia). Available at: http://www.columbia.edu/~gc2286/documents/LiquidityIllusionandInvoluntaryUnemploymentAugust202011REVOct1320111.pdf.

Calvo, G.; Coricelli, F.; Ottonello, P. 2012. *The labor market consequences of financial crises with or without inflation: Jobless and wageless recoveries,* Working Paper No. 18480 (Cambridge, MA: National Bureau of Economic Research).

Cazes, S.; Verick, S.; Al Hussami, F. 2011. *Diverging patterns in US and European unemployment dynamics. Evidence from Okun's law, the Great Recession and longer term trends,* Employment Sector, Employment Working Paper No. 106 (Geneva, International Labour Office).
Centeno, M. 2004. "The match quality gains from unemployment insurance", in *The Journal of Human Resources*, Vol. 39, No. 3, pp. 839–863.
Chenery, H.B.; Taylor, L.J. 1968. "Development patterns: Among countries and over time", in *Review of Economics and Statistics*, Vol. 50, pp. 391–416.
Economic Commission for Latin America and the Caribbean (ECLAC). 2012. *Macroeconomic Report on Latin America and the Caribbean*, United Nations Publication, June (Santiago, ECLAC).
Elsby, M.; Hobijn, B.; Sahin, A. 2008. *Unemployment dynamics in the OECD,* Working Paper No. 14617 (Cambridge, MA, National Bureau of Economic Research).
Estevão, M.; Tsounta, E. 2011. *Has the Great Recession raised U.S. structural unemployment?,* Working Paper No. 11105 (Washington, DC, International Monetary Fund).
Eurofound. 2012. *NEETs. Young people not in employment, education or training: Characteristics, costs and policy responses in Europe* (Luxembourg, European Foundation for the Improvement of Living and Working Conditions).
European Central Bank (ECB). 2012. *Euro area labour markets and the crisis* (Frankfurt a. M.).
European Commission (EC). 2011. Tax reforms in EU Member States 2011: Tax policy challenges for economic growth and fiscal sustainability, European Economy 5/2011. Available at: http://ec.europa.eu/economy_finance/publications/european_economy/2011/pdf/ee-2011-5_en.pdf.
—. 2012a. Stability and convergence programmes and national reform programmes 2012. Available at: http://ec.europa.eu/economy_finance/economic_governance/sgp/convergence/programmes/2012_en.htm.
—. 2012b. *Towards a job-rich recovery,* COM(2012) 173 final, 18 April (Strasbourg, EC, Communication from the Commission to the European Parliament, the Council, the European Economic and Social Committee and the Committee of the Regions). Available at: http://ec.europa.eu/social/main.jsp?catId=89&langId=en&newsId=1270&moreDocuments=yes&tableName=news.
Feyen, E.; Kibuuka, K.; Ötker-Robe, I. 2012. "European bank deleveraging: Implications for emerging market countries", in *Economic Premise*, No. 79, April (Washington DC, World Bank). Available at: http://siteresources.worldbank.org/EXTPREMNET/Resources/EP79.pdf.
Fortuny, M.; Al Husseini, J. 2010. *Labour market policies and institutions: A synthesis report: The cases of Algeria, Jordan, Morocco, Syria and Turkey,* Employment Sector, Employment Working Paper No. 64 (Geneva, International Labour Office).
Gilchrist, S.; Himmelberg, C.P.; Huberman, G. 2005. "Do stock price bubbles influence corporate investment?", in *Journal of Monetary Economics*, Vol. 52, No. 4, pp. 805–827.
Griliches, Z. 1992. "Introduction", in Z. Griliches (ed.): *Output measurement in the service sectors* (Chicago, University of Chicago Press).
Gulf Talent. 2012. *Employment and salary trends in the Gulf* (Dubai). Available at: http://www.gulftalent.com.
Ho, W.-Y.A.; Yetman, J. 2012. *Does US GDP stall?,* Working Paper No. 387 (Basel, Bank for International Settlements).
Hobijn, B.; Sahin, A. 2012. *Beveridge curve shifts across countries since the Great Recession* (San Francisco, Federal Reserve Bank of San Francisco).
Hotchkiss, J.L. 2009. *Decomposing changes in the aggregate labor force participation rate*, Federal Reserve Bank of Atlanta Working Paper 2009-6 (March).
Iacoviello, M. 2005. "House prices, borrowing constraints, and monetary policy in the business cycle", in *American Economic Review*, Vol. 95, No. 3, pp. 739–764.
International Labour Office (ILO). 2010. *World of Work: From one crisis to the next?* (Geneva, ILO, International Institute for Labour Studies).
ILO. 2011a. *Key Indicators of the Labour Market*, 7th edition (Geneva).
—. 2011b. *Global jobs pact country scan: Mongolia* (Geneva). Available at: http://www.ilo.org/wcmsp5/groups/public/--dgreports/--integration/documents/publication/wcms_162366.pdf.
—. 2011c. *Efficient growth, employment and decent work in Africa: Time for a new vision* (Geneva).
—. 2012a. *Global Employment Outlook: Bleak labour market prospects for youth* (Geneva).
—. 2012b. *Global Employment Trends for Women: Tackling labour market segregation* (Geneva).
—. 2012c. *Global Employment Trends for Youth 2012* (Geneva).

—. 2012d. *Global Employment Trends. Preventing a deeper jobs crisis* (Geneva).
—. 2012e. *Decent Work Country Profile – Armenia* (Geneva). Available at: http://www.ilo.org/wcmsp5/groups/public/--dgreports/--integration/documents/publication/wcms_185266.pdf.
—. 2012f. *Decent Work Country Profile – Azerbaijan* (Geneva). Available at: http://www.ilo.org/wcmsp5/groups/public/--dgreports/--integration/documents/publication/wcms_175754.pdf.
—. 2012g. *The situation of workers of the occupied Arab territories*, International Labour Conference, 101st Session, 2012 (ILC.101/DG/APP), Report of the Director-General, Appendix (Geneva). Available at: http://www.ilo.org/wcmsp5/groups/public/@ed_norm/@relconf/documents/meetingdocument/wcms_181071.pdf.
—. 2012h. *The youth employment crisis: A call for action*, Resolution and conclusions of the International Labour Conference, 101st Session, 2012 (Geneva). Available at: http://www.ilo.org/wcmsp5/groups/public/--ed_norm/--relconf/documents/meetingdocument/wcms_185950.pdf.
—. 2012i. *Global Wage Report: Wages and equitable growth* (Geneva).
—. 2012j. *Panorama Laboral* (Lima, International Labour Office).
—; UNDP. 2012. *Rethinking economic growth: towards productive and inclusive Arab societies* (Beirut, International Labour Office).
—; World Bank. 2012. *Inventory of policy responses to the financial and economic crisis*, Joint Synthesis Report (Geneva, ILO; Washington, DC, World Bank), April. Available at: http://www.ilo.org/wcmsp5/groups/public/--ed_emp/--emp_elm/documents/publication/wcms_186324.pdf.
International Monetary Fund (IMF). 2009. *World Economic Outlook (October). Sustaining the recovery* (Washington, DC).
—. 2010. *World Economic Outlook (April). Rebalancing growth* (Washington, DC).
—. 2012a. *Fiscal monitor. Taking stock: A progress report on fiscal adjustment* (Washington, DC).
—. 2012b. *World Economic Outlook (October 2012): Coping with high debt and sluggish growth* (Washington, DC). Available at: http://www.imf.org/external/pubs/ft/weo/2012/02/pdf/text.pdf.
—. 2012c. *World Economic Outlook Update (July 2012): New setbacks, further policy action needed* (Washington, DC). Available at: http://www.imf.org/external/pubs/ft/weo/2012/update/02/pdf/0712.pdf.
—. 2012d. *World Economic Outlook (April 2012): Growth resuming, dangers remain* (Washington, DC). Available at: http://www.imf.org/external/pubs/ft/weo/2012/01/pdf/text.pdf.
—. 2012e. *IMF Executive Board concludes 2012 Article IV consultation with Papua New Guinea* (Washington, DC). Available at: http://www.imf.org/external/np/sec/pn/2012/pn1253.htm.
—. 2012f. *IMF Executive Board concludes 2012 Article IV consultation with Samoa* (Washington, DC). Available at: http://www.imf.org/external/np/sec/pn/2012/pn1266.htm.
Jaimovich, N.; Siu, H.E. 2012. *The trend is the cycle: Job polarization and jobless recoveries*, Working Paper No. 18334 (Cambridge, MA, National Bureau of Economic Research).
Kanyenze, G.; Kondo, T.; Chitambara, P.; Martens, J. 2010. *Beyond the enclave: Towards a pro-poor and inclusive development strategy for Zimbabwe* (Weaver Press), ISBN 9781779221513.
Kapsos, S.; Bourmpoula, E. Forthcoming. *Employment and economic class in the developing world*, ILO Working Paper (Geneva, International Labour Office).
Kapsos, S.; Silberman, A. Forthcoming. *Female labour force participation in India*, ILO Working Paper (Geneva, International Labour Office).
Kiyotaki, N.; Moore, J. 1997. "Credit cycles", in *Journal of Political Economy*, Vol. 105, No. 2, pp. 211–248.
Klasen, S.; Pieters, J. 2012. *Push or pull? Drivers of female labor force participation during India's economic boom*, IZA Discussion Papers, No. 6395. (Bonn, Institute for the Study of Labor).
Kucera, D.; Roncolato, L. 2012. *Structure matters: Sectoral drivers of development and the labour productivity-employment relationship*, ILO Research Paper No. 3, December (Geneva, International Labour Office).
Laeven, L.; Valencia, F. 2008. *Systemic banking crises: A new database* (Washington, DC, International Monetary Fund).
—. 2012. *Systemic banking crises database: An update* (Washington, DC, International Monetary Fund).
Leduc, S.; Liu, Z. 2012. *Uncertainty shocks are aggregate demand shocks*, Federal Reserve Bank of San Francisco Working Paper 2012-10. Available at: http://www.frbsf.org/publications/economics/papers/2012/wp12-10bk.pdf.
Malawi growth and development strategy II. 2012. Policy Document (Malawi Government).

McMillan, M.S.; Rodrik, D. 2011. "Globalization, structural change and productivity growth". In M. Bacchetta; M. Jansen (eds): *Making globalization socially sustainable* (Geneva: World Trade Organization and International Labour Office), pp. 49–84.

Mehrotra, S.; Gandhi, A.; Sahoo, B.; Saha, P. 2012. "Creating employment in the twelfth five-year plan", in *Economic and Political Weekly*, Vol. 47, No. 19, pp. 63–73.

Moreno, L. 2011. *La década de América Latina y el Caribe. Una oportunidad real.* (Washington, DC, Banco Interamericano de Desarrollo).

Namibia NDP4. 2012. *Namibia's Fourth National Development Plan (NDP)* (Republic of Namibia, Office of the President National Planning Commission). Available at: http://www.npc.gov.na/docs/NDP4_Main_Document.pdf.

Organisation for Economic Co-operation and Development (OECD). 2011. *Restoring Public Finances* (Paris). Available at: http://www.oecd.org/governance/budgetingandpublicexpenditures/47558957.pdf.

—. 2012. *What is the near-term global economic outlook?, An interim assessment September 2012* (Paris). Available at: http://www.oecdtokyo2.org/pdf/theme_pdf/macroeconomics_pdf/20120906InterimAssessment.pdf.

Pérez, E.; Yao, Y. 2012. *Can institutional reform reduce job destruction and unemployment duration? Yes it can*, Working Paper No. 1254 (Washington, DC, International Monetary Fund).

Pissarides, C. 2000. *Equilibrium unemployment theory* (Cambridge, MA, The MIT Press).

Quintini, G. 2011. *Over-qualified or under-skilled: A review of existing literature*, OECD Social, Employment and Migration Working Papers No. 121 (OECD Publishing). Available at: http://www.oecd-ilibrary.org/social-issues-migration-health/over-qualified-or-under-skilled_5kg58j9d7b6d-en.

Rangarajan, C.; Kaul, P.I.; Seema 2011. "Where is the missing labour force?", in *Economic and Political Weekly*, Vol. 46, No. 39 (special article).

Ravallion, M. 2009. *The developing world's bulging (but vulnerable) 'middle class'*, Policy Research Working Paper No. 4816 (World Bank, Development Research Group), January. ISSN: 1813-9450.

Roxburgh, C.; Dörr N.; Leke, A.; Tazi-Riffi, A.; Van Wamelen, A.; Lund, S.; Chironga, M.; Alatovik, T.; Atkins, C.; Terfous, N.; Zeino-Mahmalat, T. 2010. *Lions on the move: The progress and potential of African economies* (New York City, McKinsey Global Institute).

Sahin, A.; Song, J.; Topa, G.; Violante, G.L. 2012. *Mismatch unemployment*, Working Paper No. 18265 (Washington, DC, National Bureau of Economic Research).

Schmitt-Grohé, S.; Uribe, M. 2012. *The case for temporary inflation in the eurozone* (New York, Columbia University). Available at: http://www.columbia.edu/~mu2166/jep.pdf.

Shimer, R. 2007. *Reassessing the ins and outs of unemployment*, Working Paper No. 13421 (Cambridge, MA, National Bureau of Economic Research).

Shorrocks, A.F. 1999. *Decomposition procedures for distributional analysis: A unified framework based on the Shapley value*, mimeo (University of Essex and Institute for Fiscal Studies).

South Africa National Development Plan / Vision 2030. 2012. *Our future – make it work* (National Planning Commission, Republic of South Africa). Available at: http://www.info.gov.za/view/DownloadFileAction?id=172306.

Sparreboom, T. Forthcoming. *Productivity, structural change and education in Tanzania* (Geneva, International Labour Office).

Spence, M.; Hlatshwayo, S. 2011. *The evolving structure of the American economy and the employment challenge* (Washington, DC, Council on Foreign Relations).

Statistics South Africa (StatsSA). 2012. *Quarterly Labour Force Survey*, Quarter 2, 31 July (Pretoria).

Sweeney, P. 2012. "China approves 30 infrastructure projects", in *Reuters*, 7 September. Available at: http://www.reuters.com/article/2012/09/07/china-subways-idAFL4E8K705Y20120907.

Tanzania MKUKUTA II. 2011. *MKUKUTA Annual Implementation Report 2010/11* (Ministry of Finance, United Republic of Tanzania), November. Available at: http://www.povertymonitoring.go.tz/WhatisNew/Mair%202010-11.pdf.

Timmer, M.P.; de Vries, G.J. 2009. "Structural change and growth accelerations in Asia and Latin America: A new sectoral data set", *Cliometrica*, Vol. 3, pp. 165–190.

UNCTAD. 2012. *Trade and Development Report 2012. Policies for inclusive and balanced growth* (New York and Geneva, United Nations). Available at: http://unctad.org/en/PublicationsLibrary/tdr2012_en.pdf.

United Nations. 2012a. *World economic situation and prospects 2012* (New York, UN DESA). Available at: http://www.un.org/en/development/desa/policy/wesp/wesp_current/2012wesp.pdf.

—. 2012b. *World economic situation and prospects 2012. Update as of mid-2012* (New York, UN DESA). Available at: http://www.un.org/en/development/desa/policy/wesp/wesp_archive/2012wespupdate.pdf.

—. 2012c. *The future we want*, Resolution 66/288 adopted by the United Nations General Assembly (New York).

—. 2013. *World economic situation and prospects 2013* (New York, UN DESA).

Valletta, R. 2005. *Why has the U.S. Beveridge curve shifted back? New evidence using regional data* (San Francisco, Federal Reserve Bank of San Francisco).

Vaughan-Whitehead, D. (ed.), Edward, E. Forthcoming. *Public sector shock: The impact of policy retrenchment in Europe* (Geneva).

Woodford, M. 2012. *Methods of policy accommodation at the interest-rate lower bound*, presented at the Federal Reserve Board Kansas City Economic Policy Symposium on the Changing Policy Landscape. Available at: https://www.kansascityfed.org/publicat/sympos/2012/mw.pdf.

World Bank. 2008. *The Growth Report: Strategies for sustained growth and inclusive development* (Washington, DC, World Bank, Commission on Growth and Development).

—. 2012a. *China 2030: Building a modern, harmonious, and creative high-income society* (Washington, DC, World Bank and Development Research Center of the State Council of the People's Republic of China).

—. 2012b. *Job generation and growth decomposition tool: Understanding the sectoral pattern of growth and its employment and productivity intensity*, Reference Manual and User's Guide, Version 1.0 (Washington, DC).

—. 2012c. *World Development Indicators* (Washington, DC).

—. 2013. *World Development Report 2013* (Washington, DC).

World Trade Organization (WTO). 2012. *World Trade Report: Trade and public policies. A closer look at non-tariff measures in the 21st century* (Geneva).

Zoega, G. 2010. "The financial crisis: Joblessness and investmentlessness", in *Capitalism and Society*, Vol. 5, No. 2. Available at: http://www.bepress.com/cas/vol5/iss2/art3.

附录1　全球和地区性数据统计表

表 A1　全球和各地区 GDP 实际年均增长率（百分比）

地区	2006 年	2007 年	2008 年	2009 年	2010 年	2011 年	2012 年*	2013 年*	2014 年*	2015 年*	2016 年*	2017 年*
全球	5.3	5.4	2.8	-0.6	5.1	3.8	3.3	3.6	4.1	4.4	4.5	4.6
发达经济体和欧盟	3.0	2.7	0.1	-3.7	2.5	1.5	1.2	1.4	2.1	2.5	2.5	2.5
中欧和东南欧（非欧盟）及独联体	8.2	7.8	4.3	-6.0	5.5	5.5	3.5	3.8	4.0	4.1	4.1	4.1
东亚	10.9	12.1	7.9	7.1	9.9	8.2	6.8	7.4	7.7	7.8	7.8	7.8
东南亚和太平洋地区	6.1	6.7	4.5	1.6	7.6	4.6	5.2	5.5	5.5	5.7	5.8	5.9
南亚	8.9	9.4	6.5	5.5	9.1	6.5	4.9	5.7	6.1	6.5	6.6	6.7
拉丁美洲和加勒比地区	5.7	5.8	4.2	-1.5	6.2	4.5	3.2	3.9	4.1	4.0	4.0	4.0
中东	6.3	5.6	4.4	2.1	5.5	5.0	3.2	3.3	3.5	3.8	3.9	4.0
北非	6.1	5.9	4.9	3.6	4.1	-0.5	9.8	4.4	4.5	5.4	5.6	5.6
撒哈拉以南非洲	6.4	7.1	5.6	2.8	5.3	5.2	5.3	5.3	5.6	5.8	5.6	5.8

* 2012 年数据为初步预估数据；2013 年至 2017 年数据为预测数据。

资料来源：国际货币基金组织，《世界经济展望》，2012 年 10 月。

表 A2　全球和各地区按性别划分的失业率（百分比）

男性和女性	2000 年	2005 年	2006 年	2007 年	2008 年	2009 年	2010 年	2011 年	2012 年*		
									CI 下限值	初步预估数据	CI 上限值
全球	6.3	6.1	5.7	5.4	5.6	6.2	6.0	5.9	5.8	5.9	6.1
发达经济体和欧盟	6.7	6.9	6.3	5.8	6.1	8.4	8.8	8.4	8.4	8.6	8.6
中欧和东南欧（非欧盟）及独联体	10.7	9.1	9.0	8.3	8.3	10.1	9.4	8.7	8.1	8.2	8.4
东亚	4.5	4.2	4.0	3.8	4.3	4.4	4.2	4.3	4.3	4.4	4.6
东南亚和太平洋地区	5.0	6.4	6.1	5.5	5.3	5.2	4.7	4.4	4.3	4.4	4.5
南亚	4.5	4.7	4.1	3.9	3.9	4.1	3.9	3.8	3.7	3.8	3.9
拉丁美洲和加勒比地区	8.6	8.1	7.5	7.0	6.6	7.8	6.8	6.5	6.4	6.6	6.7
中东	11.5	11.2	10.9	10.3	10.5	10.7	11.2	11.1	10.5	11.1	11.8
北非	13.2	11.0	10.0	9.6	9.1	9.1	8.9	10.0	9.9	10.3	10.6
撒哈拉以南非洲	8.5	7.5	7.5	7.4	7.5	7.6	7.6	7.6	7.4	7.5	7.6
男性	**2000 年**	**2005 年**	**2006 年**	**2007 年**	**2008 年**	**2009 年**	**2010 年**	**2011 年**	**2012 年***		
									CI 下限值	初步预估数据	CI 上限值
全球	6.1	5.8	5.5	5.2	5.4	6.1	5.8	5.7	5.6	5.7	5.9
发达经济体和欧盟	6.3	6.6	6.1	5.6	6.0	8.8	9.1	8.7	8.7	8.8	8.9
中欧和东南欧（非欧盟）及独联体	10.5	9.3	9.2	8.6	8.6	10.5	9.7	8.8	8.2	8.4	8.6
东亚	5.1	4.7	4.5	4.3	4.9	5.0	4.8	4.9	4.9	5.1	5.2
东南亚和太平洋地区	5.1	6.0	5.7	5.3	5.1	5.2	4.4	4.1	4.1	4.1	4.2
南亚	4.4	4.3	4.0	3.6	3.7	4.0	3.5	3.4	3.5	3.5	3.6
拉丁美洲和加勒比地区	7.3	6.6	6.1	5.6	5.3	6.5	5.8	5.6	5.4	5.6	5.7
中东	9.8	9.4	9.0	8.5	8.7	9.0	9.3	9.2	8.7	9.3	9.8
北非	11.6	9.1	8.3	8.2	7.5	7.2	7.0	7.7	7.7	7.9	8.2
撒哈拉以南非洲	7.9	7.0	6.9	7.0	7.1	7.2	7.2	7.1	7.0	7.1	7.2
女性	**2000 年**	**2005 年**	**2006 年**	**2007 年**	**2008 年**	**2009 年**	**2010 年**	**2011 年**	**2012 年***		
									CI 下限值	初步预估数据	CI 上限值
全球	6.6	6.5	6.1	5.7	5.8	6.4	6.3	6.2	6.1	6.2	6.4
发达经济体和欧盟	7.3	7.3	6.7	6.1	6.2	7.9	8.4	8.2	8.2	8.3	8.4
中欧和东南欧（非欧盟）及独联体	10.9	8.9	8.8	8.0	8.0	9.6	9.1	8.5	7.9	8.1	8.2
东亚	3.8	3.5	3.3	3.1	3.6	3.7	3.5	3.6	3.6	3.7	3.8
东南亚和太平洋地区	4.9	6.9	6.6	5.7	5.4	5.1	5.1	4.7	4.7	4.7	4.8
南亚	4.7	5.6	4.4	4.6	4.3	4.5	4.9	4.6	4.5	4.6	4.7
拉丁美洲和加勒比地区	10.8	10.4	9.7	9.1	8.5	9.6	8.3	7.9	7.7	7.9	8.1
中东	19.6	19.0	18.9	18.2	18.6	18.4	19.7	19.5	18.3	19.3	20.4
北非	18.6	17.2	15.6	13.8	14.1	15.1	14.7	17.1	16.7	17.2	17.7
撒哈拉以南非洲	9.2	8.1	8.1	8.0	8.1	8.1	8.1	8.1	8.0	8.1	8.2

* 2012 年数据为初步预估数据；CI = 置信区间。

资料来源：国际劳工组织，《趋势计量经济学模型》，2012 年 10 月；如欲了解更多详情，请参见附录 4 和“劳动力市场指标的估算和预测”，尤其是《趋势计量经济学模型》：可从以下网站获取“研究方法综述”：http://www.ilo.org/empelm/what/projects/lang--en/WCMS_114246/index.htm。与早前估算数据之间存在的差异系因世界银行和国际货币基金组织对 GDP 的估算及模型中用到的相关要素进行了修改，以及所采用的劳动力市场信息有了数据更新。后者的更新所依据的是国际劳工组织的《劳动力市场关键绩效指标》（第七版，2012 年更新）。

表 A3　全球和各地区青年失业率和成年人失业率（百分比）

青年	2000 年	2005 年	2006 年	2007 年	2008 年	2009 年	2010 年	2011 年	2012 年*		
									CI 下限值	初步预估数据	CI 上限值
全球	12.7	12.8	12.2	11.6	11.8	12.8	12.6	12.4	12.3	12.6	12.8
发达经济体和欧盟	13.5	14.3	13.3	12.5	13.3	17.4	18.1	17.6	17.7	17.9	18.1
中欧和东南欧（非欧盟）及独联体	19.7	18.2	18.3	17.4	17.0	20.4	19.2	17.7	16.8	17.1	17.5
东亚	9.3	8.6	8.3	7.9	9.1	9.2	8.9	9.2	9.3	9.5	9.8
东南亚和太平洋地区	13.2	17.5	17.1	14.9	14.1	14.0	13.4	12.7	12.8	13.0	13.1
南亚	10.3	10.0	9.3	9.3	9.0	9.7	10.2	9.7	9.6	9.8	10.0
拉丁美洲和加勒比地区	15.7	16.4	15.3	14.2	13.6	15.7	14.1	13.4	13.1	13.5	13.9
中东	25.5	25.5	25.3	24.6	25.4	25.5	27.5	27.6	26.6	28.1	29.6
北非	26.1	24.4	22.2	20.8	20.3	20.4	20.1	23.3	23.1	23.8	24.5
撒哈拉以南非洲	13.2	12.0	11.8	11.8	11.9	12.0	11.9	11.9	11.7	11.9	12.0
成年人	**2000 年**	**2005 年**	**2006 年**	**2007 年**	**2008 年**	**2009 年**	**2010 年**	**2011 年**	**2012 年***		
									CI 下限值	初步预估数据	CI 上限值
全球	4.6	4.4	4.2	3.9	4.1	4.7	4.5	4.5	4.4	4.5	4.6
发达经济体和欧盟	5.6	5.8	5.3	4.8	5.0	7.1	7.5	7.2	7.2	7.3	7.4
中欧和东南欧（非欧盟地区）及独联体	8.9	7.4	7.3	6.7	6.8	8.3	7.8	7.2	6.7	6.9	7.0
东亚	3.5	3.2	3.0	2.9	3.3	3.4	3.3	3.4	3.4	3.5	3.6
东南亚和太平洋地区	2.5	3.3	3.1	3.1	3.1	3.0	2.7	2.5	2.4	2.5	2.5
南亚	2.6	3.0	2.6	2.3	2.4	2.6	2.3	2.2	2.3	2.3	2.4
拉丁美洲和加勒比地区	6.4	5.8	5.4	5.1	4.8	5.7	5.0	4.9	4.8	4.9	5.0
中东	6.8	6.8	6.6	6.4	6.6	7.0	7.4	7.4	7.0	7.5	7.9
北非	9.0	6.8	6.5	6.5	6.1	6.2	6.2	6.8	6.9	7.1	7.3
撒哈拉以南非洲	6.7	5.9	5.8	5.8	5.9	6.0	6.0	6.0	5.9	6.0	6.0

* 2012 年数据为初步预估数据；CI = 置信区间。

资料来源：国际劳工组织，《趋势计量经济学模型》，2012 年 10 月；同时参见表 A2 的资料来源。

表 A4　全球失业人口（百万）

	2000 年	2005 年	2006 年	2007 年	2008 年	2009 年	2010 年	2011 年	2012 年*		
									CI 下限值	初步预估数据	CI 上限值
总计	174.9	185.7	177.1	169.0	175.7	198.4	194.6	193.1	193.0	197.3	201.4
男性	102.0	105.8	101.8	97.2	102.0	117.0	113.0	112.0	112.0	114.6	117.0
女性	72.9	79.9	75.2	71.8	73.7	81.4	81.7	81.1	81.0	82.7	84.4
青年	72.8	77.9	74.1	70.4	71.0	76.2	74.7	73.2	72.2	73.8	75.4
成年人	102.1	107.9	102.9	98.5	104.7	122.2	120.0	119.9	120.8	123.5	126.0

* 2012 年数据为初步预估数据；CI = 置信区间。

注：由于采取了四舍五入，总数或有差异。

资料来源：国际劳工组织，《趋势计量经济学模型》，2012 年 10 月；同时参见表 A2 的资料来源。

表 A5　全球和各地区就业人口/总人口比率（百分比）

男性和女性	2000 年	2005 年	2006 年	2007 年	2008 年	2009 年	2010 年	2011 年	2012 年*		
									CI 下限值	初步预估数据	CI 上限值
全球	61.2	61.2	61.2	61.3	61.0	60.3	60.3	60.3	60.4	60.3	60.2
发达经济体和欧盟	56.6	56.2	56.7	57.1	57.1	55.5	55.0	55.0	54.9	54.8	54.8
中欧部和东南欧（非欧盟）及独联体	52.3	52.4	52.7	53.5	53.9	53.0	53.6	54.4	54.9	54.8	54.7
东亚	72.6	71.4	71.3	71.3	70.6	70.3	70.3	70.1	69.9	69.8	69.7
东南亚和太平洋地区	66.9	65.9	65.9	66.3	66.4	66.4	66.8	67.0	67.1	67.0	67.0
南亚	57.2	58.2	57.8	57.1	56.4	55.5	54.9	55.0	55.0	55.0	54.9
拉丁美洲和加勒比地区	58.5	60.1	60.6	60.9	61.4	60.7	61.6	61.8	62.0	61.9	61.8
中东	40.7	42.5	42.4	42.5	41.8	42.0	42.1	42.5	43.1	42.8	42.4
北非	42.0	43.4	43.4	44.0	44.3	44.3	44.5	44.1	44.3	44.1	43.9
撒哈拉以南非洲	63.8	64.7	64.8	64.9	64.9	64.9	64.8	65.0	65.2	65.1	65.0
男性	**2000 年**	**2005 年**	**2006 年**	**2007 年**	**2008 年**	**2009 年**	**2010 年**	**2011 年**	**2012 年***		
									CI 下限值	初步预估数据	CI 上限值
全球	73.8	73.4	73.5	73.6	73.3	72.6	72.6	72.7	72.8	72.7	72.6
发达经济体和欧盟	65.8	64.4	64.8	65.2	64.9	62.4	61.8	61.8	61.7	61.6	61.5
中欧和东南欧（非欧盟）及独联体	61.9	61.8	62.1	63.0	63.6	62.4	63.2	64.2	64.9	64.8	64.6
东亚	77.9	76.9	76.8	76.8	76.1	75.8	75.8	75.6	75.5	75.4	75.3
东南亚和太平洋地区	78.6	77.8	77.7	77.7	77.7	77.6	78.2	78.5	78.5	78.4	78.4
南亚	79.6	79.9	79.8	79.6	79.1	78.5	78.5	78.5	78.5	78.4	78.4
拉丁美洲和加勒比地区	74.8	74.9	75.3	75.4	75.7	74.5	75.2	75.1	75.2	75.1	75.0
中东	66.7	67.1	66.9	67.0	66.3	66.5	66.7	67.1	67.8	67.4	67.0
北非	66.2	68.3	68.0	68.0	68.6	68.8	68.9	68.5	68.6	68.4	68.2
撒哈拉以南非洲	70.9	70.6	70.7	70.7	70.8	70.7	70.6	70.8	71.0	70.9	70.9
女性	**2000 年**	**2005 年**	**2006 年**	**2007 年**	**2008 年**	**2009 年**	**2010 年**	**2011 年**	**2012 年***		
									CI 下限值	初步预估数据	CI 上限值
全球	48.6	49.0	49.0	49.0	48.7	48.1	47.9	47.9	48.0	47.9	47.8
发达经济体和欧盟	48.0	48.4	49.0	49.5	49.7	48.9	48.6	48.5	48.5	48.4	48.4
中欧和东南欧（非欧盟）及独联体	43.8	44.2	44.5	45.2	45.3	44.8	45.2	45.8	46.2	46.1	46.0
东亚	67.0	65.7	65.6	65.6	64.8	64.5	64.6	64.3	64.1	64.0	63.9
东南亚和太平洋地区	55.6	54.4	54.4	55.1	55.5	55.5	55.6	55.9	56.0	56.0	55.9
南亚	33.3	35.3	34.7	33.5	32.5	31.3	30.2	30.3	30.4	30.4	30.3
拉丁美洲和加勒比地区	42.9	46.0	46.5	47.1	47.7	47.6	48.8	49.1	49.5	49.4	49.3
中东	13.1	15.4	15.2	15.1	14.4	14.5	14.5	14.8	15.3	15.1	14.9
北非	18.0	18.7	19.2	20.3	20.4	20.2	20.4	20.0	20.3	20.2	20.1
撒哈拉以南非洲	56.9	58.9	59.0	59.1	59.2	59.2	59.2	59.3	59.4	59.4	59.3

* 2012 年数据为初步预估数据；CI = 置信区间。

资料来源：国际劳工组织，《趋势计量经济学模型》，2012 年 10 月；同时参见表 A2 的资料来源。

表 A6　全球和各地区的年就业增长率（百分比）

地区	2001—2006 年	2007 年	2008 年	2009 年	2010 年	2011 年	2012 年*		
							CI 下限值	初步预估数据	CI 上限值
全球	1.8	1.7	1.1	0.4	1.4	1.5	1.2	1.3	1.5
发达经济体和欧盟	0.8	1.5	0.6	-2.2	-0.2	0.4	0.2	0.3	0.4
中欧和东南欧（非欧盟）及独联体	0.9	2.1	1.2	-1.1	1.5	1.7	0.8	1.0	1.2
东亚	1.2	1.2	0.0	0.6	1.0	0.6	0.4	0.5	0.7
东南亚和太平洋地区	1.7	2.4	2.1	1.7	2.3	2.1	1.5	1.6	1.7
南亚	2.5	0.9	0.7	0.5	1.0	2.1	1.9	2.0	2.0
拉丁美洲和加勒比地区	2.5	2.3	2.6	0.6	3.2	2.0	1.6	1.8	2.0
中东	4.6	3.8	1.7	3.4	3.2	3.4	2.2	3.0	3.7
北非	3.2	3.7	3.0	2.2	2.5	1.1	1.6	2.0	2.3
撒哈拉以南非洲	3.0	2.8	2.9	2.7	2.8	2.9	2.8	2.9	3.0

* 2012 年数据为初步预估数据；CI = 置信区间。

资料来源：国际劳工组织，《趋势计量经济学模型》，2012 年 10 月；同时参见表 A2 的资料来源。

表 A7　每个工作者的产出、水平和年增长率

	每个工作者的产出（2011 年）	2001—2006 年	2007 年	2008 年	2009 年	2010 年	2011 年	2012 年*		
								CI 下限值	初步预估数据	CI 上限值
全球	22,685	2.0	3.5	1.4	-1.3	3.7	2.2	1.8	1.9	2.0
发达经济体和欧盟	72,898	1.4	1.1	-0.5	-1.8	3.0	1.0	0.8	0.9	1.0
中欧和东南欧（非欧盟）及独联体	25,747	5.5	5.6	3.0	-5.1	3.8	3.4	2.2	2.4	2.6
东亚	14,895	7.4	10.8	7.9	6.4	8.9	7.6	6.1	6.3	6.4
东南亚和太平洋地区	9,965	3.6	4.2	2.2	-0.1	5.3	2.4	3.5	3.5	3.6
南亚	7,698	4.2	8.1	3.1	7.1	7.7	4.2	2.8	2.9	3.0
拉丁美洲和加勒比地区	23,368	0.6	3.2	1.5	-2.3	2.6	2.3	1.2	1.4	1.6
中东	40,528	0.1	1.5	2.9	-1.9	1.7	2.0	-0.5	0.3	1.0
北非	17,806	1.3	1.8	2.2	1.5	1.6	0.2	9.3	9.7	10.0
撒哈拉以南非洲	5,491	2.0	3.7	2.3	-0.1	2.3	1.6	2.1	2.2	2.3

* 2012 年数据为初步预估数据；CI = 置信区间。

注：产出的计算基于 2005 年经购买力平价调整后的国际定值美元。

资料来源：国际劳工组织，《趋势计量经济学模型》，2012 年 10 月；同时参见表 A2 的资料来源。

表 A8 全球和各地区按性别划分的劳动力参与率（百分比）

男性和女性	2000年	2001年	2002年	2003年	2004年	2005年	2006年	2007年	2008年	2009年	2010年	2011年	2012年*
全球	65.2	65.1	65.1	65.0	65.1	65.2	65.0	64.8	64.6	64.3	64.1	64.1	64.1
发达经济体和欧盟	60.7	60.5	60.3	60.2	60.2	60.3	60.5	60.6	60.8	60.5	60.3	60.0	60.0
中欧和东南欧（非欧盟）及独联体	58.5	57.8	57.9	57.6	57.4	57.7	57.9	58.4	58.8	59.0	59.2	59.6	59.8
东亚	76.0	75.7	75.4	75.0	74.7	74.5	74.3	74.1	73.8	73.6	73.4	73.3	73.1
东南亚和太平洋地区	70.5	70.8	70.5	70.6	70.6	70.4	70.2	70.1	70.1	70.0	70.1	70.1	70.1
南亚	59.9	60.1	60.2	60.5	60.7	61.0	60.3	59.5	58.6	57.9	57.1	57.1	57.1
拉丁美洲和加勒比地区	64.0	64.3	64.6	64.5	65.2	65.4	65.5	65.5	65.7	65.8	66.1	66.1	66.3
中东	46.0	46.2	46.5	46.9	47.3	47.9	47.5	47.4	46.7	47.0	47.5	47.8	48.1
北非	48.4	47.8	47.5	48.1	48.5	48.8	48.3	48.7	48.8	48.8	48.8	49.0	49.1
撒哈拉以南非洲	69.7	69.8	69.9	69.9	69.9	69.9	70.0	70.1	70.2	70.2	70.2	70.3	70.4

男性	2000年	2001年	2002年	2003年	2004年	2005年	2006年	2007年	2008年	2009年	2010年	2011年	2012年*
全球	78.6	78.3	78.1	78.0	78.0	77.9	77.8	77.6	77.5	77.3	77.1	77.1	77.1
发达经济体和欧盟	70.2	69.8	69.4	69.1	68.9	69.0	69.0	69.0	69.0	68.4	68.0	67.6	67.5
中欧和东南欧（非欧盟）及独联体	69.2	68.3	68.0	67.6	67.8	68.2	68.3	68.9	69.6	69.7	70.0	70.4	70.7
东亚	82.1	81.7	81.4	81.1	80.9	80.7	80.4	80.3	80.0	79.8	79.6	79.6	79.4
东南亚和太平洋地区	82.8	83.1	82.8	83.1	83.2	82.7	82.4	82.1	81.9	81.8	81.9	81.8	81.8
南亚	83.3	83.3	83.3	83.3	83.3	83.4	83.1	82.6	82.1	81.7	81.4	81.3	81.3
拉丁美洲和加勒比地区	80.7	80.5	80.3	80.0	80.2	80.2	80.1	79.9	80.0	79.7	79.8	79.6	79.5
中东	74.0	73.9	73.8	73.8	73.8	74.0	73.5	73.3	72.7	73.1	73.6	74.0	74.3
北非	74.9	74.2	74.1	74.5	75.0	75.2	74.1	74.1	74.1	74.1	74.1	74.2	74.3
撒哈拉以南非洲	77.0	76.7	76.5	76.2	75.9	75.9	75.9	76.0	76.2	76.1	76.1	76.2	76.3

女性	2000年	2001年	2002年	2003年	2004年	2005年	2006年	2007年	2008年	2009年	2010年	2011年	2012年*
全球	52.0	52.0	52.1	52.1	52.2	52.4	52.2	52.0	51.7	51.4	51.2	51.1	51.1
发达经济体和欧盟	51.8	51.7	51.7	51.9	52.0	52.2	52.5	52.7	53.0	53.0	53.0	52.8	52.8
中欧和东南欧（非欧盟）及独联体	49.2	48.6	49.1	48.7	48.3	48.5	48.8	49.1	49.3	49.6	49.7	50.0	50.2
东亚	69.7	69.4	69.1	68.7	68.3	68.0	67.8	67.7	67.2	67.0	66.9	66.7	66.4
东南亚和太平洋地区	58.5	58.8	58.4	58.4	58.4	58.5	58.3	58.5	58.7	58.5	58.6	58.7	58.8
南亚	35.0	35.4	35.8	36.3	36.8	37.4	36.3	35.1	33.9	32.8	31.7	31.8	31.8
拉丁美洲和加勒比地区	48.1	48.7	49.6	49.8	50.8	51.3	51.5	51.8	52.1	52.6	53.1	53.3	53.6
中东	16.3	16.7	17.2	17.8	18.3	19.0	18.7	18.5	17.7	17.8	18.1	18.4	18.7
北非	22.1	21.7	21.2	21.9	22.4	22.6	22.7	23.6	23.7	23.8	24.0	24.2	24.4
撒哈拉以南非洲	62.7	63.1	63.5	63.8	64.0	64.1	64.2	64.2	64.4	64.4	64.4	64.5	64.6

* 2012 年数据为初步预测数据。

资料来源：国际劳工组织，《经济活跃人口估算和预测》（EAPEP）数据库，第 6 版（2012 年 7 月更新）。①

① 2012 年 7 月新版国际劳工组织《经济活跃人口估算和预测》（第 6 版）只更新了已有参与率数据的国家的估算值，因此，作为预测的基线年。

表 A9　全球和各地区成年人和青年的劳动力参与率（百分比）

青年	2000年	2001年	2002年	2003年	2004年	2005年	2006年	2007年	2008年	2009年	2010年	2011年	2012年*
全球	52.9	52.5	52.2	51.9	51.9	51.9	51.3	50.6	50.1	49.4	48.8	48.6	48.5
发达经济体和欧盟	52.6	51.7	50.9	49.9	49.9	50.0	50.4	50.1	50.0	48.7	47.5	47.1	47.3
中欧和东南欧（非欧盟）及独联体	43.2	41.9	41.5	40.5	40.2	40.1	40.2	40.6	41.9	42.1	42.0	41.9	42.0
东亚	65.5	64.3	63.5	62.9	62.4	62.0	61.8	61.6	60.8	60.6	60.3	60.2	59.8
东南亚和太平洋地区	56.3	56.8	55.9	56.0	55.9	55.3	54.3	53.5	53.0	52.7	52.5	52.3	52.3
南亚	48.0	48.1	48.3	48.4	48.5	48.6	47.3	45.6	44.1	42.7	41.3	41.2	41.0
拉丁美洲和加勒比地区	54.6	54.6	54.4	53.6	54.1	54.2	53.7	53.4	53.4	52.6	52.8	52.6	52.5
中东	32.7	32.8	32.9	33.1	33.2	33.3	32.4	31.6	30.5	30.3	30.3	30.3	30.3
北非	36.1	34.2	34.9	35.7	36.5	36.8	34.9	34.3	34.1	33.7	33.6	33.5	33.4
撒哈拉以南非洲	53.9	54.0	54.1	54.1	54.2	54.1	54.0	53.9	53.9	53.7	53.6	53.6	53.6
成年人	**2000年**	**2001年**	**2002年**	**2003年**	**2004年**	**2005年**	**2006年**	**2007年**	**2008年**	**2009年**	**2010年**	**2011年**	**2012年***
全球	69.4	69.4	69.4	69.5	69.5	69.6	69.5	69.4	69.3	69.1	69.0	68.9	68.8
发达经济体和欧盟	62.3	62.2	62.1	62.2	62.2	62.3	62.4	62.6	62.7	62.6	62.6	62.3	62.2
中欧和东南欧（非欧盟）及独联体	62.9	62.4	62.7	62.6	62.5	62.8	63.0	63.4	63.4	63.5	63.6	63.9	63.9
东亚	78.8	78.7	78.5	78.3	78.1	77.9	77.7	77.5	77.3	77.0	76.8	76.6	76.3
东南亚和太平洋地区	76.2	76.4	76.2	76.3	76.2	76.1	76.1	76.2	76.2	76.0	76.1	76.0	76.0
南亚	65.2	65.3	65.5	65.7	66.0	66.3	65.8	65.2	64.6	64.0	63.4	63.4	63.4
拉丁美洲和加勒比地区	67.8	68.1	68.6	68.7	69.3	69.5	69.7	69.7	70.0	70.3	70.6	70.6	70.7
中东	53.2	53.5	53.9	54.3	54.8	55.3	55.1	55.1	54.3	54.5	54.7	54.9	55.0
北非	54.4	54.4	53.6	54.0	54.2	54.3	54.4	55.0	55.1	55.1	55.1	55.1	55.1
撒哈拉以南非洲	78.5	78.6	78.7	78.7	78.7	78.7	78.8	79.0	79.2	79.2	79.1	79.2	79.3

* 2012 年数据为初步预测数据。

资料来源：国际劳工组织，《经济活跃人口估算和预测》数据库，第 6 版（2012 年 7 月更新）；同时参见表 A8 的资料来源。

表 A10　全球和各地区按部门和性别划分的就业份额（百分比）

男性和女性	农业				工业				服务业			
	2000年	2007年	2011年	2012年*	2000年	2007年	2011年	2012年*	2000年	2007年	2011年	2012年*
全球	40.5	35.5	33.3	33.5	20.4	22.1	22.6	22.5	39.1	42.4	44.1	44.0
发达经济体和欧盟	5.5	3.9	3.6	3.5	27.3	25.1	22.5	22.6	67.3	70.9	73.8	73.9
中欧和东南欧（非欧盟）及独联体	25.2	18.8	19.8	18.8	25.2	26.3	24.6	27.1	49.6	54.9	55.5	54.1
东亚	47.7	38.9	33.4	33.7	23.4	27.2	29.8	29.2	28.9	33.9	36.8	37.1
东南亚和太平洋地区	49.6	44.2	40.8	41.5	16.4	18.3	19.0	19.0	34.0	37.6	40.2	39.6
南亚	59.5	53.1	51.0	50.8	15.6	19.5	21.0	21.0	24.9	27.4	28.1	28.1
拉丁美洲和加勒比地区	20.3	17.0	15.8	15.7	21.6	22.5	21.7	21.7	58.0	60.4	62.4	62.6
中东	22.4	19.1	16.5	16.4	24.3	26.1	26.4	26.4	53.3	54.8	57.1	57.2
北非	32.4	30.9	27.2	29.8	19.5	21.1	24.0	22.4	48.1	48.0	48.9	47.8
撒哈拉以南非洲	66.4	63.1	61.8	62.0	7.9	8.5	8.7	8.7	25.7	28.4	29.5	29.3
男性	**农业**				**工业**				**服务业**			
	2000年	2007年	2011年	2012年*	2000年	2007年	2011年	2012年*	2000年	2007年	2011年	2012年*
全球	38.2	33.6	32.0	32.6	23.9	26.1	26.3	26.0	37.9	40.4	41.7	41.4
发达经济体和欧盟	6.0	4.5	4.3	4.2	36.4	35.0	32.1	32.0	57.6	60.5	63.6	63.7
中欧和东南欧（非欧盟）及独联体	25.2	19.1	20.4	18.3	30.9	33.3	29.7	33.7	43.9	47.6	49.9	48.0
东亚	41.4	34.3	30.1	31.3	26.3	30.1	32.6	31.2	32.2	35.6	37.3	37.5
东南亚和太平洋地区	48.5	43.5	40.1	42.0	18.4	20.8	21.5	21.2	33.1	35.6	38.4	36.8
南亚	53.3	46.3	44.5	44.3	17.4	21.6	23.0	23.0	29.3	32.1	32.5	32.6
拉丁美洲和加勒比地区	25.1	21.5	20.8	20.7	26.3	28.2	27.6	27.6	48.6	50.3	51.6	51.7
中东	19.8	16.5	14.1	14.0	26.6	28.4	29.2	29.3	53.6	55.2	56.7	56.7
北非	30.3	28.3	25.5	29.0	21.8	24.0	26.8	24.6	47.9	47.7	47.8	46.3
撒哈拉以南非洲	65.3	62.4	61.1	61.8	9.6	10.6	10.7	10.6	25.1	27.0	28.2	27.6
女性	**农业**				**工业**				**服务业**			
	2000年	2007年	2011年	2012年*	2000年	2007年	2011年	2012年*	2000年	2007年	2011年	2012年*
全球	44.0	38.4	35.4	35.0	15.1	16.2	16.9	17.1	40.9	45.4	47.7	47.9
发达经济体和欧盟	4.7	3.2	2.8	2.7	15.5	12.9	11.0	11.1	79.8	83.9	86.1	86.2
中欧和东南欧（非欧盟）及独联体	25.2	18.5	19.1	19.4	18.2	17.6	18.3	18.9	56.7	63.9	62.5	61.7
东亚	55.2	44.5	37.5	36.7	19.9	23.7	26.4	26.8	24.9	31.8	36.1	36.5
东南亚和太平洋地区	51.1	45.0	41.7	40.7	13.7	14.8	15.6	16.0	35.2	40.2	42.7	43.3
南亚	75.2	70.1	68.6	68.4	11.0	14.2	15.5	15.6	13.8	15.7	16.0	16.0
拉丁美洲和加勒比地区	12.4	10.2	8.6	8.4	13.8	13.9	13.2	13.2	73.8	75.9	78.2	78.3
中东	36.4	32.0	28.5	28.3	11.7	14.9	12.2	12.0	51.9	53.0	59.4	59.7
北非	39.9	39.6	32.9	32.3	11.1	11.6	14.6	14.9	49.0	48.9	52.5	52.8
撒哈拉以南非洲	67.8	63.9	62.6	62.2	5.7	6.1	6.4	6.5	26.5	30.0	31.0	31.3

* 2012 年数据为初步预测数据。

资料来源：国际劳工组织，《趋势计量经济学模型》，2012 年 10 月；同时参见表 A2 的资料来源。

表 A11　全球和各地区按部门和性别划分的就业量（百万）

男性和女性	农业				工业				服务业			
	2000年	2007年	2011年	2012年*	2000年	2007年	2011年	2012年*	2000年	2007年	2011年	2012年*
全球	1,057.3	1,048.6	1,028.4	1,048.8	533.6	653.8	696.6	703.2	1,020.3	1,251.3	1,360.6	1,375.4
发达经济体和欧盟	24.2	18.7	17.0	16.5	121.2	119.1	105.4	105.7	299.2	336.4	345.1	346.5
中欧和东南欧（非欧盟）及独联体	37.1	29.9	32.5	31.2	37.2	41.7	40.4	44.9	73.0	87.2	91.2	89.8
东亚	354.2	314.2	276.0	280.0	174.0	219.7	245.9	242.4	215.0	273.8	303.5	307.8
东南亚和太平洋地区	120.1	121.2	121.3	125.3	39.7	50.2	56.6	57.3	82.3	103.1	119.6	119.6
南亚	304.5	318.3	319.2	324.6	79.7	117.0	131.3	134.3	127.6	164.6	175.8	179.7
拉丁美洲和加勒比地区	42.2	41.9	42.2	42.6	44.9	55.4	58.0	59.1	120.4	148.6	166.7	170.2
中东	9.1	10.6	10.2	10.5	9.9	14.4	16.4	16.9	21.7	30.3	35.5	36.6
北非	15.3	18.2	17.5	19.5	9.2	12.5	15.4	14.7	22.7	28.3	31.4	31.4
撒哈拉以南非洲	150.4	175.7	192.4	198.6	17.8	23.8	27.1	27.9	58.3	79.0	91.7	93.9
男性	农业				工业				服务业			
	2000年	2007年	2011年	2012年*	2000年	2007年	2011年	2012年*	2000年	2007年	2011年	2012年*
全球	600.2	594.7	594.4	613.4	376.5	462.0	489.3	490.8	595.6	715.1	774.8	780.1
发达经济体和欧盟	15.1	11.9	11.0	10.8	91.0	91.9	82.0	82.1	144.0	159.0	162.6	163.3
中欧和东南欧（非欧盟）及独联体	20.6	16.7	18.5	16.8	25.3	29.1	27.0	30.9	35.9	41.7	45.2	44.0
东亚	169.0	152.5	136.9	143.5	107.4	133.5	148.2	142.8	131.4	158.0	170.0	171.9
东南亚和太平洋地区	68.0	69.1	68.8	73.2	25.7	33.0	36.9	36.9	46.4	56.5	65.8	64.2
南亚	195.9	198.4	203.6	206.8	63.8	92.7	105.2	107.3	107.6	137.8	148.9	152.2
拉丁美洲和加勒比地区	32.6	31.9	32.9	33.2	34.2	41.9	43.7	44.4	63.1	74.6	81.7	83.2
中东	6.8	7.6	7.3	7.5	9.2	13.0	15.2	15.6	18.4	25.4	29.4	30.2
北非	11.2	12.8	12.6	14.6	8.1	10.9	13.3	12.4	17.7	21.6	23.7	23.4
撒哈拉以南非洲	81.0	93.8	102.8	107.0	12.0	15.9	18.0	18.4	31.2	40.5	47.4	47.8
女性	农业				工业				服务业			
	2000年	2007年	2011年	2012年*	2000年	2007年	2011年	2012年*	2000年	2007年	2011年	2012年*
全球	457.1	453.9	434.0	435.4	157.1	191.8	207.2	212.4	424.7	536.2	585.9	595.3
发达经济体和欧盟	9.2	6.7	6.0	5.8	30.2	27.2	23.4	23.6	155.3	177.4	182.5	183.2
中欧和东南欧（非欧盟）及独联体	16.5	13.2	14.1	14.4	11.9	12.6	13.5	14.0	37.2	45.6	45.9	45.8
东亚	185.2	161.6	139.1	136.4	66.6	86.2	97.7	99.6	83.6	115.8	133.6	135.9
东南亚和太平洋地区	52.1	52.1	52.5	52.1	14.0	17.1	19.6	20.5	35.9	46.6	53.8	55.5
南亚	108.6	120.0	115.6	117.9	15.9	24.3	26.1	27.0	19.9	26.9	26.9	27.5
拉丁美洲和加勒比地区	9.7	10.0	9.4	9.3	10.7	13.5	14.3	14.7	57.3	74.0	85.0	87.0
中东	2.3	3.0	2.9	3.0	0.7	1.4	1.2	1.3	3.3	4.9	6.1	6.4
北非	4.1	5.4	4.8	4.9	1.1	1.6	2.2	2.3	5.0	6.7	7.7	8.0
撒哈拉以南非洲	69.4	81.9	89.7	91.6	5.9	7.9	9.1	9.5	27.2	38.4	44.4	46.1

* 2012 年数据为初步预测数据。

资料来源：国际劳工组织，《趋势计量经济学模型》，2012 年 10 月；同时参见表 A2 的资料来源。

表 A12　全球和各地区按性别划分的弱势就业比重（百分比）

男性和女性	2000年	2005年	2006年	2007年	2008年	2009年	2010年	2011年	2012年*	2017年*
全球	53.1	52.3	51.9	51.4	50.3	50.0	50.2	49.6	49.2	48.4
发达经济体和欧盟	11.2	10.8	10.6	10.4	10.2	10.1	10.3	10.1	10.1	9.6
中欧和东南欧（非欧盟）及独联体	23.8	22.3	21.6	20.3	20.0	20.2	20.3	20.0	19.7	19.0
东亚	58.4	56.1	55.8	55.1	52.6	51.1	51.2	50.0	48.9	46.1
东南亚和太平洋地区	65.2	62.9	62.7	62.4	62.5	61.6	62.0	61.2	61.1	59.4
南亚	81.3	80.7	80.2	79.9	79.0	78.2	78.6	77.5	76.9	75.8
拉丁美洲和加勒比地区	35.8	33.8	32.9	32.3	31.8	31.9	31.9	31.5	31.5	31.0
中东	33.5	31.6	30.8	29.6	28.4	28.4	27.4	27.1	27.0	26.5
北非	42.1	43.1	41.8	41.9	41.3	41.4	40.6	41.3	41.4	40.1
撒哈拉以南非洲	81.8	79.7	79.3	78.8	78.1	78.5	78.2	77.5	77.2	75.5
男性	**2000年**	**2005年**	**2006年**	**2007年**	**2008年**	**2009年**	**2010年**	**2011年**	**2012年***	**2017年***
全球	51.3	50.7	50.5	50.0	49.2	49.0	49.3	48.7	48.4	47.8
发达经济体和欧盟	11.8	11.9	11.7	11.6	11.4	11.4	11.7	11.4	11.4	10.9
中欧和东南欧（非欧盟）及独联体	24.0	22.6	21.9	20.4	20.1	20.5	20.1	19.7	19.5	18.8
东亚	53.4	51.6	51.5	50.9	48.8	47.7	47.8	46.9	46.0	44.0
东南亚和太平洋地区	61.4	59.5	59.4	58.8	59.4	58.5	58.9	58.3	58.2	56.7
南亚	78.6	77.9	78.1	77.8	76.9	76.2	76.7	75.6	75.0	74.0
拉丁美洲和加勒比地区	35.3	33.5	32.5	31.8	31.3	31.4	31.7	31.3	31.3	30.8
中东	30.8	28.6	27.9	26.7	26.0	26.1	25.3	25.0	24.9	24.3
北非	37.3	37.9	36.5	36.2	35.5	35.9	34.7	35.3	35.5	34.1
撒哈拉以南非洲	76.4	73.3	72.9	72.3	71.4	72.0	71.8	71.0	70.6	68.6
女性	**2000年**	**2005年**	**2006年**	**2007年**	**2008年**	**2009年**	**2010年**	**2011年**	**2012年***	**2017年***
全球	55.8	54.8	54.1	53.5	52.1	51.4	51.5	50.8	50.4	49.4
发达经济体和欧盟	10.5	9.5	9.2	9.0	8.7	8.6	8.7	8.5	8.5	8.0
中欧和东南欧（非欧盟）及独联体	23.6	21.9	21.1	20.2	20.0	19.9	20.5	20.4	19.9	19.2
东亚	64.5	61.6	61.2	60.3	57.2	55.2	55.3	53.8	52.4	48.8
东南亚和太平洋地区	70.6	67.6	67.2	67.3	66.7	65.8	66.2	65.2	65.1	63.0
南亚	88.1	87.4	85.5	85.3	84.3	83.4	83.9	82.6	81.9	80.6
拉丁美洲和加勒比地区	36.7	34.2	33.5	33.0	32.6	32.7	32.4	31.9	31.9	31.3
中东	48.3	46.3	45.1	43.5	40.4	39.7	38.2	37.8	37.6	36.4
北非	59.6	62.0	60.5	60.9	60.6	60.2	60.1	61.4	61.2	58.9
撒哈拉以南非洲	88.2	87.2	86.9	86.5	85.9	86.1	85.8	85.1	84.9	83.6

* 2012 年和 2017 年的数据为初步预测值。

资料来源：国际劳工组织，《趋势计量经济学模型》，2012 年 10 月；同时参见表 A2 的资料来源。

表 A13　全球和各地区按性别划分的弱势就业量（百万）

男性和女性	2000年	2005年	2006年	2007年	2008年	2009年	2010年	2011年	2012年*	2017年*
全球	1386. 2	1493. 4	1507. 7	1517. 8	1502. 7	1498. 8	1525. 8	1529. 2	1538. 8	1609. 5
发达经济体和欧盟	50. 0	49. 8	49. 4	49. 4	48. 6	47. 2	48. 0	47. 1	47. 2	46. 1
中欧和东南欧（非欧盟）及独联体	35. 1	34. 2	33. 5	32. 3	32. 2	32. 1	32. 7	32. 9	32. 7	32. 0
东亚	434. 1	442. 2	445. 7	445. 3	424. 5	415. 2	420. 1	413. 2	405. 9	388. 5
东南亚和太平洋地区	158. 0	165. 8	168. 1	171. 3	175. 1	175. 5	180. 6	182. 1	184. 7	192. 4
南亚	415. 9	472. 1	477. 0	479. 5	477. 2	474. 6	481. 9	485. 1	490. 9	530. 6
拉丁美洲和加勒比地区	74. 4	79. 2	79. 0	79. 4	80. 2	81. 0	83. 6	84. 2	85. 7	91. 4
中东	13. 7	16. 3	16. 4	16. 4	16. 0	16. 5	16. 5	16. 8	17. 3	19. 2
北非	19. 9	23. 9	23. 8	24. 7	25. 1	25. 7	25. 8	26. 5	27. 2	29. 3
撒哈拉以南非洲	185. 3	209. 8	214. 8	219. 5	223. 8	230. 9	236. 6	241. 3	247. 4	280. 1
男性	**2000年**	**2005年**	**2006年**	**2007年**	**2008年**	**2009年**	**2010年**	**2011年**	**2012年***	**2017年***
全球	806. 7	866. 7	878. 4	885. 9	881. 8	883. 7	903. 1	905. 9	912. 8	959. 4
发达经济体和欧盟	29. 6	30. 5	30. 3	30. 4	29. 9	29. 0	29. 6	29. 1	29. 2	28. 7
中欧和东南欧（非欧盟）及独联体	19. 6	19. 2	18. 8	17. 9	17. 8	17. 9	17. 9	17. 9	17. 9	17. 6
东亚	217. 7	223. 7	225. 8	226. 2	217. 1	213. 7	216. 4	213. 7	210. 9	206. 2
东南亚和太平洋地区	86. 0	91. 2	92. 6	93. 3	95. 9	96. 0	99. 1	100. 0	101. 4	105. 7
南亚	288. 6	321. 5	328. 6	333. 6	334. 3	335. 2	343. 9	345. 9	349. 8	376. 8
拉丁美洲和加勒比地区	45. 8	47. 8	47. 3	47. 2	47. 5	47. 7	49. 3	49. 5	50. 3	53. 1
中东	10. 6	12. 2	12. 4	12. 3	12. 3	12. 7	12. 8	13. 0	13. 3	14. 5
北非	13. 8	16. 5	16. 2	16. 4	16. 6	17. 2	17. 0	17. 5	17. 9	18. 9
撒哈拉以南非洲	94. 9	104. 1	106. 5	108. 7	110. 4	114. 3	117. 1	119. 4	122. 3	137. 9
女性	**2000年**	**2005年**	**2006年**	**2007年**	**2008年**	**2009年**	**2010年**	**2011年**	**2012年***	**2017年***
全球	579. 5	626. 7	629. 3	631. 9	620. 9	615. 1	622. 7	623. 3	626. 0	650. 1
发达经济体和欧盟	20. 4	19. 3	19. 1	19. 0	18. 6	18. 2	18. 3	18. 1	18. 0	17. 4
中欧和东南欧（非欧盟）及独联体	15. 5	15. 0	14. 8	14. 4	14. 4	14. 2	14. 8	15. 0	14. 8	14. 4
东亚	216. 3	218. 5	219. 9	219. 1	207. 4	201. 5	203. 7	199. 4	195. 0	182. 3
东南亚和太平洋地区	72. 0	74. 5	75. 5	78. 0	79. 3	79. 5	81. 5	82. 1	83. 3	86. 7
南亚	127. 3	150. 7	148. 4	145. 9	142. 9	139. 4	138. 0	139. 2	141. 1	153. 8
拉丁美洲和加勒比地区	28. 5	31. 4	31. 6	32. 2	32. 8	33. 3	34. 3	34. 7	35. 4	38. 3
中东	3. 1	4. 1	4. 1	4. 1	3. 7	3. 8	3. 7	3. 9	4. 0	4. 6
北非	6. 1	7. 5	7. 6	8. 3	8. 5	8. 6	8. 8	9. 0	9. 3	10. 3
撒哈拉以南非洲	90. 4	105. 7	108. 3	110. 8	113. 3	116. 6	119. 5	121. 9	125. 1	142. 2

* 2012 年和 2017 年的数据为初步预测值。

资料来源：国际劳工组织，《趋势计量经济学模型》，2012 年 10 月；同时参见表 A2 的资料来源。

表 A14a　全球和各地区的在职贫困指标（每天 1.25 美元）

男性和女性	人口数量（百万）					占总就业人口的份额（百分比）				
	2000 年	2007 年	2011 年*	2012 年*	2017 年*	2000 年	2007 年	2011 年*	2012 年*	2017 年*
全球	695. 3	488. 0	396. 7	383. 8	288. 3	26. 6	16. 5	12. 9	12. 3	8. 7
中欧和东南欧（非欧盟）及独联体	7. 3	3. 9	3. 1	2. 9	1. 8	5. 0	2. 5	1. 9	1. 7	1. 1
东亚	232. 2	93. 3	52. 2	46. 3	14. 6	31. 2	11. 5	6. 3	5. 6	1. 7
东南亚和太平洋地区	81. 7	49. 0	36. 8	35. 4	22. 2	33. 7	17. 9	12. 4	11. 7	6. 9
南亚	224. 5	198. 0	160. 9	155. 9	119. 4	43. 9	33. 0	25. 7	24. 4	17. 1
拉丁美洲和加勒比地区	16. 1	11. 3	9. 7	9. 6	7. 7	7. 8	4. 6	3. 6	3. 5	2. 6
中东	0. 6	0. 8	1. 0	1. 1	1. 0	1. 4	1. 5	1. 6	1. 8	1. 4
北非	4. 5	3. 1	3. 1	4. 2	4. 1	9. 5	5. 3	4. 9	6. 4	5. 6
撒哈拉以南非洲	128. 4	128. 6	129. 8	128. 4	117. 4	56. 7	46. 2	41. 7	40. 1	31. 6

* 2011 年数据为初步预估数据；2012 年和 2017 年数据为初步预测数据。

注：由于采取了四舍五入，总数或有差异。

资料来源：国际劳工组织，《趋势计量经济学模型》，2012 年 10 月；同时参见表 A2 的资料来源。

表 A14b　全球和各地区的在职贫困指标（每天 2 美元）

男性和女性	人口数量（百万）					占总就业人口的份额（百分比）				
	2000 年	2007 年	2011 年*	2012 年*	2017 年*	2000 年	2007 年	2011 年*	2012 年*	2017 年*
全球	1195. 1	991. 6	868. 3	853. 7	730. 8	45. 8	33. 6	28. 1	27. 3	22. 0
中欧和东南欧（非欧盟）及独联体	19. 1	9. 3	8. 1	7. 8	6. 3	12. 9	5. 9	4. 9	4. 7	3. 7
东亚	410. 2	221. 0	128. 5	113. 2	36. 7	55. 2	27. 4	15. 6	13. 6	4. 4
东南亚和太平洋地区	148. 2	115. 8	100. 8	98. 3	73. 6	61. 2	42. 2	33. 9	32. 5	22. 7
南亚	397. 4	414. 3	391. 1	391. 2	371. 4	77. 7	69. 1	62. 5	61. 3	53. 0
拉丁美洲和加勒比地区	32. 3	23. 5	20. 4	20. 1	17. 2	15. 6	9. 6	7. 6	7. 4	5. 8
中东	3. 3	4. 5	4. 8	5. 2	5. 2	8. 0	8. 1	7. 8	8. 1	7. 2
北非	12. 6	11. 3	11. 4	12. 9	12. 8	26. 7	19. 2	17. 8	19. 7	17. 5
撒哈拉以南非洲	172. 0	191. 9	203. 2	204. 9	207. 6	75. 9	68. 9	65. 3	64. 0	55. 9

* 2011 年数据为初步预估数据；2012 年至 2017 年数据为初步预测数据。

注：由于采取了四舍五入，总数或有差异。

资料来源：国际劳工组织，《趋势计量经济学模型》，2012 年 10 月；同时参见表 A2 的资料来源。

表 A15a　发展中世界和各地区按经济阶层划分的就业情况，包括男性和女性

地区	年份	按阶层划分的就业人口（百万）				
		极度贫困（低于 1.25 美元）	中度贫困（1.25—2 美元）	接近贫困（2—4 美元）	发展中国家的中产阶级（4—13 美元）	发达国家的中产及以上阶级（13 美元以上）
发展中国家	1991	835	396	283	235	98
	2001	678	507	519	399	104
	2011*	397	472	661	800	290
	2017*	288	442	637	943	536
中欧和东南欧（非欧盟）及独联体	1991	4	7	23	79	35
	2001	7	11	35	81	13
	2011*	3	5	17	90	48
	2017*	2	4	15	83	65
东亚	1991	401	156	84	21	11
	2001	218	174	210	126	23
	2011*	52	76	210	375	112
	2017*	15	22	109	407	290
东南亚和太平洋地区	1991	93	48	33	20	4
	2001	74	69	62	34	7
	2011*	37	64	102	76	18
	2017*	22	51	107	111	33
南亚	1991	221	129	62	6	3
	2001	228	179	102	15	2
	2011*	161	230	185	47	4
	2017*	119	252	237	86	6
拉丁美洲和加勒比地区	1991	13	14	34	73	29
	2001	17	17	44	94	41
	2011*	10	11	40	129	77
	2017*	8	9	38	140	100
中东	1991	1	2	7	11	9
	2001	1	3	11	17	11
	2011*	1	4	14	25	18
	2017*	1	4	16	29	22
北非	1991	5	7	14	9	3
	2001	4	8	20	13	2
	2011*	3	8	28	22	4
	2017*	4	9	29	25	6
撒哈拉以南非洲	1991	97	33	27	14	4
	2001	129	46	36	18	4
	2011*	130	73	64	35	9
	2017*	117	90	86	62	15

* 2011 年数据为初步预估数据。2017 年数据为初步预测数据。

注：由于采取了四舍五入，总数或有差异。

资料来源：卡普索斯和布尔姆普拉（即将出版）。

表 A15b　发展中世界和各地区按经济阶层划分的就业比例，包括男性和女性

地区	年份	按阶层划分的就业（占总就业人口的百分比）				
		极度贫困（低于 1.25 美元）	中度贫困（1.25—2 美元）	接近贫困（2—4 美元）	发展中国家的中产阶级（4—13 美元）	发达国家的中产及以上阶级（13 美元以上）
发展中国家	1991	45.2	21.4	15.3	12.7	5.3
	2001	30.7	23.0	23.5	18.1	4.7
	2011*	15.2	18.0	25.2	30.5	11.1
	2017*	10.1	15.5	22.4	33.1	18.8
中欧和东南欧（非欧盟）及独联体	1991	2.6	4.7	15.7	53.4	23.7
	2001	4.6	7.5	24.0	55.1	8.7
	2011*	1.9	3.0	10.6	55.0	29.4
	2017*	1.1	2.7	8.9	49.2	38.3
东亚	1991	59.7	23.2	12.4	3.1	1.6
	2001	29.1	23.2	28.0	16.7	3.1
	2011*	6.3	9.2	25.5	45.4	13.6
	2017*	1.7	2.6	12.9	48.3	34.4
东南亚和太平洋地区	1991	47.0	24.1	16.6	10.2	2.2
	2001	29.9	28.0	25.0	14.0	3.0
	2011*	12.4	21.5	34.4	25.5	6.1
	2017*	6.9	15.9	33.0	34.2	10.1
南亚	1991	52.5	30.8	14.7	1.4	0.6
	2001	43.4	34.0	19.3	2.8	0.4
	2011*	25.7	36.8	29.5	7.5	0.6
	2017*	17.1	36.0	33.9	12.3	0.8
拉丁美洲和加勒比地区	1991	8.1	8.3	20.8	45.1	17.7
	2001	8.0	7.9	20.6	44.4	19.1
	2011*	3.6	4.0	15.1	48.4	28.9
	2017*	2.6	3.2	12.9	47.5	33.8
中东	1991	2.2	7.2	22.6	36.8	31.3
	2001	1.4	6.9	25.1	40.4	26.2
	2011*	1.6	6.2	22.4	41.0	28.8
	2017*	1.4	5.7	21.8	40.1	31.0
北非	1991	12.7	18.8	36.2	24.8	7.4
	2001	8.9	16.9	41.8	27.8	4.6
	2011*	4.9	12.9	43.3	33.5	5.5
	2017*	5.6	11.9	40.1	34.6	7.8
撒哈拉以南非洲	1991	55.3	18.7	15.4	8.3	2.3
	2001	55.4	19.8	15.4	7.6	1.8
	2011*	41.7	23.6	20.6	11.4	2.8
	2017*	31.6	24.3	23.2	16.7	4.2

* 2011 年数据为初步预估数据。2017 年数据为初步预测数据。

注：由于采取了四舍五入，总数或有差异。

资料来源：卡普索斯和布尔姆普拉（即将出版）。

附录 2　失业预测

表 P1　2007—2017 年的失业情况（比率）

地区	比率（百分比）									
	2007 年	2008 年	2009 年	2010 年	2011 年	2012 年*	2013 年*	2014 年*	2015 年*	2016 年*	2017 年*
全球	5.4	5.6	6.2	6.0	5.9	5.9	6.0	6.0	6.0	6.0	6.0
发达经济体和欧盟	5.8	6.1	8.4	8.8	8.4	8.6	8.7	8.6	8.4	8.2	8.0
中欧和东南欧（非欧盟）及独联体	8.3	8.3	10.1	9.4	8.7	8.2	8.2	8.1	8.0	8.0	7.9
东亚	3.8	4.3	4.4	4.2	4.3	4.4	4.5	4.6	4.6	4.7	4.7
东南亚和太平洋地区	5.5	5.3	5.2	4.7	4.4	4.4	4.5	4.5	4.5	4.5	4.5
南亚	3.9	3.9	4.1	3.9	3.8	3.8	3.9	3.9	4.0	4.0	4.0
拉丁美洲和加勒比地区	7.0	6.6	7.8	6.8	6.5	6.6	6.7	6.8	6.8	6.8	6.8
中东	10.3	10.5	10.7	11.2	11.1	11.1	11.1	11.1	11.1	11.1	11.1
北非	9.6	9.1	9.1	8.9	10.0	10.3	10.3	10.2	10.1	10.0	9.9
撒哈拉以南非洲	7.4	7.5	7.6	7.6	7.6	7.5	7.5	7.5	7.4	7.4	7.4

地区		自 2007 年以来的变化情况（百分点）									
		2008 年	2009 年	2010 年	2011 年	2012 年*	2013 年*	2014 年*	2015 年*	2016 年*	2017 年*
全球		0.1	0.8	0.6	0.5	0.5	0.6	0.6	0.6	0.6	0.5
发达经济体和欧盟		0.3	2.6	3.0	2.7	2.8	2.9	2.8	2.6	2.4	2.2
中欧和东南欧（非欧盟）及独联体		0.0	1.8	1.1	0.3	-0.1	-0.1	-0.2	-0.3	-0.4	-0.4
东亚		0.6	0.7	0.4	0.6	0.7	0.8	0.8	0.9	0.9	0.9
东南亚和太平洋地区	-0.2	-0.3	-0.8	-1.1	-1.1	-1.0	-1.0	-1.0	-1.0	-1.0	
南亚		0.0	0.2	0.0	-0.1	-0.1	0.0	0.0	0.1	0.1	0.1
拉丁美洲和加勒比地区	-0.4	0.7	-0.2	-0.5	-0.5	-0.3	-0.3	-0.2	-0.2	-0.2	
中东		0.1	0.4	0.9	0.8	0.8	0.8	0.8	0.8	0.7	0.7
北非		-0.5	-0.5	-0.7	0.4	0.7	0.7	0.6	0.5	0.4	0.3
撒哈拉以南非洲		0.1	0.2	0.1	0.1	0.1	0.1	0.0	0.0	0.0	-0.1

* 2012 年的数据为初步估算值；2013 年到 2017 年的数据为初步预测值；置信区间上限和下限参见附录 3 的数据。

资料来源：国际劳工组织，《趋势计量经济学模型》，2012 年 10 月；同时参见表 A2 和附录 5 的资料来源。

表 P2　2007—2017 年的失业情况（人口数量）

地区	数量（百万）										
	2007年	2008年	2009年	2010年	2011年	2012年*	2013年*	2014年*	2015年*	2016年*	2017年*
全球	169.0	175.7	198.4	194.6	193.1	197.3	202.5	205.3	207.3	209.0	210.6
发达经济体和欧盟	29.1	30.8	42.6	44.7	43.1	43.9	44.8	44.4	43.5	42.5	41.7
中欧和东南欧（非欧盟）及独联体	14.4	14.6	17.9	16.8	15.6	14.9	14.9	14.7	14.6	14.6	14.5
东亚	31.6	36.6	37.7	36.1	37.3	38.6	39.6	40.2	40.8	41.3	41.7
东南亚和太平洋地区	16.0	15.6	15.5	14.4	13.6	13.9	14.4	14.7	15.0	15.2	15.4
南亚	24.3	24.3	26.1	24.9	24.5	25.4	26.4	27.2	27.9	28.5	29.1
拉丁美洲和加勒比地区	18.6	17.8	21.3	19.2	18.7	19.1	19.8	20.3	20.8	21.2	21.6
中东	6.4	6.6	7.0	7.6	7.7	8.0	8.2	8.4	8.6	8.8	9.0
北非	6.2	6.1	6.2	6.2	7.2	7.5	7.7	7.8	7.9	7.9	8.0
撒哈拉以南非洲	22.4	23.4	24.2	24.8	25.4	26.1	26.8	27.5	28.2	28.9	29.6
地区		自 2007 年以来的变化情况（百万）									
		2008年	2009年	2010年	2011年	2012年*	2013年*	2014年*	2015年*	2016年*	2017年*
全球		6.7	29.5	25.7	24.1	28.4	33.5	36.4	38.4	40.0	41.7
发达经济体和欧盟		1.7	13.5	15.6	14.0	14.8	15.7	15.3	14.4	13.5	12.6
中欧和东南欧（非欧盟）及独联体		0.2	3.4	2.4	1.1	0.5	0.4	0.3	0.2	0.2	0.1
东亚		5.0	6.0	4.5	5.7	7.0	8.0	8.6	9.2	9.7	10.1
东南亚和太平洋地区	-0.4	-0.5	-1.6	-2.3	-2.1	-1.6	-1.3	-1.0	-0.8	-0.6	
南亚		0.0	1.8	0.6	0.2	1.1	2.1	2.9	3.7	4.3	4.8
拉丁美洲和加勒比地区	-0.8	2.7	0.6	0.1	0.5	1.2	1.7	2.2	2.6	3.0	
中东		0.2	0.6	1.2	1.4	1.6	1.9	2.1	2.2	2.4	2.6
北非		-0.2	0.0	0.0	0.9	1.2	1.4	1.5	1.6	1.7	1.8
撒哈拉以南非洲		1.0	1.8	2.4	3.1	3.7	4.4	5.1	5.8	6.5	7.2

* 2012 年的数据为初步估算值；2013 年到 2017 年的数据为初步预测值；置信区间上限和下限参见附录 3 的数据。

资料来源：国际劳工组织，《趋势计量经济学模型》，2012 年 10 月；同时参见表 A2 和附录 5 的资料来源。

表 P3　下降情景下，2007—2017 年的失业情况（比率）

地区	比率（百分比）										
	2007 年	2008 年	2009 年	2010 年	2011 年	2012 年*	2013 年*	2014 年*	2015 年*	2016 年*	2017 年*
全球	5.4	5.6	6.2	6.0	5.9	5.9	6.1	6.2	6.2	6.2	6.1
发达经济体和欧盟	5.8	6.1	8.4	8.8	8.4	8.6	9.2	9.5	9.5	9.1	8.8
中欧和东南欧（非欧盟）及独联体	8.3	8.3	10.1	9.4	8.7	8.2	8.3	8.2	8.1	8.0	8.0
东亚	3.8	4.3	4.4	4.2	4.3	4.4	4.6	4.7	4.8	4.8	4.8
东南亚和太平洋地区	5.5	5.3	5.2	4.7	4.4	4.4	4.5	4.6	4.7	4.6	4.6
南亚	3.9	3.9	4.1	3.9	3.8	3.8	3.9	3.9	4.0	4.0	4.0
拉丁美洲和加勒比地区	7.0	6.6	7.8	6.8	6.5	6.6	6.7	6.8	6.8	6.8	6.8
中东	10.3	10.5	10.7	11.2	11.1	11.1	11.2	11.2	11.1	11.1	11.1
北非	9.6	9.1	9.1	8.9	10.0	10.3	10.3	10.3	10.2	10.0	9.9
撒哈拉以南非洲	7.4	7.5	7.6	7.6	7.6	7.5	7.5	7.5	7.5	7.4	7.4

地区		自 2007 年以来的变化情况（百分点）									
		2008 年	2009 年	2010 年	2011 年	2012 年*	2013 年*	2014 年*	2015 年*	2016 年*	2017 年*
全球		0.1	0.8	0.6	0.5	0.5	0.7	0.8	0.8	0.8	0.7
发达经济体和欧盟		0.3	2.6	3.0	2.7	2.8	3.4	3.8	3.7	3.4	3.0
中欧和东南欧（非欧盟）及独联体		0.0	1.8	1.1	0.3	-0.1	0.0	-0.1	-0.2	-0.3	-0.4
东亚		0.6	0.7	0.4	0.6	0.7	0.9	0.9	1.0	1.0	1.0
东南亚和太平洋地区	-0.2	-0.3	-0.8	-1.1	-1.1	-1.0	-0.9	-0.8	-0.9	-0.9	
南亚		0.0	0.2	0.0	-0.1	-0.1	0.0	0.1	0.1	0.1	0.1
拉丁美洲和加勒比地区	-0.4	0.7	-0.2	0.5	-0.5	-0.3	-0.2	-0.2	-0.2	-0.2	
中东		0.1	0.4	0.9	0.8	0.8	0.8	0.8	0.8	0.8	0.8
北非		-0.5	-0.5	-0.7	0.4	0.7	0.7	0.7	0.6	0.5	0.4
撒哈拉以南非洲		0.1	0.2	0.1	0.1	0.1	0.1	0.1	0.0	0.0	0.0

* 基于下降情景，2012 年的数据为初步估算值；2013 年到 2017 年的数据为初步预测值。

资料来源：国际劳工组织，《趋势计量经济学模型》，2012 年 10 月；同时参见表 A2 和附录 5 的资料来源。

表 P4　下降情景下，2007—2017 年的失业情况（人口数量）

地区	数量（百万）										
	2007年	2008年	2009年	2010年	2011年	2012年*	2013年*	2014年*	2015年*	2016年*	2017年*
全球	169.0	175.7	198.4	194.6	193.1	197.3	206.0	212.2	215.0	215.5	215.6
发达经济体和欧盟	29.1	30.8	42.6	44.7	43.1	43.9	47.2	49.2	49.1	47.4	45.6
中欧和东南欧（非欧盟）及独联体	14.4	14.6	17.9	16.8	15.6	14.9	15.0	14.9	14.8	14.7	14.6
东亚	31.6	36.6	37.7	36.1	37.3	38.6	40.5	41.4	41.9	42.1	42.3
东南亚和太平洋地区	16.0	15.6	15.5	14.4	13.6	13.9	14.3	15.1	15.4	15.6	15.6
南亚	24.3	24.3	26.1	24.9	24.5	25.4	26.3	27.3	28.1	28.7	29.2
拉丁美洲和加勒比地区	18.6	17.8	21.3	19.2	18.7	19.1	19.9	20.4	20.9	21.3	21.6
中东	6.4	6.6	7.0	7.6	7.7	8.0	8.3	8.5	8.7	8.9	9.0
北非	6.2	6.1	6.2	6.2	7.2	7.5	7.7	7.8	7.9	8.0	8.1
撒哈拉以南非洲	22.4	23.4	24.2	24.8	25.4	26.1	26.8	27.6	28.3	28.9	29.7

地区	自 2007 年以来的变化情况（百万）									
	2008年	2009年	2010年	2011年	2012年*	2013年*	2014年*	2015年*	2016年*	2017年*
全球	6.7	29.5	25.7	24.1	28.4	37.1	43.2	46.1	46.6	46.7
发达经济体和欧盟	1.7	13.5	15.6	14.0	14.8	18.2	20.1	20.0	18.4	16.5
中欧和东南欧（非欧盟）及独联体	0.2	3.4	2.4	1.1	0.5	0.6	0.5	0.4	0.2	0.2
东亚	5.0	6.0	4.5	5.7	7.0	8.8	9.8	10.3	10.5	10.6
东南亚和太平洋地区	-0.4	-0.5	-1.6	-2.3	-2.1	-1.6	-0.9	-0.6	-0.4	-0.4
南亚	0.0	1.8	0.6	0.2	1.1	2.0	3.0	3.8	4.4	4.9
拉丁美洲和加勒比地区	-0.8	2.7	0.6	0.1	0.5	1.3	1.9	2.3	2.7	3.1
中东	0.2	0.6	1.2	1.4	1.6	1.9	2.1	2.3	2.5	2.7
北非	-0.2	0.0	0.0	0.9	1.2	1.5	1.6	1.7	1.7	1.8
撒哈拉以南非洲	1.0	1.8	2.4	3.1	3.7	4.5	5.2	5.9	6.6	7.3

* 基于下降情景，2012 年的数据为初步估算值；2013 年到 2017 年的数据为初步预测值。

资料来源：国际劳工组织，《趋势计量经济学模型》，2012 年 10 月；同时参见表 A2 和附录 5 的资料来源。

表 P5　2007—2017 年的青年失业情况（比率）

地区	比率（百分比）										
	2007 年	2008 年	2009 年	2010 年	2011 年	2012 年*	2013 年*	2014 年*	2015 年*	2016 年*	2017 年*
全球	11.6	11.8	12.8	12.6	12.4	12.6	12.7	12.8	12.8	12.8	12.9
发达经济体和欧盟	12.5	13.3	17.4	18.1	17.6	17.9	17.7	17.3	16.8	16.3	15.9
中欧和东南欧（非欧盟）及独联体	17.4	17.0	20.4	19.2	17.7	17.1	17.3	17.3	17.3	17.4	17.4
东亚	7.9	9.1	9.2	8.9	9.2	9.5	9.8	10.0	10.2	10.3	10.5
东南亚和太平洋地区	14.9	14.1	14.0	13.4	12.7	13.0	13.4	13.7	13.9	14.0	14.2
南亚	9.3	9.0	9.7	10.2	9.7	9.8	10.0	10.1	10.2	10.2	10.3
拉丁美洲和加勒比地区	14.2	13.6	15.7	14.1	13.4	13.5	13.6	13.7	13.7	13.8	13.8
中东	24.6	25.4	25.5	27.5	27.6	28.1	28.7	28.9	29.2	29.3	29.4
北非	20.8	20.3	20.4	20.1	23.3	23.8	23.9	23.8	23.5	23.3	23.2
撒哈拉以南非洲	11.8	11.9	12.0	11.9	11.9	11.9	11.9	11.8	11.8	11.8	11.8

地区	自 2007 年以来的变化情况（百分点）									
	2008 年	2009 年	2010 年	2011 年	2012 年*	2013 年*	2014 年*	2015 年*	2016 年*	2017 年*
全球	0.2	1.2	1.0	0.8	1.0	1.1	1.2	1.2	1.2	1.2
发达经济体和欧盟	0.8	4.9	5.7	5.2	5.5	5.2	4.8	4.3	3.8	3.4
中欧和东南欧（非欧盟）及独联体	-0.4	3.0	1.8	0.3	-0.3	-0.1	-0.1	-0.1	0.0	0.0
东亚	1.1	1.3	0.9	1.3	1.6	1.9	2.1	2.2	2.4	2.6
东南亚和太平洋地区	-0.7	-0.9	-1.4	-2.1	-1.9	-1.5	-1.2	-1.0	-0.9	-0.7
南亚	-0.4	0.4	0.9	0.4	0.5	0.6	0.7	0.8	0.9	1.0
拉丁美洲和加勒比地区	-0.6	1.5	-0.2	0.8	-0.7	-0.6	-0.5	-0.5	-0.4	-0.4
中东	0.8	1.0	2.9	3.1	3.5	4.1	4.4	4.6	4.7	4.8
北非	-0.5	-0.4	-0.8	2.5	3.0	3.1	2.9	2.7	2.5	2.4
撒哈拉以南非洲	0.1	0.1	0.1	0.0	0.0	0.0	0.0	0.0	0.0	0.0

* 2012 年数据为初步预估数据；2013 年至 2017 年数据为初步预测数据。

资料来源：国际劳工组织，《趋势计量经济学模型》，2012 年 10 月；同时参见表 A2 和附录 5 的资料来源。

表 P6　2007—2017 年的青年失业情况（人口数量）

地区	数量（百万）										
	2007 年	2008 年	2009 年	2010 年	2011 年	2012 年*	2013 年*	2014 年*	2015 年*	2016 年*	2017 年*
全球	70.4	71.0	76.2	74.7	73.2	73.8	74.2	74.1	73.8	73.5	73.3
发达经济体和欧盟	8.1	8.5	10.8	10.9	10.4	10.6	10.4	10.1	9.7	9.4	9.1
中欧和东南欧（非欧盟）及独联体	4.6	4.6	5.4	5.0	4.4	4.1	4.0	3.9	3.8	3.6	3.6
东亚	11.9	13.4	13.6	12.9	13.1	13.3	13.2	13.0	12.8	12.6	12.4
东南亚和太平洋地区	8.8	8.3	8.2	7.8	7.4	7.5	7.7	7.8	7.9	7.9	7.9
南亚	13.1	12.3	13.1	13.4	12.9	13.0	13.3	13.5	13.6	13.7	13.7
拉丁美洲和加勒比地区	8.0	7.6	8.7	7.9	7.5	7.5	7.6	7.7	7.7	7.7	7.8
中东	3.3	3.3	3.3	3.5	3.5	3.6	3.6	3.6	3.5	3.6	3.6
北非	2.9	2.9	2.8	2.8	3.2	3.3	3.3	3.2	3.2	3.2	3.1
撒哈拉以南非洲	9.7	10.0	10.3	10.4	10.7	10.9	11.1	11.4	11.6	11.8	12.1

地区	自 2007 年以来的变化情况（百万）									
	2008 年	2009 年	2010 年	2011 年	2012 年*	2013 年*	2014 年*	2015 年*	2016 年*	2017 年*
全球	0.6	5.8	4.2	2.8	3.4	3.8	3.6	3.4	3.0	2.8
发达经济体和欧盟	0.5	2.8	2.9	2.4	2.5	2.3	2.1	1.7	1.3	1.0
中欧和东南欧（非欧盟）及独联体	0.0	0.8	0.4	-0.2	-0.5	-0.6	-0.7	-0.9	-1.0	-1.1
东亚	1.5	1.7	1.0	1.2	1.4	1.3	1.1	0.9	0.7	0.5
东南亚和太平洋地区	-0.5	-0.6	-1.0	-1.4	-1.3	-1.1	-1.0	-0.9	-0.9	-0.9
南亚	-0.8	0.0	0.3	-0.3	-0.1	0.2	0.3	0.5	0.5	0.6
拉丁美洲和加勒比地区	-0.3	0.8	-0.1	-0.5	-0.4	-0.3	-0.3	-0.3	-0.2	-0.2
中东	0.0	0.0	0.3	0.3	0.3	0.3	0.3	0.3	0.3	0.3
北非	-0.1	-0.1	-0.2	0.3	0.3	0.3	0.3	0.2	0.2	0.2
撒哈拉以南非洲	0.3	0.5	0.7	0.9	1.2	1.4	1.6	1.9	2.1	2.4

* 2012 年数据为初步预估数据；2013 年至 2017 年数据为初步预测数据。

资料来源：国际劳工组织，《趋势计量经济学模型》，2012 年 10 月；同时参见表 A2 和附录 5 的资料来源。

表 P7　下降情景下，2007—2017 年的青年失业情况（比率）

地区	比率（百分比）										
	2007 年	2008 年	2009 年	2010 年	2011 年	2012 年*	2013 年*	2014 年*	2015 年*	2016 年*	2017 年*
全球	11.6	11.8	12.8	12.6	12.4	12.6	12.8	13.0	13.1	13.1	13.0
发达经济体和欧盟	12.5	13.3	17.4	18.1	17.6	17.9	18.3	18.5	18.1	17.4	16.6
中欧和东南欧（非欧盟）及独联体	17.4	17.0	20.4	19.2	17.7	17.1	17.4	17.6	17.6	17.6	17.6
东亚	7.9	9.1	9.2	8.9	9.2	9.5	10.0	10.3	10.4	10.5	10.6
东南亚和太平洋地区	14.9	14.1	14.0	13.4	12.7	13.0	13.4	14.0	14.3	14.4	14.4
南亚	9.3	9.0	9.7	10.2	9.7	9.8	9.9	10.1	10.2	10.3	10.3
拉丁美洲和加勒比地区	14.2	13.6	15.7	14.1	13.4	13.5	13.6	13.7	13.8	13.8	13.8
中东	24.6	25.4	25.5	27.5	27.6	28.1	28.7	29.1	29.4	29.5	29.5
北非	20.8	20.3	20.4	20.1	23.3	23.8	24.0	23.9	23.7	23.4	23.2
撒哈拉以南非洲	11.8	11.9	12.0	11.9	11.9	11.9	11.9	11.9	11.9	11.8	11.8
地区	自 2007 年以来的变化情况（百分点）										
		2008 年	2009 年	2010 年	2011 年	2012 年*	2013 年*	2014 年*	2015 年*	2016 年*	2017 年*
全球		0.2	1.2	1.0	0.8	1.0	1.2	1.4	1.5	1.4	1.4
发达经济体和欧盟		0.8	4.9	5.7	5.2	5.5	5.8	6.0	5.7	5.0	4.2
中欧和东南欧（非欧盟）及独联体		-0.4	3.0	1.8	0.3	-0.3	0.0	0.2	0.2	0.2	0.2
东亚		1.1	1.3	0.9	1.3	1.6	2.1	2.3	2.5	2.6	2.7
东南亚和太平洋地区	-0.7	-0.9	-1.4	-2.1	-1.9	-1.5	-0.8	-0.6	-0.5	-0.5	
南亚		-0.4	0.4	0.9	0.4	0.5	0.6	0.8	0.9	0.9	1.0
拉丁美洲和加勒比地区	-0.6	1.5	-0.2	0.8	-0.7	-0.6	-0.5	-0.4	-0.4	-0.4	
中东		0.8	1.0	2.9	3.1	3.5	4.1	4.5	4.8	4.9	4.9
北非		-0.5	-0.4	-0.8	2.5	3.0	3.2	3.1	2.9	2.6	2.4
撒哈拉以南非洲		0.1	0.1	0.1	0.0	0.0	0.0	0.0	0.0	0.0	0.0

* 基于下降情景，2012 年的数据为初步估算值；2013 年到 2017 年的数据为初步预测值。

资料来源：国际劳工组织，《趋势计量经济学模型》，2012 年 10 月；同时参见表 A2 和附录 5 的资料来源。

表 P8 下降情景下，2007—2017 年的青年失业情况（人口数量）

地区	数量（百万）										
	2007年	2008年	2009年	2010年	2011年	2012年*	2013年*	2014年*	2015年*	2016年*	2017年*
全球	70.4	71.0	76.2	74.7	73.2	73.8	74.8	75.5	75.4	74.8	74.1
发达经济体和欧盟	8.1	8.5	10.8	10.9	10.4	10.6	10.7	10.8	10.5	10.0	9.5
中欧和东南欧（非欧盟）及独联体	4.6	4.6	5.4	5.0	4.4	4.1	4.1	3.9	3.8	3.7	3.6
东亚	11.9	13.4	13.6	12.9	13.1	13.3	13.4	13.3	13.1	12.8	12.6
东南亚和太平洋地区	8.8	8.3	8.2	7.8	7.4	7.5	7.7	8.0	8.2	8.1	8.1
南亚	13.1	12.3	13.1	13.4	12.9	13.0	13.2	13.5	13.6	13.7	13.8
拉丁美洲和加勒比地区	8.0	7.6	8.7	7.9	7.5	7.5	7.6	7.7	7.8	7.8	7.8
中东	3.3	3.3	3.3	3.5	3.5	3.6	3.6	3.6	3.6	3.6	3.6
北非	2.9	2.9	2.8	2.8	3.2	3.3	3.3	3.2	3.2	3.2	3.1
撒哈拉以南非洲	9.7	10.0	10.3	10.4	10.7	10.9	11.1	11.4	11.6	11.9	12.1
地区		**自 2007 年以来的变化情况（百万）**									
		2008年	2009年	2010年	2011年	2012年*	2013年*	2014年*	2015年*	2016年*	2017年*
全球		0.6	5.8	4.2	2.8	3.4	4.4	5.1	5.0	4.4	3.7
发达经济体和欧盟		0.5	2.8	2.9	2.4	2.5	2.7	2.7	2.5	2.0	1.5
中欧和东南欧（非欧盟）及独联体		0.0	0.8	0.4	-0.2	-0.5	-0.5	-0.7	-0.8	-0.9	-1.0
东亚		1.5	1.7	1.0	1.2	1.4	1.5	1.4	1.2	0.9	0.7
东南亚和太平洋地区		-0.5	-0.6	-1.0	-1.4	-1.3	-1.1	-0.8	-0.7	-0.7	-0.7
南亚		-0.8	0.0	0.3	-0.3	-0.1	0.1	0.4	0.5	0.6	0.6
拉丁美洲和加勒比地区		-0.3	0.8	-0.1	-0.5	-0.4	-0.3	-0.3	-0.2	-0.2	-0.2
中东		0.0	0.0	0.3	0.3	0.3	0.3	0.3	0.3	0.3	0.3
北非		-0.1	-0.1	-0.2	0.3	0.3	0.3	0.3	0.3	0.2	0.2
撒哈拉以南非洲		0.3	0.5	0.7	0.9	1.2	1.4	1.7	1.9	2.2	2.4

* 基于下降情景，2012 年的数据为初步估算值；2013 年到 2017 年的数据为初步预测值。

资料来源：国际劳工组织，《趋势计量经济学模型》，2012 年 10 月；同时参见表 A2 和附录 5 的资料来源。

附录3　全球和地区性数据图

全球

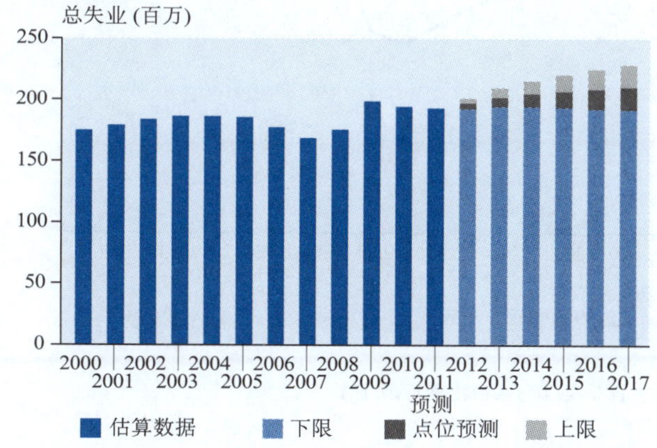

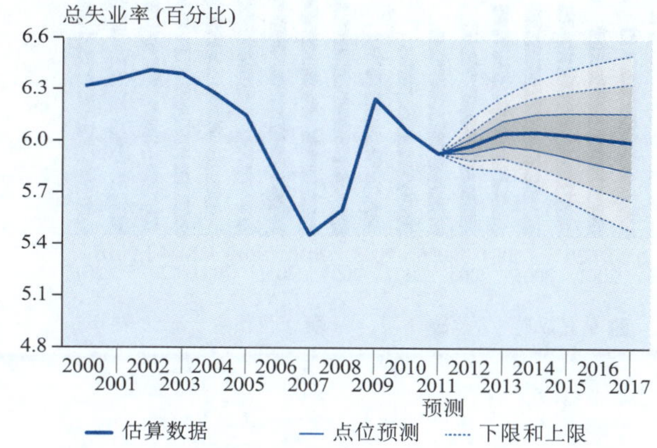

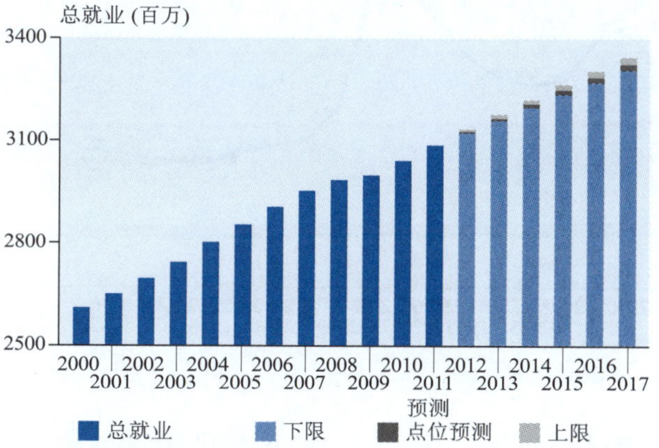

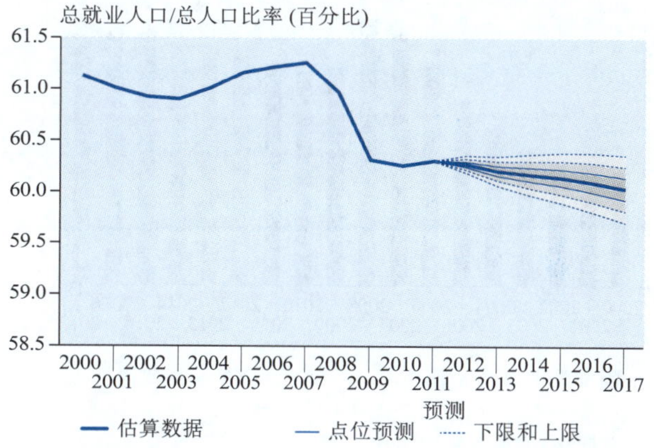

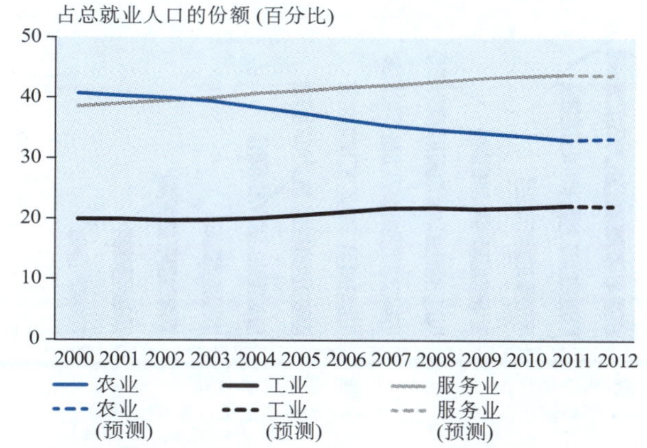

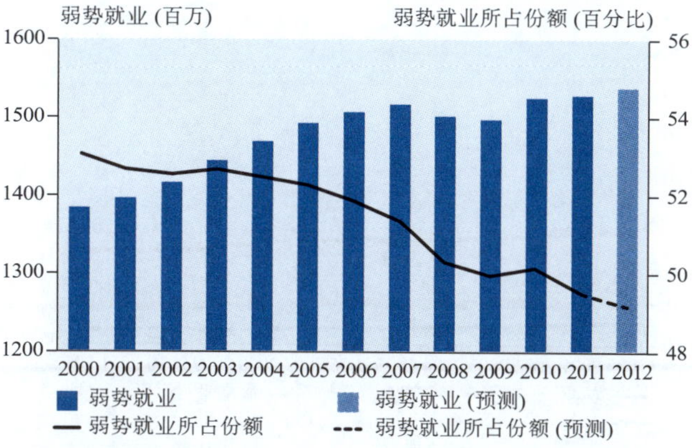

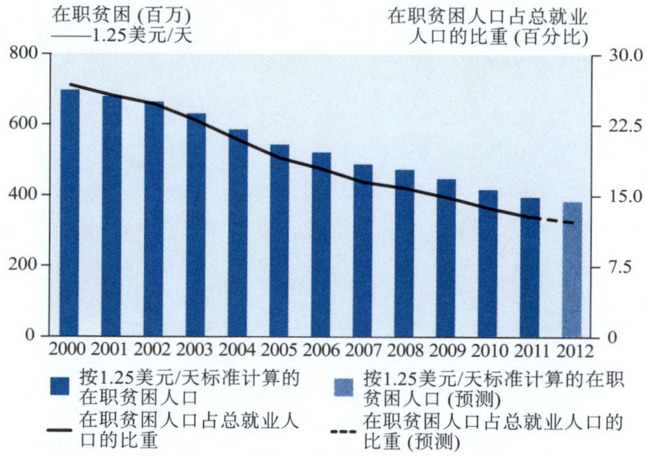

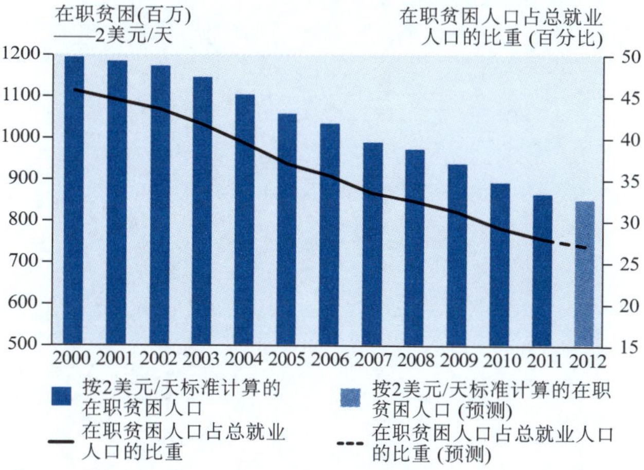

发达经济体和欧盟

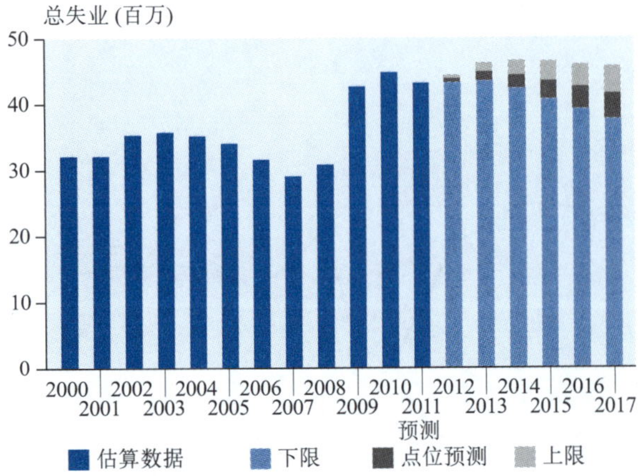

总失业 (百万)
50
40
30
20
10
0
2000 2001 2002 2003 2004 2005 2006 2007 2008 2009 2010 2011 2012 2013 2014 2015 2016 2017
预测
估算数据
下限
点位预测
上限

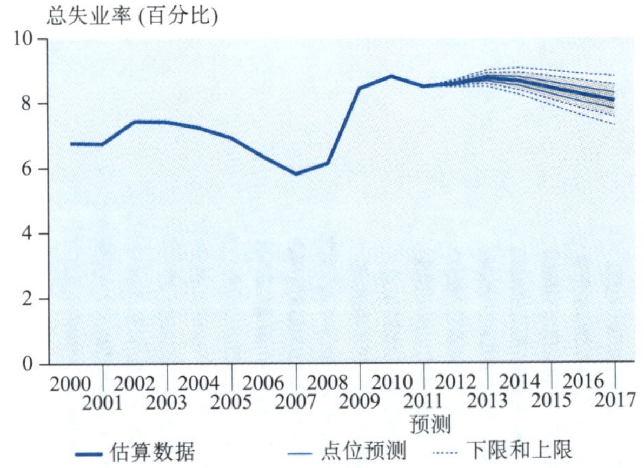

总失业率 (百分比)
10
8
6
4
2
0
2000 2001 2002 2003 2004 2005 2006 2007 2008 2009 2010 2011 2012 2013 2014 2015 2016 2017
预测
估算数据
点位预测
下限和上限

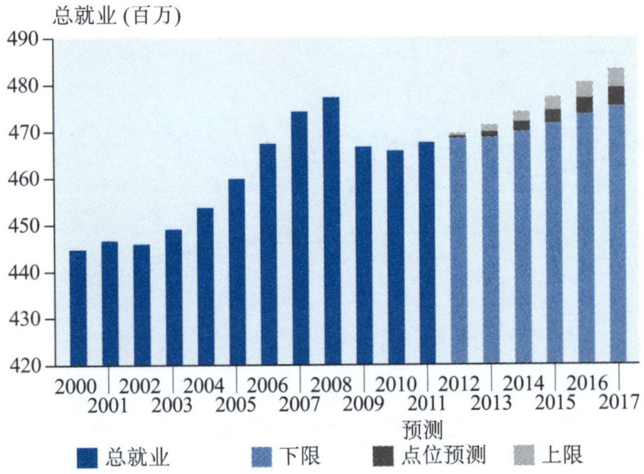

总就业 (百万)
490
480
470
460
450
440
430
420
2000 2001 2002 2003 2004 2005 2006 2007 2008 2009 2010 2011 2012 2013 2014 2015 2016 2017
预测
总就业
下限
点位预测
上限

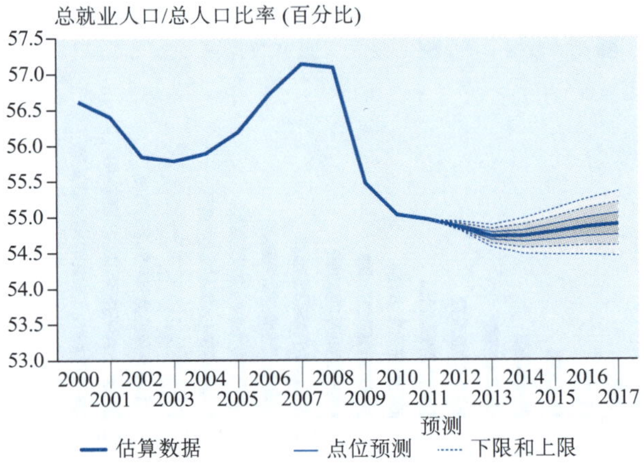

总就业人口/总人口比率 (百分比)
57.5
57.0
56.5
56.0
55.5
55.0
54.5
54.0
53.5
53.0
2000 2001 2002 2003 2004 2005 2006 2007 2008 2009 2010 2011 2012 2013 2014 2015 2016 2017
预测
估算数据
点位预测
下限和上限

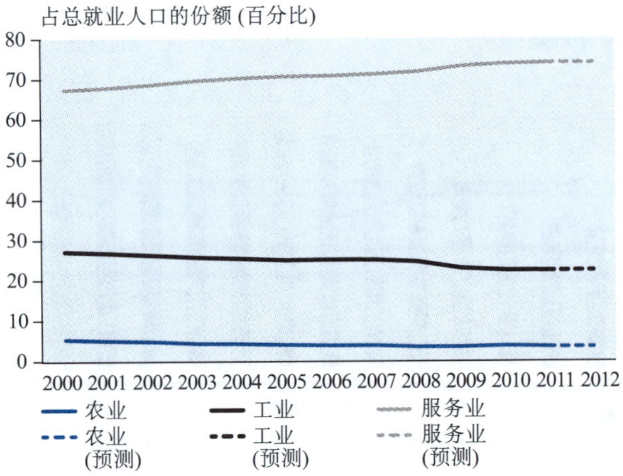

占总就业人口的份额 (百分比)
80
70
60
50
40
30
20
10
0
2000 2001 2002 2003 2004 2005 2006 2007 2008 2009 2010 2011 2012
农业
工业
服务业
农业 (预测)
工业 (预测)
服务业 (预测)

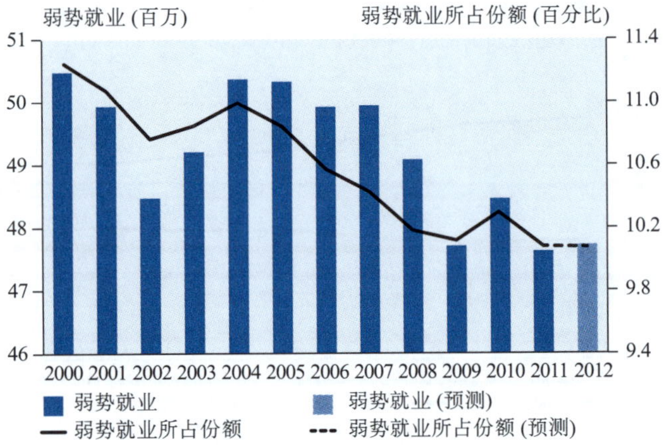

弱势就业 (百万)
弱势就业所占份额 (百分比)
51
50
49
48
47
46
11.4
11.0
10.6
10.2
9.8
9.4
2000 2001 2002 2003 2004 2005 2006 2007 2008 2009 2010 2011 2012
弱势就业
弱势就业 (预测)
弱势就业所占份额
弱势就业所占份额 (预测)

中欧和东南欧（非欧盟）及独联体

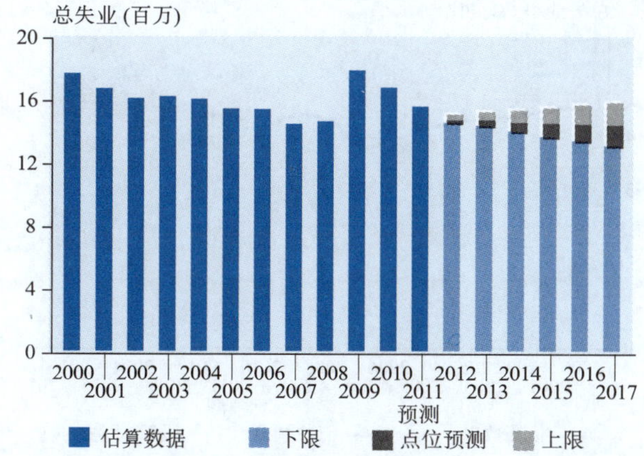

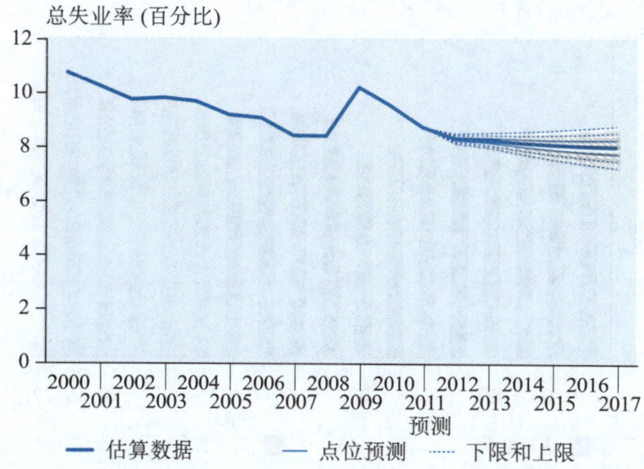

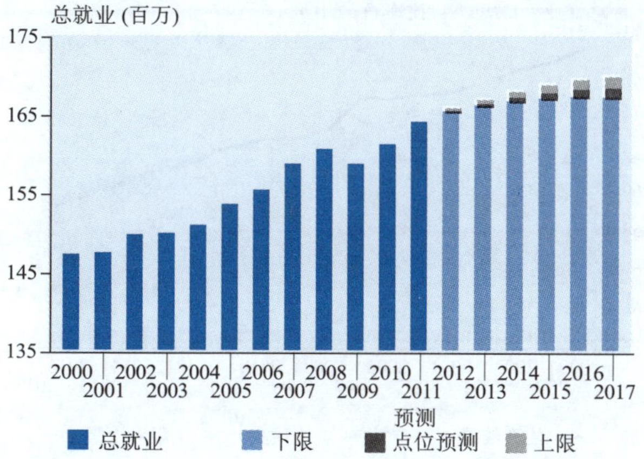

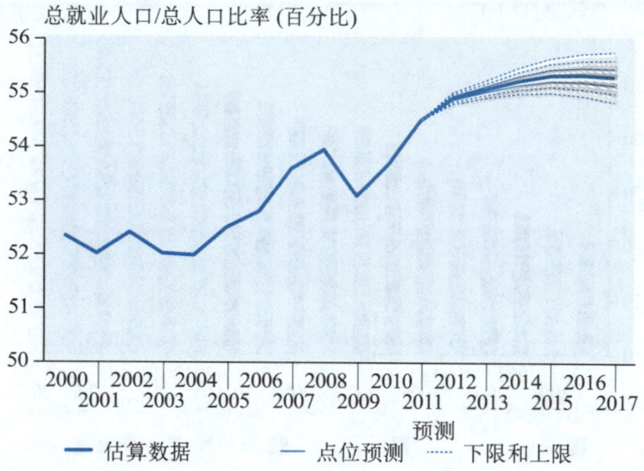

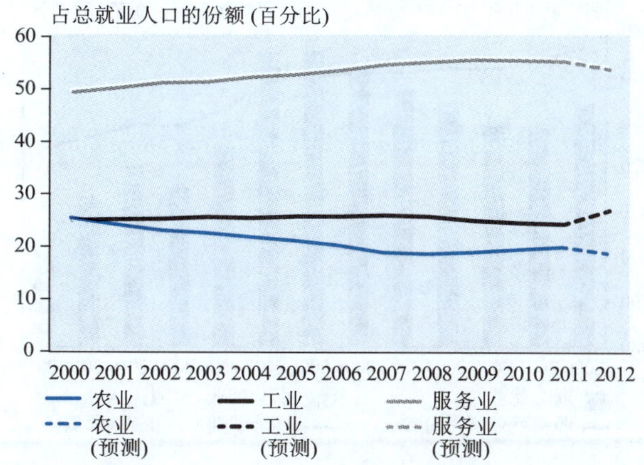

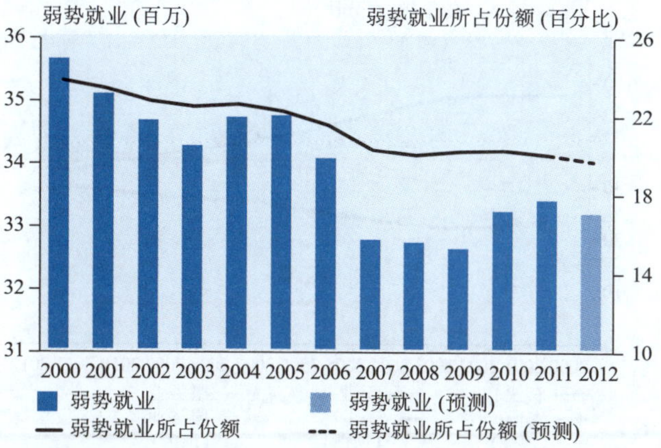

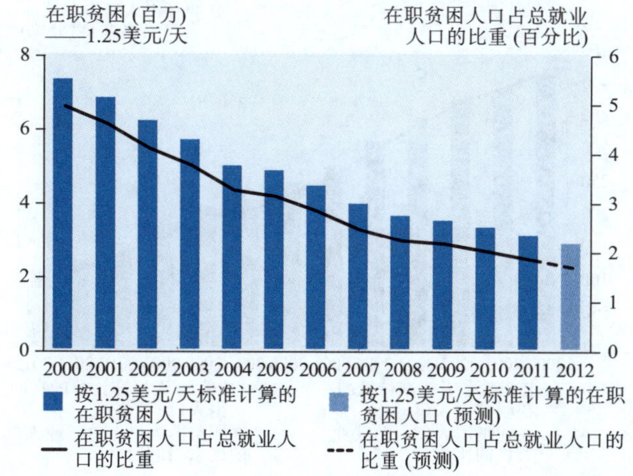

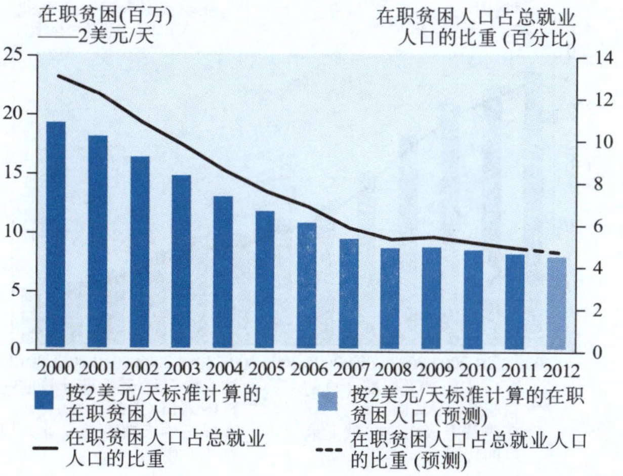

东亚

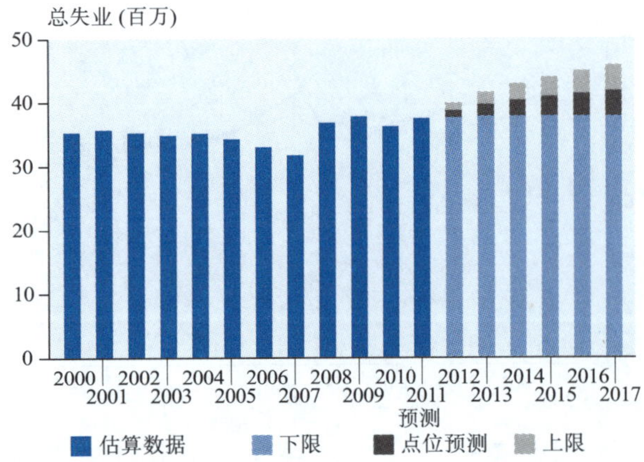
总失业 (百万)
预测
估算数据
下限
点位预测
上限

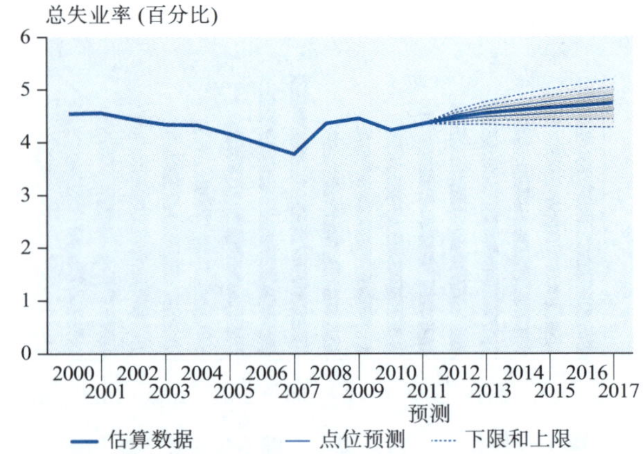
总失业率 (百分比)
预测
估算数据
点位预测
下限和上限

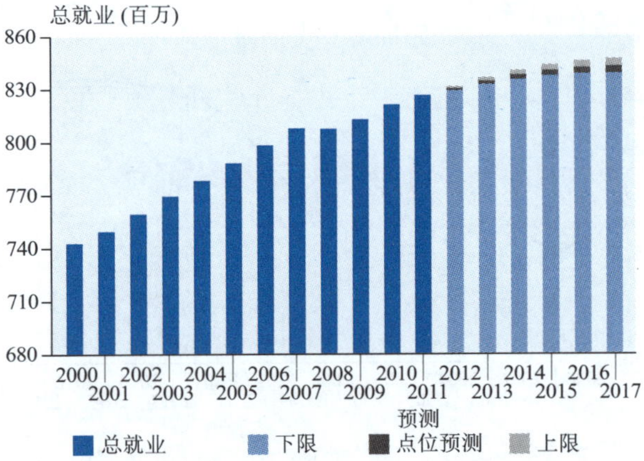
总就业 (百万)
预测
总就业
下限
点位预测
上限

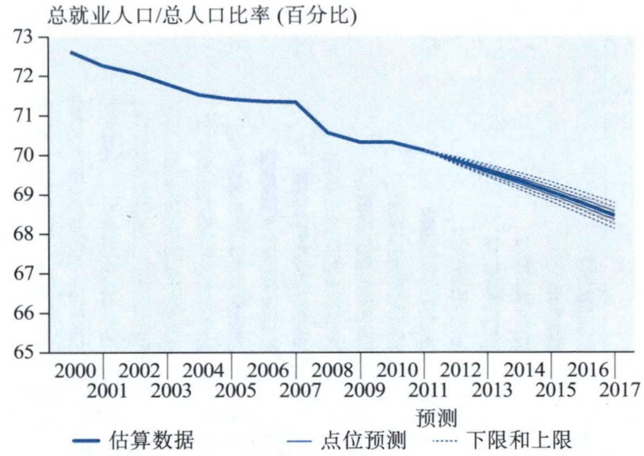
总就业人口/总人口比率 (百分比)
预测
估算数据
点位预测
下限和上限

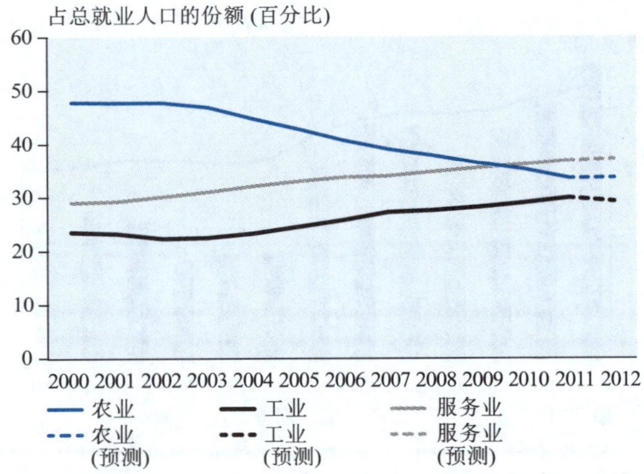
占总就业人口的份额 (百分比)
农业
工业
服务业
农业 (预测)
工业 (预测)
服务业 (预测)

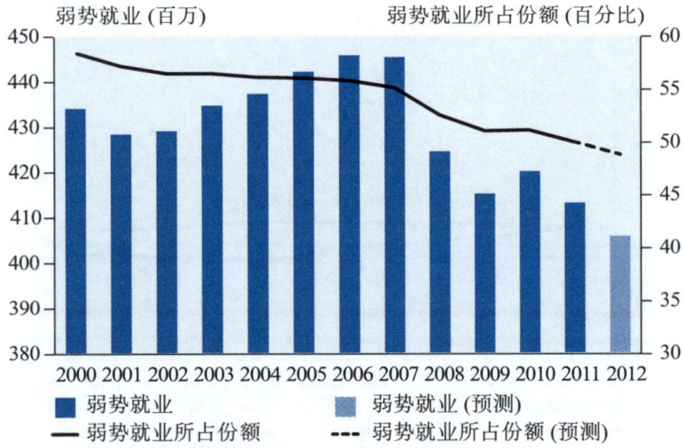
弱势就业 (百万)
弱势就业所占份额 (百分比)
弱势就业
弱势就业 (预测)
弱势就业所占份额
弱势就业所占份额 (预测)

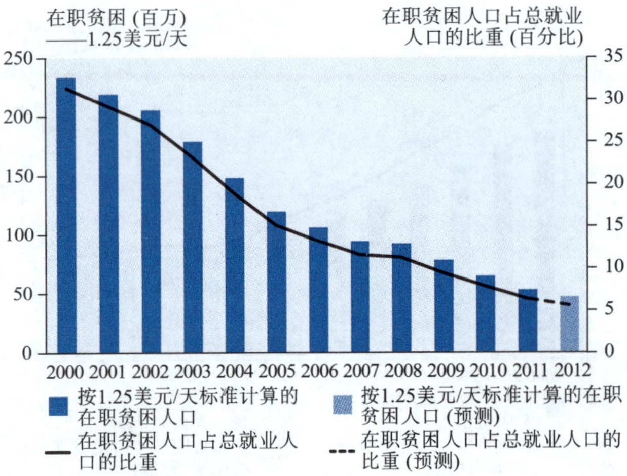
在职贫困 (百万)——1.25美元/天
在职贫困人口占总就业人口的比重 (百分比)
按1.25美元/天标准计算的在职贫困人口
按1.25美元/天标准计算的在职贫困人口 (预测)
在职贫困人口占总就业人口的比重
在职贫困人口占总就业人口的比重 (预测)

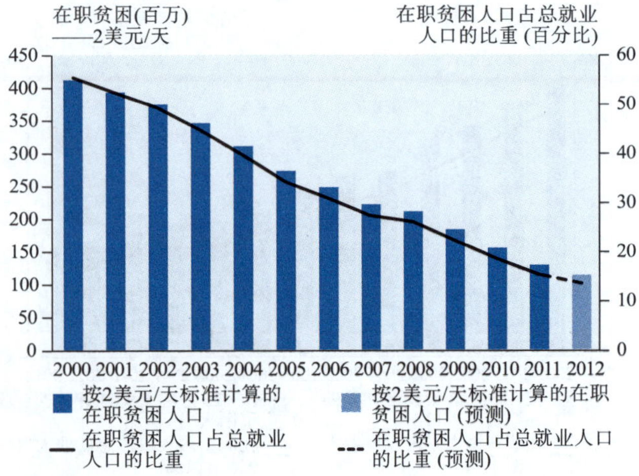
在职贫困(百万)——2美元/天
在职贫困人口占总就业人口的比重 (百分比)
按2美元/天标准计算的在职贫困人口
按2美元/天标准计算的在职贫困人口 (预测)
在职贫困人口占总就业人口的比重
在职贫困人口占总就业人口的比重 (预测)

东南亚和太平洋地区

总失业 (百万)

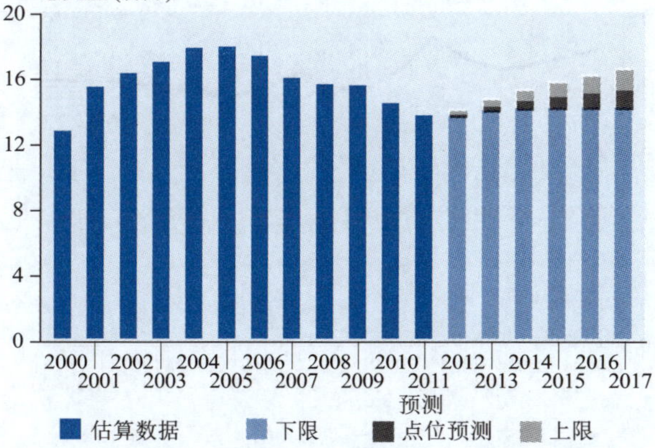

总失业率 (百分比)

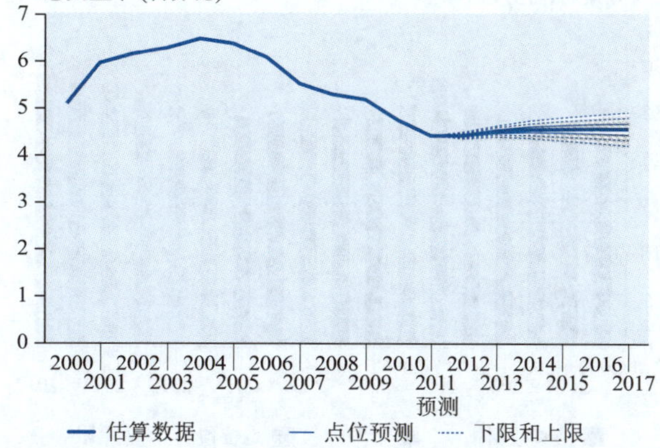

总就业 (百万)

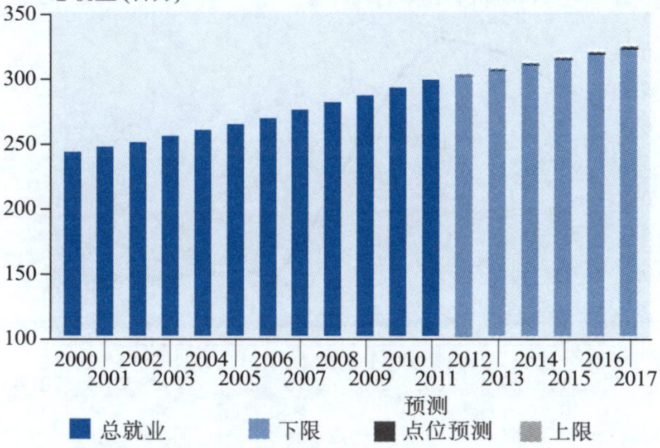

总就业人口/总人口比率 (百分比)

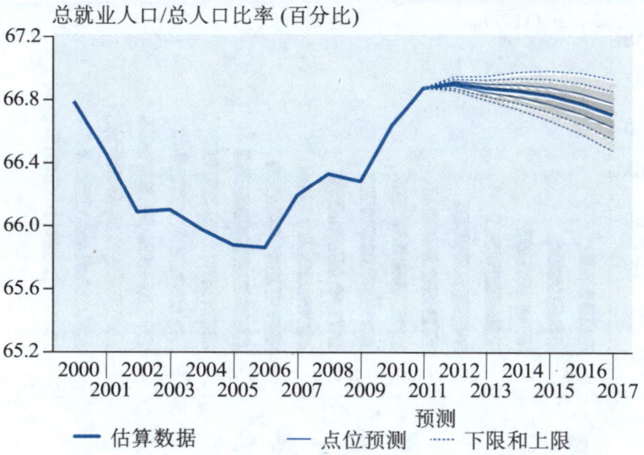

占总就业人口的份额 (百分比)

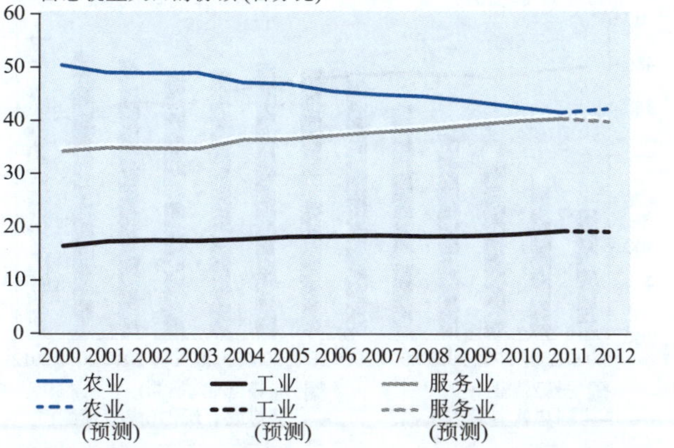

弱势就业 (百万)　　弱势就业所占份额 (百分比)

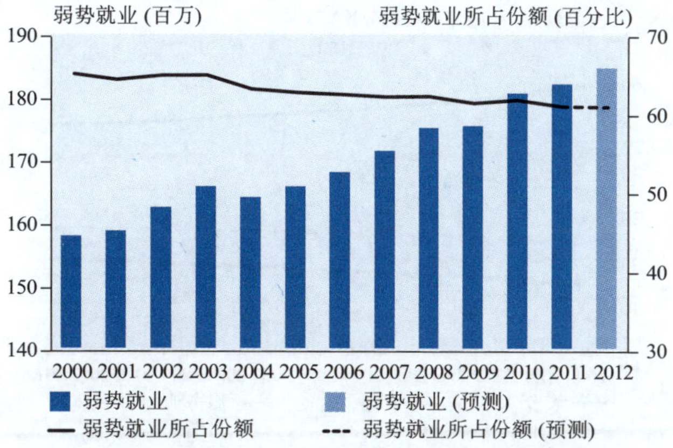

在职贫困 (百万)
——1.25美元/天　　在职贫困人口占总就业人口的比重 (百分比)

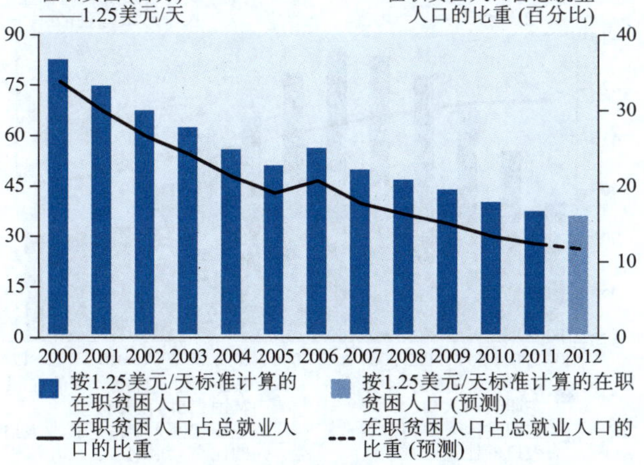

在职贫困(百万)
——2美元/天　　在职贫困人口占总就业人口的比重 (百分比)

南亚

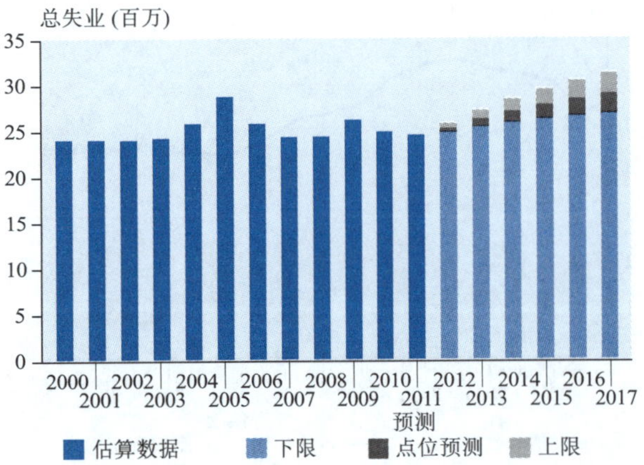
总失业 (百万)
35 30 25 20 15 10 5 0
2000 2001 2002 2003 2004 2005 2006 2007 2008 2009 2010 2011 2012 2013 2014 2015 2016 2017
预测
估算数据
下限
点位预测
上限

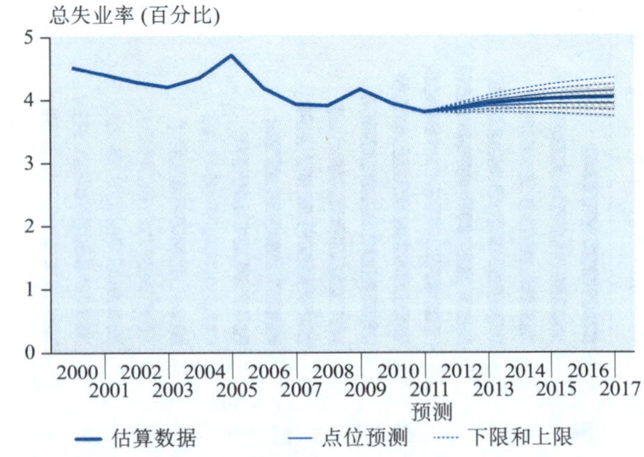
总失业率 (百分比)
5 4 3 2 1 0
2000 2001 2002 2003 2004 2005 2006 2007 2008 2009 2010 2011 2012 2013 2014 2015 2016 2017
预测
估算数据
点位预测
下限和上限

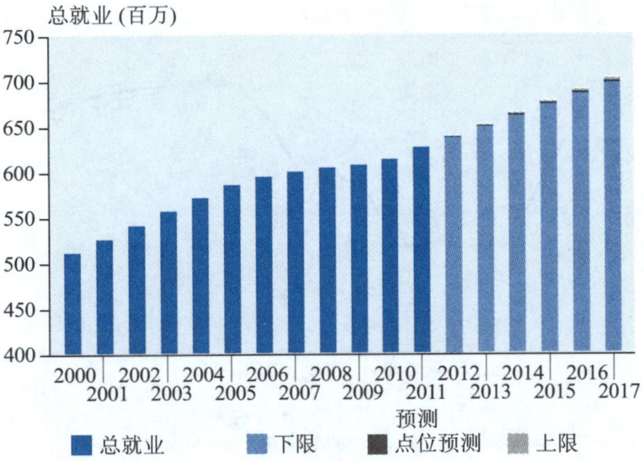
总就业 (百万)
750 700 650 600 550 500 450 400
2000 2001 2002 2003 2004 2005 2006 2007 2008 2009 2010 2011 2012 2013 2014 2015 2016 2017
预测
总就业
下限
点位预测
上限

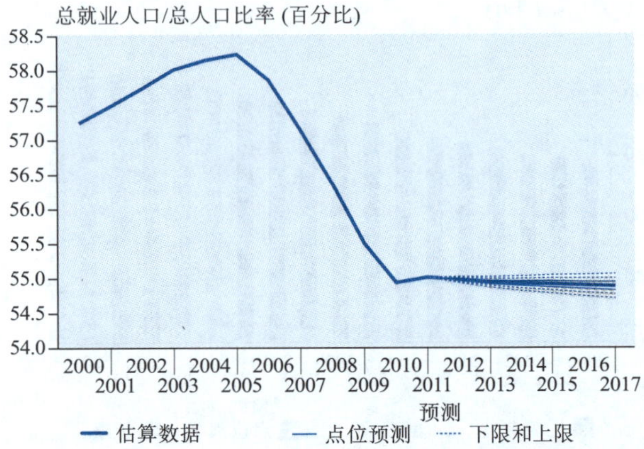
总就业人口/总人口比率 (百分比)
58.5 58.0 57.5 57.0 56.5 56.0 55.5 55.0 54.5 54.0
2000 2001 2002 2003 2004 2005 2006 2007 2008 2009 2010 2011 2012 2013 2014 2015 2016 2017
预测
估算数据
点位预测
下限和上限

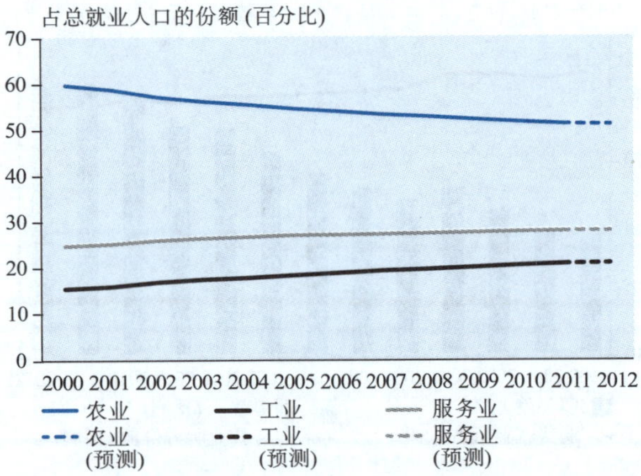
占总就业人口的份额 (百分比)
70 60 50 40 30 20 10 0
2000 2001 2002 2003 2004 2005 2006 2007 2008 2009 2010 2011 2012
农业
工业
服务业
农业 (预测)
工业 (预测)
服务业 (预测)

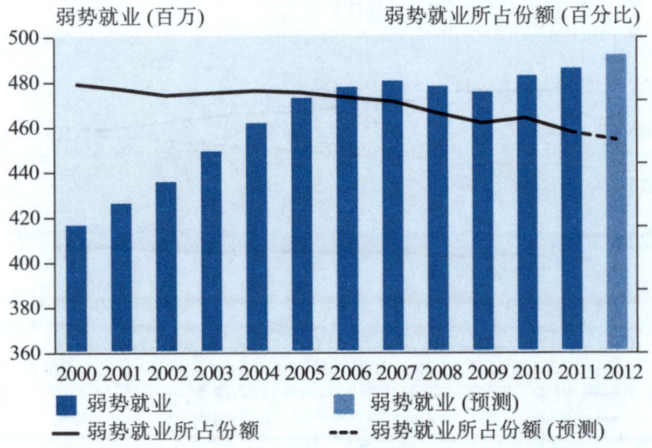
弱势就业 (百万)
弱势就业所占份额 (百分比)
500 480 460 440 420 400 380 360
85 80 75 70 65 60
2000 2001 2002 2003 2004 2005 2006 2007 2008 2009 2010 2011 2012
弱势就业
弱势就业 (预测)
弱势就业所占份额
弱势就业所占份额 (预测)

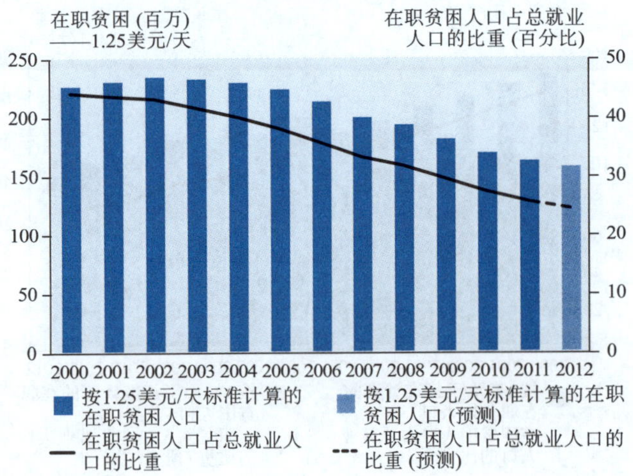
在职贫困 (百万)
——1.25美元/天
在职贫困人口占总就业人口的比重 (百分比)
250 200 150 100 50 0
50 40 30 20 10 0
2000 2001 2002 2003 2004 2005 2006 2007 2008 2009 2010 2011 2012
按1.25美元/天标准计算的在职贫困人口
按1.25美元/天标准计算的在职贫困人口 (预测)
在职贫困人口占总就业人口的比重
在职贫困人口占总就业人口的比重 (预测)

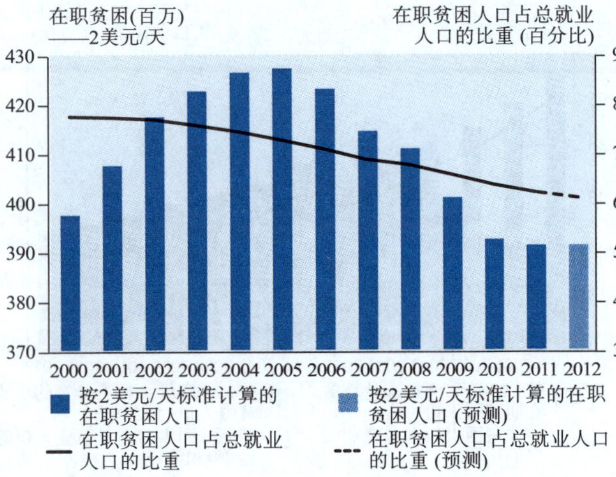
在职贫困(百万)
——2美元/天
在职贫困人口占总就业人口的比重 (百分比)
430 420 410 400 390 380 370
90 80 70 60 50 40 30
2000 2001 2002 2003 2004 2005 2006 2007 2008 2009 2010 2011 2012
按2美元/天标准计算的在职贫困人口
按2美元/天标准计算的在职贫困人口 (预测)
在职贫困人口占总就业人口的比重
在职贫困人口占总就业人口的比重 (预测)

拉丁美洲和加勒比地区

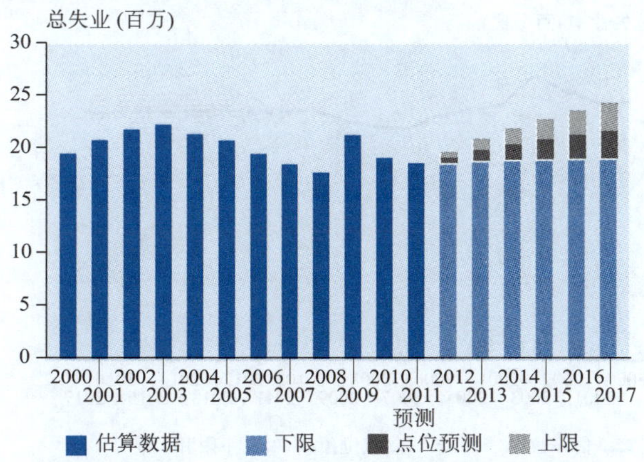
总失业 (百万)
预测
估算数据
下限
点位预测
上限

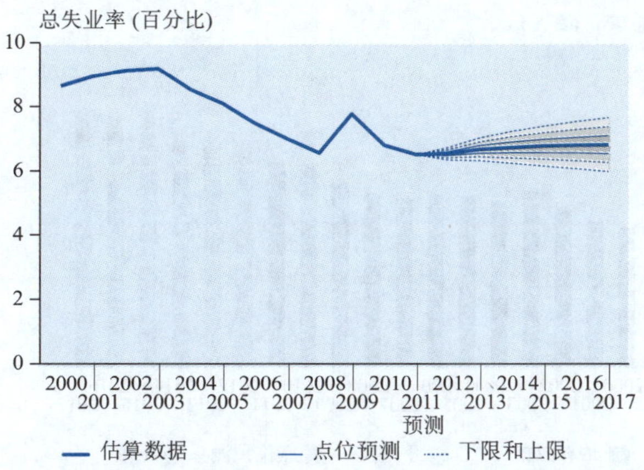
总失业率 (百分比)
预测
估算数据
点位预测
下限和上限

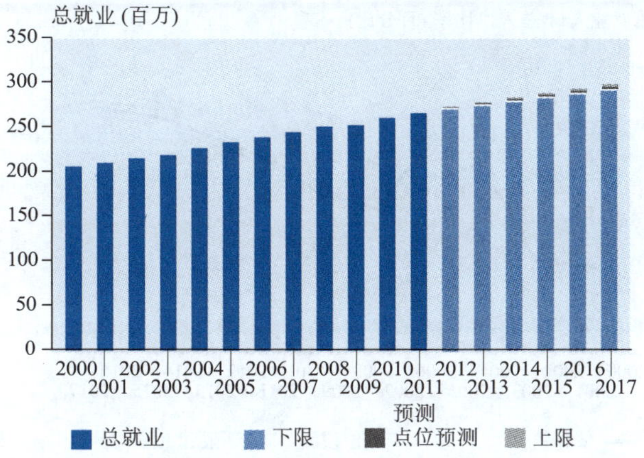
总就业 (百万)
预测
总就业
下限
点位预测
上限

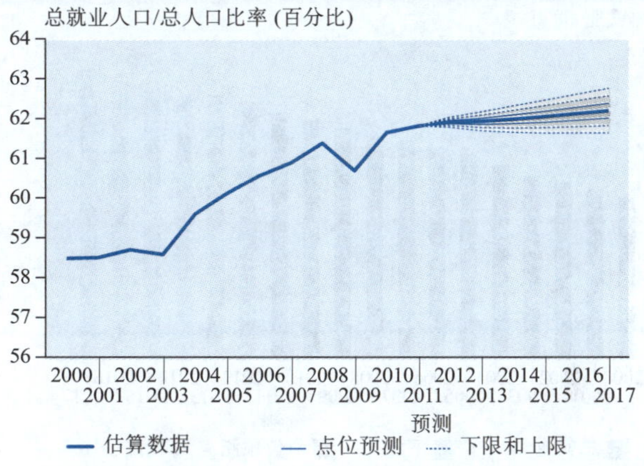
总就业人口/总人口比率 (百分比)
预测
估算数据
点位预测
下限和上限

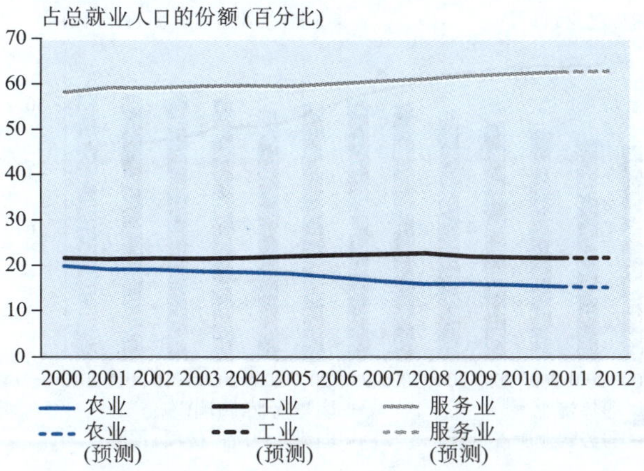
占总就业人口的份额 (百分比)
农业
工业
服务业
农业 (预测)
工业 (预测)
服务业 (预测)

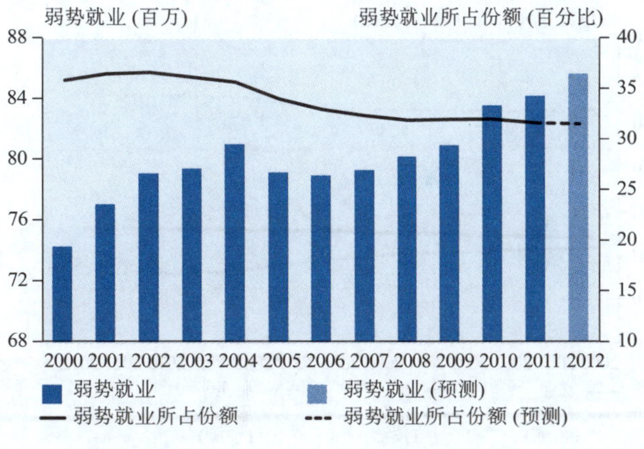
弱势就业 (百万)
弱势就业所占份额 (百分比)
弱势就业
弱势就业 (预测)
弱势就业所占份额
弱势就业所占份额 (预测)

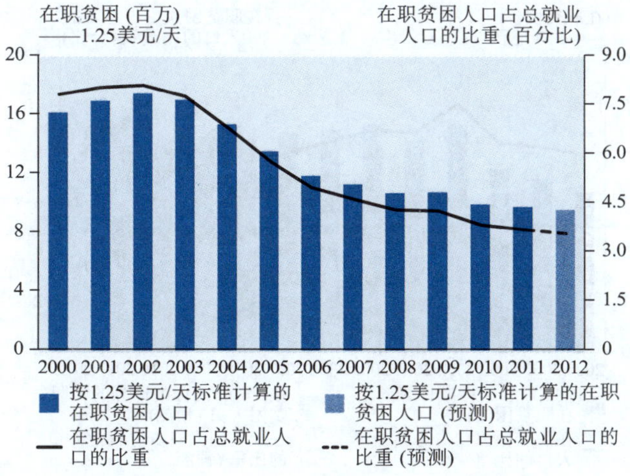
在职贫困 (百万) ——1.25美元/天
在职贫困人口占总就业人口的比重 (百分比)
按1.25美元/天标准计算的在职贫困人口
按1.25美元/天标准计算的在职贫困人口 (预测)
在职贫困人口占总就业人口的比重
在职贫困人口占总就业人口的比重 (预测)

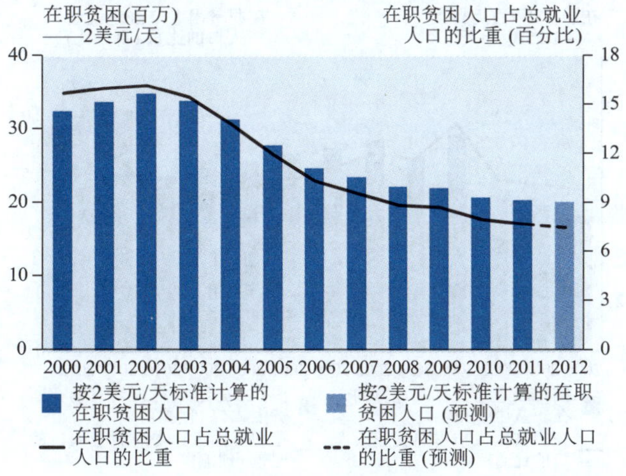
在职贫困(百万) ——2美元/天
在职贫困人口占总就业人口的比重 (百分比)
按2美元/天标准计算的在职贫困人口
按2美元/天标准计算的在职贫困人口 (预测)
在职贫困人口占总就业人口的比重
在职贫困人口占总就业人口的比重 (预测)

中东

总失业 (百万)

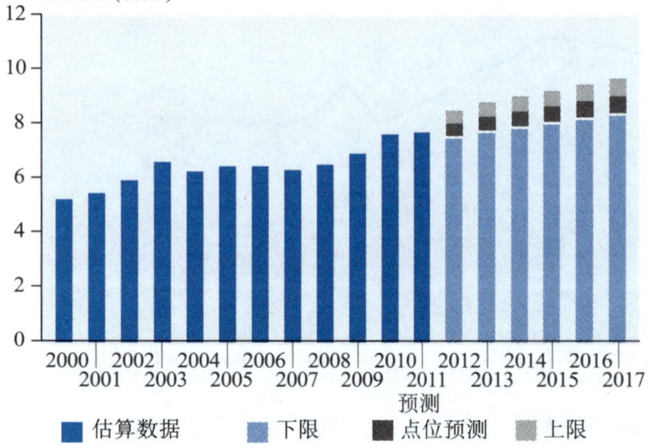

总失业率 (百分比)

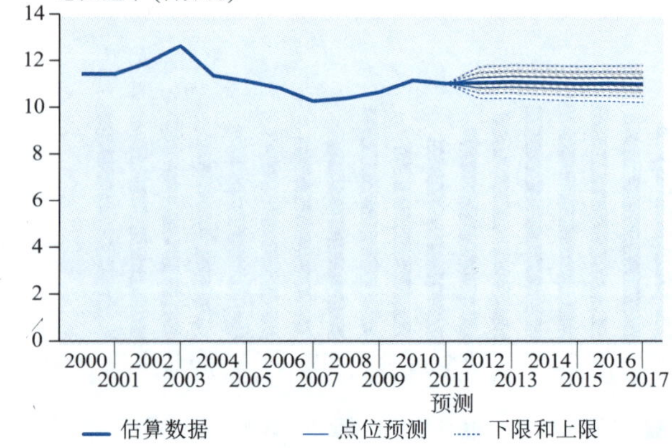

总就业 (百万)

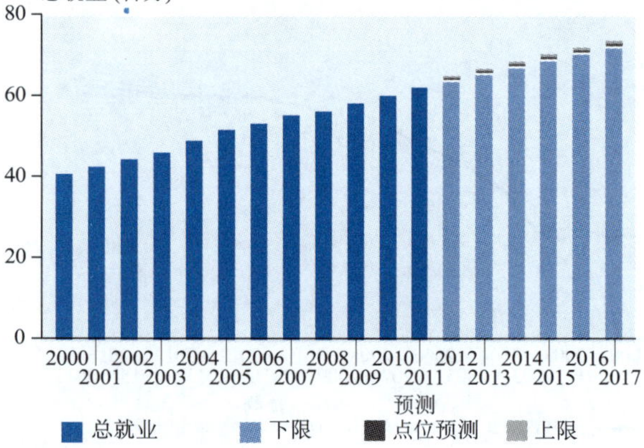

总就业人口/总人口比率 (百分比)

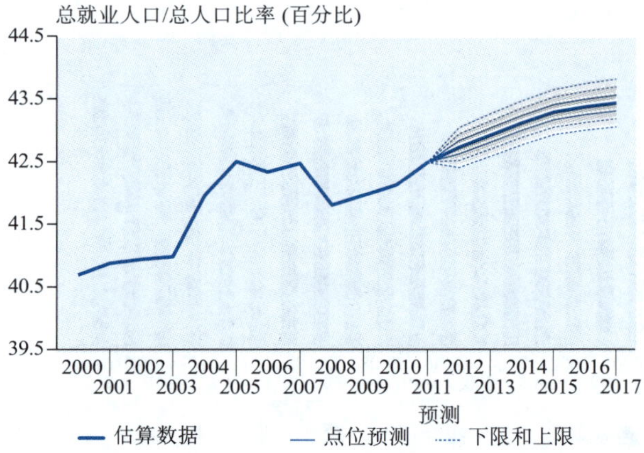

占总就业人口的份额 (百分比)

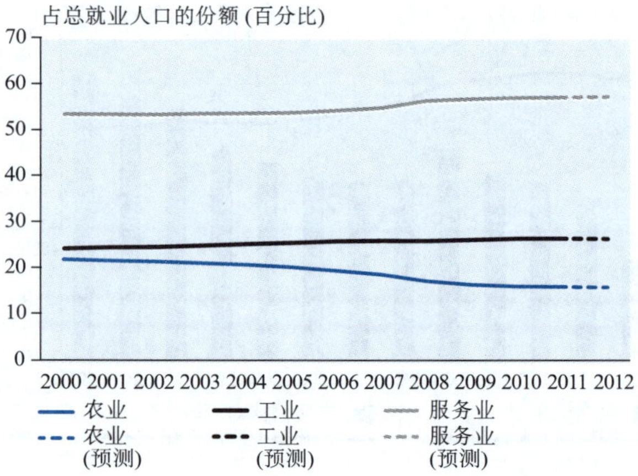

弱势就业 (百万)

弱势就业所占份额 (百分比)

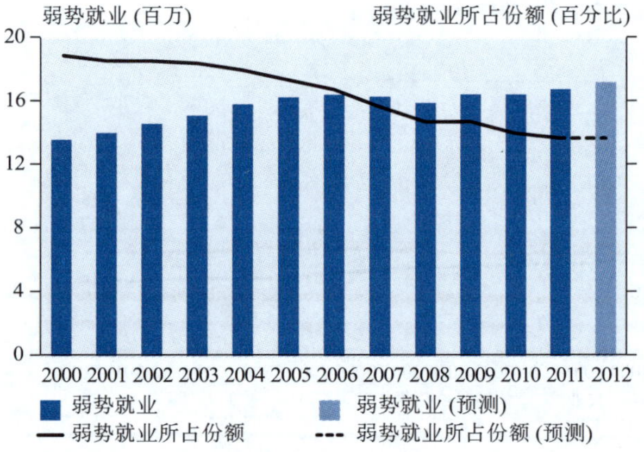

在职贫困 (百万)
——1.25美元/天

在职贫困人口占总就业人口的比重 (百分比)

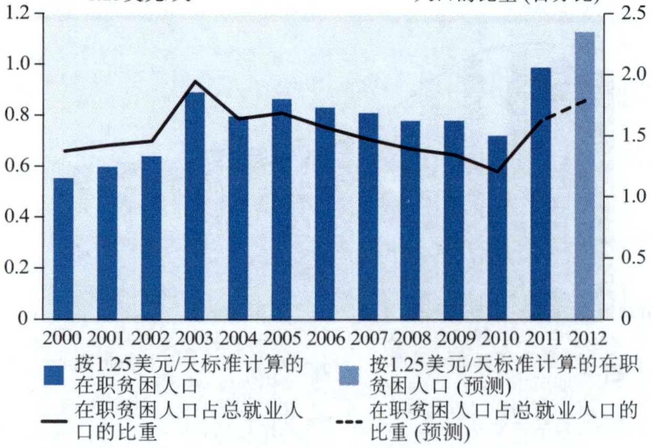

在职贫困(百万)
——2美元/天

在职贫困人口占总就业人口的比重 (百分比)

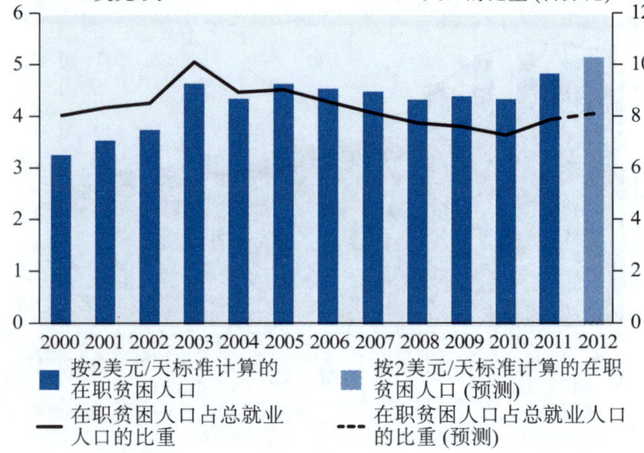

北非

总失业 (百万)

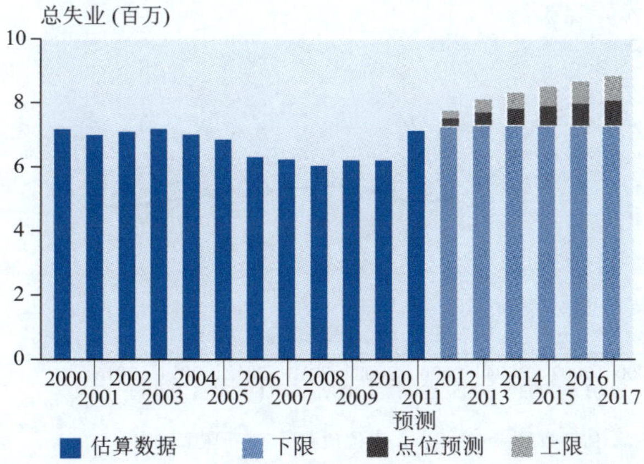

总失业率 (百分比)

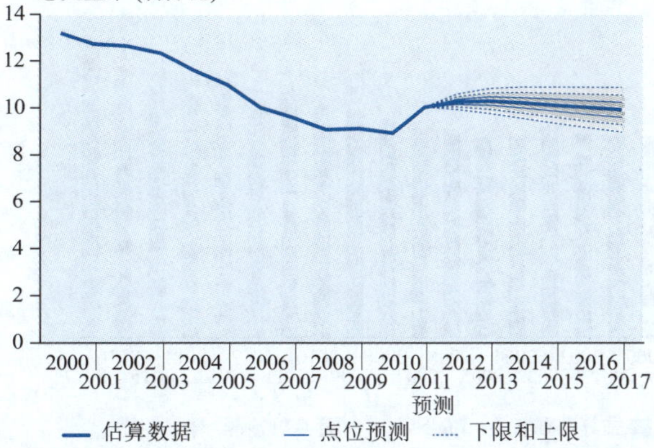

总就业 (百万)

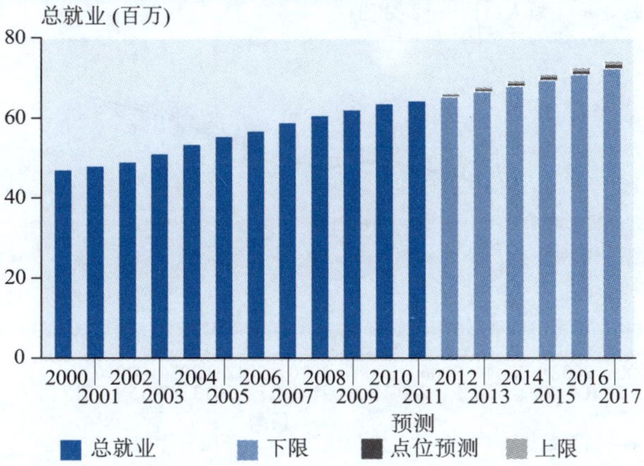

总就业人口/总人口比率 (百分比)

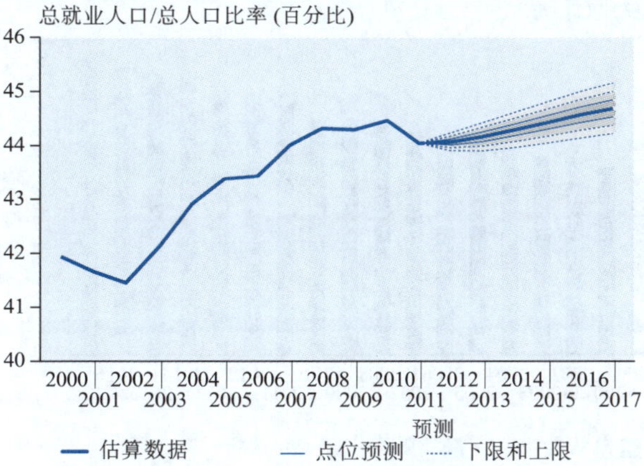

占总就业人口的份额 (百分比)

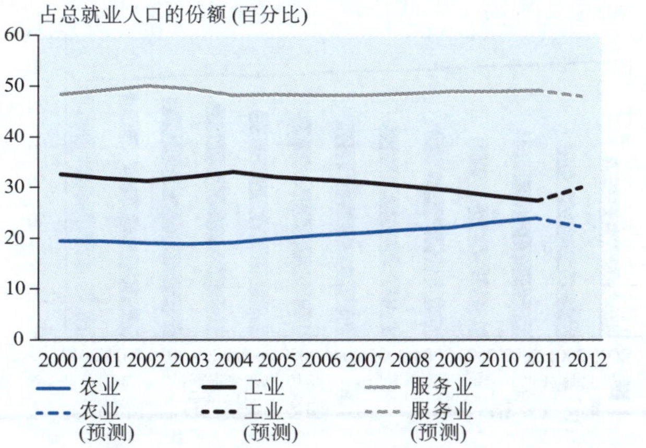

弱势就业 (百万)　弱势就业所占份额 (百分比)

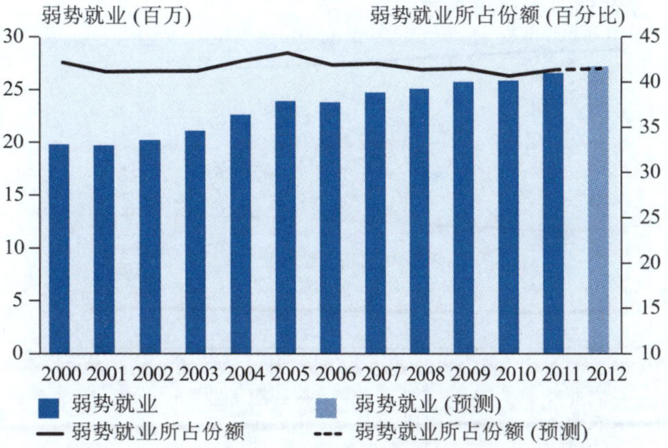

在职贫困 (百万) ——1.25美元/天　在职贫困人口占总就业人口的比重 (百分比)

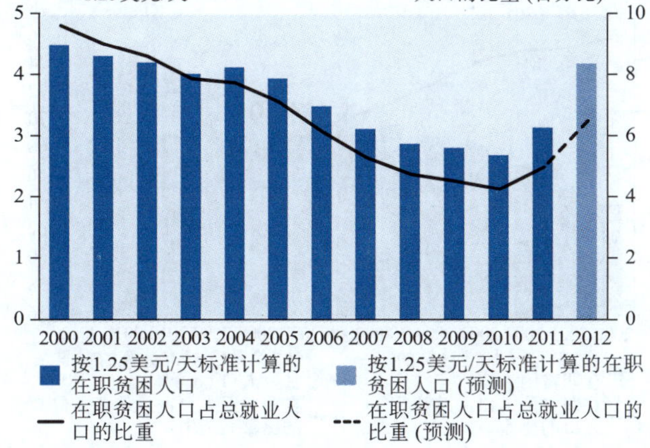

在职贫困(百万) ——2美元/天　在职贫困人口占总就业人口的比重 (百分比)

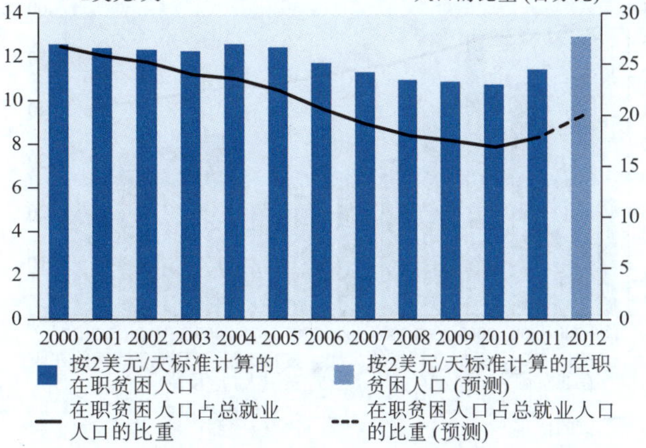

撒哈拉以南非洲

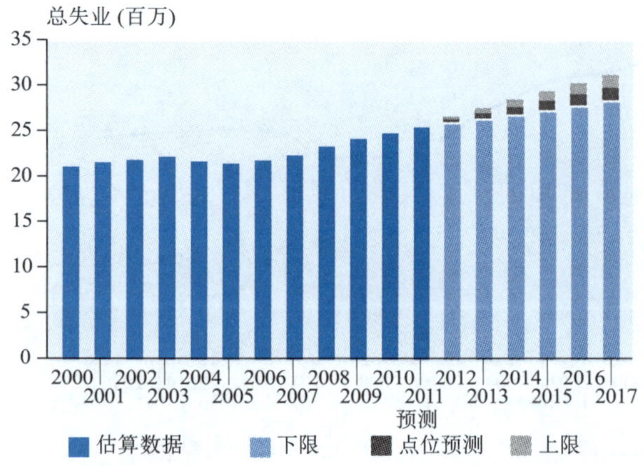
总失业 (百万)
2000 2001 2002 2003 2004 2005 2006 2007 2008 2009 2010 2011 2012 2013 2014 2015 2016 2017
预测
估算数据
下限
点位预测
上限

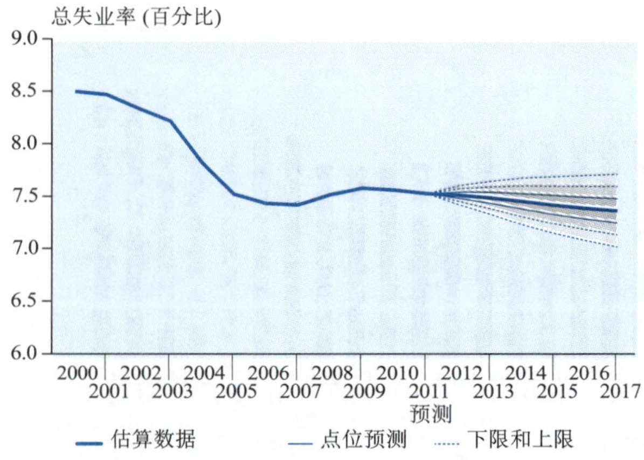
总失业率 (百分比)
2000 2001 2002 2003 2004 2005 2006 2007 2008 2009 2010 2011 2012 2013 2014 2015 2016 2017
预测
估算数据
点位预测
下限和上限

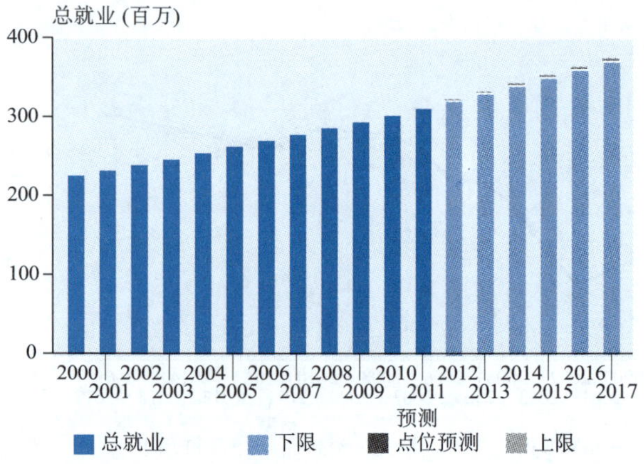
总就业 (百万)
2000 2001 2002 2003 2004 2005 2006 2007 2008 2009 2010 2011 2012 2013 2014 2015 2016 2017
预测
总就业
下限
点位预测
上限

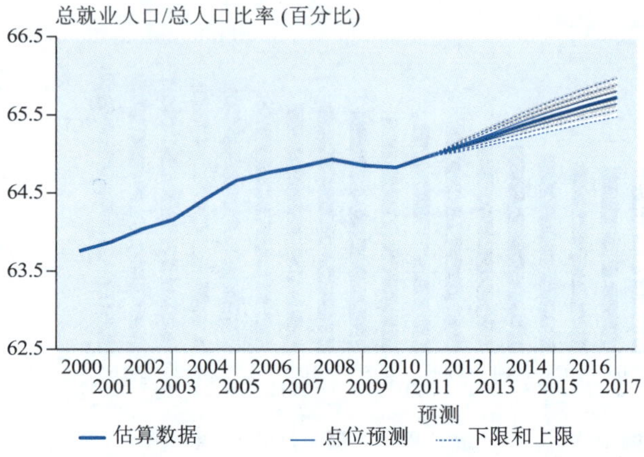
总就业人口/总人口比率 (百分比)
2000 2001 2002 2003 2004 2005 2006 2007 2008 2009 2010 2011 2012 2013 2014 2015 2016 2017
预测
估算数据
点位预测
下限和上限

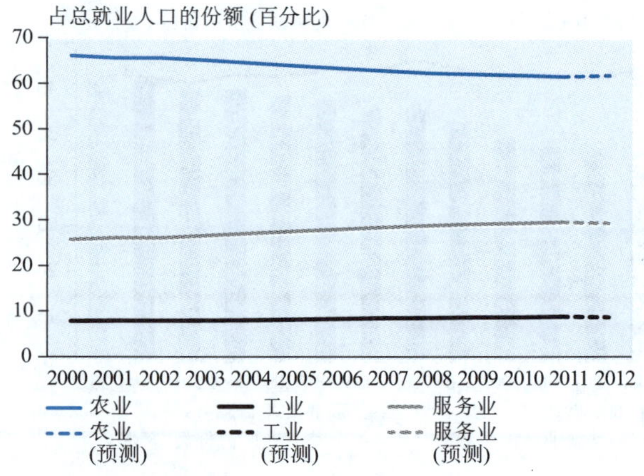
占总就业人口的份额 (百分比)
2000 2001 2002 2003 2004 2005 2006 2007 2008 2009 2010 2011 2012
农业
工业
服务业
农业 (预测)
工业 (预测)
服务业 (预测)

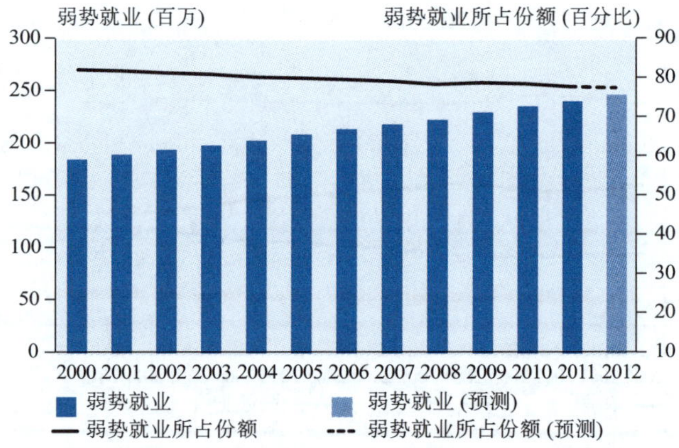
弱势就业 (百万)
弱势就业所占份额 (百分比)
2000 2001 2002 2003 2004 2005 2006 2007 2008 2009 2010 2011 2012
弱势就业
弱势就业 (预测)
弱势就业所占份额
弱势就业所占份额 (预测)

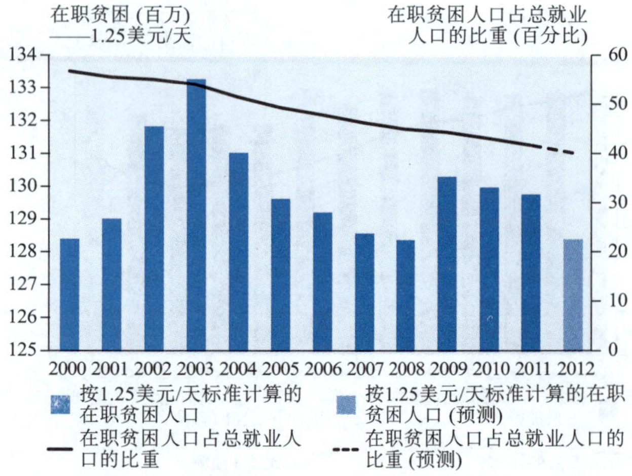
在职贫困 (百万) ——1.25美元/天
在职贫困人口占总就业人口的比重 (百分比)
2000 2001 2002 2003 2004 2005 2006 2007 2008 2009 2010 2011 2012
按1.25美元/天标准计算的在职贫困人口
按1.25美元/天标准计算的在职贫困人口 (预测)
在职贫困人口占总就业人口的比重
在职贫困人口占总就业人口的比重 (预测)

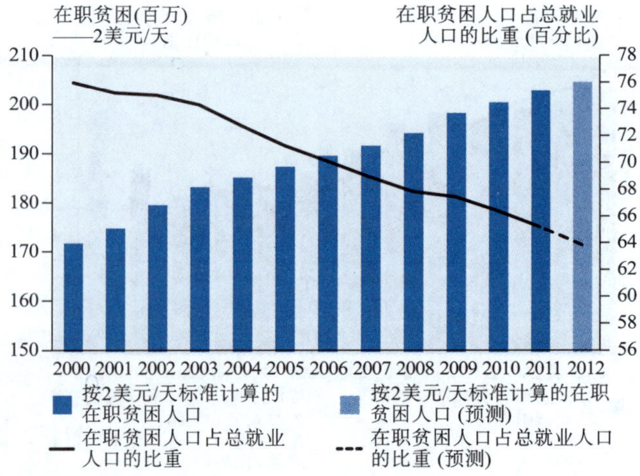
在职贫困(百万) ——2美元/天
在职贫困人口占总就业人口的比重 (百分比)
2000 2001 2002 2003 2004 2005 2006 2007 2008 2009 2010 2011 2012
按2美元/天标准计算的在职贫困人口
按2美元/天标准计算的在职贫困人口 (预测)
在职贫困人口占总就业人口的比重
在职贫困人口占总就业人口的比重 (预测)

附录4　针对全球和各地区估算数据的注释

在本报告中，所有的全球性和地区性劳动力市场估算数据均依据国际劳工组织《趋势计量经济学模型》（2012 年 10 月）。国际劳工组织就业趋势处设计并积极地维护了此计量经济学模型，针对无法从某些国家报告中获取的数据，可利用此计量经济学模型生成按国家和年份划分的劳动力市场指标的估算数据。这些数据可确保国际劳工组织具有生成和分析劳动力市场关键指标的全球性和地区性估算数据及相关趋势的能力。

该“全球就业趋势模型”（GET 模型）用来生成失业率、就业率、就业状态和按部门划分的就业率等估算数据——如有需要，可按年龄和性别进行细分。该模型的输出值为 178 个国家的完整的数据矩阵。随后，可对国家层面的数据进行综合，以生成劳动力市场指标的地区性和全球性估算数据，如失业率、就业人口/总人口比率、部门层面就业份额、就业份额状态和弱势就业。

在运行 GET 模型之前，就业趋势处的劳动力市场信息专家与国际劳工组织的驻地办事处的专家共同努力，对现有的国家上报数据进行评估，并仅仅选择那些被认为在各个国家中具有足够同类比较作用的观测数据——其标准包括：（1）资料来源的类型；（2）地理覆盖范围；（3）年龄群组的范围。

- 对于第一项标准，为了使数据纳入到模型中，必须借由劳动力人口调查或人口普查来获取上述数据。各个国家进行的劳动力人口调查通常十分相似，与从其他渠道获取的数据相比，从这些调查中获取的数据更具有可比性。因此，在选择过程中往往优先考虑劳动力人口调查数据。然而，对于许多没有足够资源进行劳动力人口调查的发展中国家而言，的确是根据人口普查来报告劳动力市场信息数据。因此，鉴于对数据可比性和数据覆盖范围的相互冲突的目标进行平衡，需要在模型中加入一些从人口普查中所获取的数据。
- 第二项标准是指仅采用具有国家代表性（即并非限于严格意义上的地理性）的劳动力市场指标。文中并未采用与纯粹城市或纯粹农村地区相对应的观测数据，因为农村和城市劳动力市场之间通常存在巨大的差异，如若仅采用农村数据或仅采用城市数据，都将出现与基准性指标——如 GDP——不相一致的情况。
- 第三项标准是指观测数据所覆盖的年龄群组必须具有针对各个国家的足够的可比性。各个国家在报告劳动力市场信息时通常针对各种年龄群组，因此，所选定的年龄群组可对某一给定劳动力市场指标的观测值产生影响。

除了各国所报告的劳动力市场信息之外，GET 模型还采用了下列基准性文件：

- 联合国《世界人口前景》（2010 年修订版）中的人口估算和预测。

- 国际劳工组织《经济活动人口估算和预测》（第六版，7 月最新）中的劳动力估算和预测。
- 国际货币基金组织/世界银行从《世界发展指标》和《世界经济展望》（2012 年 10 月数据库）中所获取的 GDP 数据（购买力平价、人均 GDP 和 GDP 增长率）。
- 世界银行依据 PovcalNet 数据库所进行的贫困估算数据。

GET 模型的第一个阶段生成了失业率的估算数据，同时也可计算出总的就业和失业量及就业人口/总人口比率。在对所有同类的失业率进行汇编之后，再针对世界不同地区单独运行多元回归，在此过程中按年龄和性别（年轻男性、年轻女性、成年男性、成年女性）细分的失业率针对 GDP 增长率进行回归。回归中采用了加权法，以便纠正因报告失业率的国家与未报告失业率国家之间经常存在的差异性（在具有统计学重要性的方面）所造成的偏差。针对无法获取国家报告数据的国家和年份，回归以及根据地区毗邻特征所进行的考量用以填补相应的缺失值。

在此后的阶段内，将对按部门划分的就业和就业状态进行估算。此外，还采用其他的计量经济学模型，以生成劳动力参与率、在职贫困和就业弹性的全球性和地区性估算数据。这些模型采用与 GET 模型相类似的方法，以便生成国家层面的缺失值。

如欲了解生成全球性和地区性估算数据的方法的更多详情，请访问网站：www. ilo. org/trends。

① 例如，假如采用了某一给定地区报告国失业率的简单平均数，以便估算那一地区的失业率，而且没有报告失业率的国家与报告国在失业率方面存在不同特征，则如果没有这样一种修正机制，那么所生成的地区性失业率估算数据将会有偏差。GET 模型中所采用的这种“加权最小二乘法”主要用于修正这种潜在性的问题。

附录5　针对全球和各地区预测数据的注释

通过考察1991年至2005年期间和相应的经济复苏期间，每个国家在危机最深重/经济最低迷期，失业率和GDP之间的历史关系，可以获得失业率的预测数据。[①]实现这一点，需要纳入GDP固定效应面板回归的危机和复苏虚拟变量。[②]具体而言，经过逻辑转换的失业率针对一组协变量进行了回归，其中包括滞后失业率、GDP增长率、滞后GDP增长率和一组由危机虚拟变量及经济复苏虚拟变量与每一个其他变量之间交互作用组成的协变量。

根据下列条件，对三种不同组别的国家运行单独的面板回归：

（1）地理毗邻和经济/制度相似性；

（2）收入水平；[③]

（3）出口依赖程度（依照出口占GDP的百分比来衡量）。[④]

这些分组的理论基础如下。位于同一地理区域内的国家或具有类似经济/制度特征的国家，受到危机影响的程度也可能相类似，并且在减轻危机对其劳动力市场影响的过程中所采取的机制也相类似。由于处于同一地理区域的国家彼此间常常存在十分紧密的贸易和金融联系，因而危机可能在一个经济体产生溢出效应，从而波及其邻国（例如，加拿大经济和劳动力市场的局势与美国的局势具有密切的联系）。同样，具有相似收入水平的国家也可能有更加相似的劳动力市场机构（如社会保障措施）和实施财政激励及其他政策以应对危机影响的类似能力。最后，由于出口下降是危机从发达国家至发展中国家的主要传输渠道，因此根据受此渠道影响的程度对各国进行分组。受此渠道影响的程度系根据其出口占GDP的百分比来衡量。危机通过出口渠道对劳动力市场形成的影响还取决于出口的类型（受到影响的经济部门）、出口的国内附加值占比及国内消费的相对重要性（例如，诸如印度或印度尼西亚等国家国内市场较大，因此与新加坡和泰国等国家相比显得并不那么脆弱）。通过在回归中利用固定效应，对这些特征进行控制。

① 危机时期包括从一个国家的GDP增长遭受最大幅度的下降到危机之后GDP到达最低水平的“拐点年”（随后开始上升到危机前的水平）之间的一段时间。经济复苏时期包括从“拐点年”到增长恢复到危机前水平那一年之间的时间间隔。

② 为了预测当前经济复苏时期的失业情况，根据下述定义对危机年份和经济复苏年份的虚拟变量进行了调整：假如一个国家在2007年之后的GDP增长大于1991年至2008年期间GDP增长标准差绝对值的75%，且/或超过3个百分点，则认为该国“目前处于危机之中”。

③ 收入分组与世界银行四个收入类别的收入分组情况相对应，其根据的是各国2008年的人均国民收入（利用图谱法来计算）：低收入国家，少于等于975美元；下中等收入国家，976—3855美元；上中等收入国家，3856—11905美元；高收入国家，11906美元及以上。

④ 出口依赖型组别为：最高出口型（出口占GDP的比例≥70%）；高出口型（出口占GDP的比例<70%，但≥50%）；中等出口型（出口占GDP的比例<50%，但≥20%）；低出口型（出口占GDP的比例<20%）。

除了面板回归之外，还针对具有足够数据的国家运行国家层面的回归。采用普通最小二乘法的国家层面的回归包含与面板回归一样的变量。作为从三组面板回归、针对具有充足数据国家的回归和国家层面的回归中所获得估算值的简单平均数，得出最终的预测数据。

对全球性和地区性预测数据的修正

2012 年第四季度初，正值此《全球就业趋势》报告撰写之际，在 178 个国家的总样本中有 60 个国家发布了 2012 年部分月度或季度的失业估算数据。其中，5 个国家的数据截至 9 月份；17 个国家的估算数据截至 8 月份；6 个国家的估算数据截至 7 月份；27 个国家的估算数据截至 6 月份（第二季度）；5 个国家的估算数据截至 3 月份（第一季度）。我们使用了这些月度/季度性数据，以便生成 2012 年的年度失业率估算数据。如上所述，通过使用国家在经济复苏期之前的经济增长和失业率之间的关系对 GET 模型进行扩展，从而生成样本中其余国家（无 2012 年数据的国家）的 2012 年预测数据及自 2013 年以后的预测数据。

对于提供有部分 2012 年数据的 60 个国家，在生成 2012 年的点估计数据的过程中，第一步是针对 2012 年提供有数据的月份和季度（被界定为点估计）的（根据季度调整的）失业率进行不加权平均。针对这个点估计，根据自 2008 年年初以来月度或季度性失业率的标准差，生成一个置信区间，再乘以剩余月份或季度的个数与 12（生成每月的估算数据）或 4（生成每个季度的估算数据）的比值。因此，在其他条件都相同的情况下，一个国家提供数据的月份越多，年度性的失业率估算数据的确定性越大，同时，不确定性随着可获取数据月份的增加而成比例下降。

为了在失业率的变动中整合进入短期和中期趋势，需视两种趋势是否相一致而对上述的点估计进行调整。具体而言：

- 假如两种趋势均为积极（负面）的，那么将上述点估计重新计算为 60%（40%）上限值和 40%（60%）下限值的加权平均值；
- 假如两种趋势呈现相反的方向，则将可获取数据的最近一个月或季度的失业率赋予 2012 年的其余月份或季度，并将上述点估计重新计算为 2012 年度 12 个月或 4 个季度的不加权平均值。

基本的假设是，假如在连续的两个时期内出现了清晰的上升（下降）趋势，那么 2012 年点预估的趋势将比最近一个可获得数据月份的失业率稍高（低）一些。假如在过去的两个时期内均未出现任何明确的趋势，那么失业率有望在最近的水平上保持不变，因此给予可获得的最近信息以更大权重。针对这些国家的 2012 年最终失业率估算数据等于经过调整的点估计数据。

对于具有 2012 年至少两个季度数据的国家而言，计算其年轻人子模块的数据可遵循同样的步（60 个国家中的 41 个）。针对每一个子模块采用与计算总失业率时同样的模型参数，可对 GET 模型进行扩展，从而获得自 2012 年以后的其余子模块失业率的预测数据。未经调整的名义总失业率可能与上述步骤得出的名义总失业率不同，通过累加子模块

① 假如点估计和标准差之间的比值小于或等于 5，那么需从 2009 年年初开始构建标准差。其基本原理是，全球金融危机早期极高的失业率波动不太可能在短期至中期内一直持续下去。相反，最近的波动幅度可望在短期至中期内持续下去。

② 对短期和更长期趋势的定义分别为，可获得数据的最近一个月 M（或季度 Q）的失业率与 M－3（或 Q－1）之间的百分点差值，以及可获得数据的最近一个月 M（或季度 Q）的失业率与 M－6（或 Q－2）之间的百分点差值。

数据得出的总的名义失业率与单独估算的总的失业率之间的差值在子模块中的分布与其在总失业率中所占的份额成正比。[①] 这些经调整的点估计值是针对子模块的最终点估计值。

对于提供有部分2012年数据的60个国家，其置信区间与上述情况并无二致。对于其余国家及自2013年以后的预测数据，围绕预测数据所生成的置信区间在通过各模型预测的数据之间出现了标准差，如上所述。为了针对每一个子模块构建置信区间，则针对总失业率的估算上限值和下限值采用子模块失业率与总失业率之间的比率。

预测数据基于下降情景

在最新一期《世界经济展望》（WEO）中[②]，国际货币基金组织考虑到了全球经济的高度不确定性，并生成了下降情景。此情景的依据是全球综合货币财政模型（GIMF），且模型经过校准，以使之具有美国、日本、欧元区（核心和外围）、亚洲新兴国家、拉丁美洲和世界其他地区的代表性。此下降情景假定财政压力上升，而政策决策者无法解决这一问题，欧元区外围成员国信贷大幅紧缩，其余成员国信贷紧缩幅度较小（受欧元区银行减债的影响），对面临银行危机风险的担忧弥漫全球。在此情景下，与基线预测相比，2013年欧元区核心成员国的GDP将下降1.7%，而欧元区外围成员国的GDP将下降5.9%。根据国际货币基金组织对经济活动下降情景的预估，国际劳工组织对GDP的增长进行了估算，基于此，国际劳工组织生成了全球失业情况的下降情景。通过引入GDP年增长率的相应变化以及按照上述方法运行GET模型的扩展，这种情景得以纳入GET模型。

① 其基本假设为，总失业率和GDP增长之间的关系比子类别工作者和GDP增长之间的关系更易于理解。

② 参见国际货币基金组织《世界经济展望：应对债务高筑和增长缓慢问题》(2012b)。

附录 6　全球就业趋势——地区分组

发达经济体和欧盟

欧盟

奥地利
比利时
保加利亚
塞浦路斯
捷克共和国
丹麦
爱沙尼亚
芬兰
法国
德国
希腊
匈牙利
爱尔兰
意大利
拉脱维亚
立陶宛
卢森堡
马耳他
荷兰
波兰
葡萄牙
罗马尼亚
斯洛伐克
斯洛文尼亚
西班牙
瑞典
英国

北美洲

加拿大
美国

其他发达经济体

澳大利亚
以色列
日本
新西兰

西欧（非欧盟）

冰岛
挪威
瑞士

中欧和东南欧（非欧盟）及独联体

中欧和东南欧（非欧盟）

阿尔巴尼亚
波黑
塞尔维亚和黑山
前南马其顿
土耳其

独立国家联合体

亚美尼亚
阿塞拜疆
白俄罗斯
格鲁吉亚
哈萨克斯坦
吉尔吉斯斯坦
摩尔多瓦共和国
俄罗斯联邦
塔吉克斯坦
土库曼斯坦
乌克兰
乌兹别克斯坦

南亚

阿富汗
孟加拉国
不丹
印度
马尔代夫
尼泊尔
巴基斯坦
斯里兰卡

东南亚和太平洋地区

东南亚

文莱
柬埔寨
东帝汶
印度尼西亚
老挝
马来西亚
缅甸
菲律宾
新加坡
泰国
越南

太平洋岛国

斐济
巴布亚新几内亚
所罗门群岛

东亚

中国
中国香港
朝鲜
韩国
中国澳门
蒙古
中国台湾

拉丁美洲和加勒比地区

加勒比地区

巴哈马
巴巴多斯
古巴
多米尼加共和国
瓜德罗普岛
圭亚那
海地
牙买加
马提尼克
荷属安的列斯
波多黎各
苏里南
特立尼达和多巴哥

中美洲

伯利兹
哥斯达黎加
萨尔瓦多
危地马拉
洪都拉斯
墨西哥
尼加拉瓜
巴拿马

南美洲

阿根廷
玻利维亚
巴西
智利
哥伦比亚
厄瓜多尔
巴拉圭
秘鲁
乌拉圭
委内瑞拉

中东

巴林
伊朗
伊拉克
约旦
科威特
黎巴嫩
阿曼
卡塔尔
沙特阿拉伯
叙利亚
阿拉伯联合酋长国
巴基斯坦被占领土
也门

北非

阿尔及利亚
埃及
利比亚
摩洛哥
苏丹
突尼斯

撒哈拉以南非洲

东非

布隆迪
科摩罗
厄立特里亚
埃塞俄比亚
肯尼亚
马达加斯加
马拉维
毛里求斯
莫桑比克
留尼旺
卢旺达
索马里
坦桑尼亚
乌干达
赞比亚
津巴布韦

中非

安哥拉
喀麦隆
中非共和国
乍得
刚果
刚果民主共和国
赤道几内亚
加蓬

南非

博茨瓦纳
莱索托
纳米比亚
南非
斯威士兰

西非

贝宁
布基纳法索
佛得角
科特迪瓦
冈比亚
加纳
几内亚
几内亚比绍
利比里亚
马里
毛里塔尼亚
尼日尔
尼日利亚
塞内加尔
塞拉利昂
多哥